10대를 위한 직업의 세계

RIASEC

04
사회형(S)

스토리텔링연구소 지음

(주)삼양미디어

C O N T E N T S

Social

S

EDUCATOR

01 홀랜드 검사란?

세상에는 수많은 직업이 있고, 사람들은 다양한 직업에 종사하며 살아갑니다. 그런데 직업을 가진 어른들 중에서 자신이 정말 원하는 직업을 갖고 있는 경우는 의외로 드물다고 합니다. 자신의 적성과 능력에 잘 맞는 직업을 선택하여 살아간다면 일이 즐겁고, 능력을 발휘할 기회도 많아져서 삶 자체가 더욱 행복해질 수 있겠지요. 그렇지만 자신의 적성과 흥미에 맞는 직업이 무엇인지 아는 일은 쉽지 않습니다. 이럴 때 적성 검사나 흥미 검사를 활용하면 도움이 됩니다. 이러한 검사를 통해 자신이 좋아하고 관심 있는 것과 잘할 수 있는 것을 알 수 있고, 자신의 성격과 장점을 보다 잘 파악할 수 있습니다.

오늘날 진로와 적성을 탐색하는 검사 방법이 많이 개발되어 있는데, 그 중에서 이 책에 소개하고자 하는 것은 홀랜드 검사 방법입니다.

홀랜드 검사는 미국의 저명한 심리학자 존 홀랜드가 사람의 직업적 성격 이론에 근거하여 만든 진로 및 적성 탐색 검사입니다. 홀랜드 검사에서는 이 세상에 존재하는 모든 직업을 특성이나 종사하는 사람들의 성격에 따라 6개의 유형으로 구분하고 있으며, 6가지 진로 유형을 'RIASEC 유형'이라고 합니다. RIASEC은 R형(Realistic, 실재형), I형(Investigative, 탐구형), A형(Artistic, 예술형), S형(Social, 사회형), E형(Enterprising, 기업형), C형(Conventional, 관습형)의 앞 글자를 딴 용어입니다.

• **존 홀랜드**(John L. Holland, 1919~2008) 미국 존스홉킨스 대학 심리학과 명예 교수로서 진로 발달 및 선택 이론인 홀랜드 직업 적성 검사를 개발했습니다. 그가 개발한 '직업적 성격 이론'은 개인의 성격과 직업적 환경과의 상호 연관성에 바탕을 두고 확립되었으며, 이 이론은 현재 전 세계의 진로 발달 및 상담 학계에서 가장 많이 이용되고 있습니다.

그의 저서 〈직업의 선택(Making Vocational Choices)〉은 진로 상담 부문에서 최고의 책으로 인정받고 있으며, 고트프레드슨과 함께 출간한 〈직업 코드 사전(DHOC)〉을 통하여 직업 사전에 있는 거의 모든 직업을 홀랜드 코드화하였습니다. 이러한 공로를 인정받아 1995년 미국 심리학회에서 수여하는 '저명한 학자로서의 학술상'을 받았습니다.

그의 검사 중 특히 홀랜드 SDS(Self Directed Search, 자기 탐색 검사)가 가장 널리 인정받고 있으며, 그 밖에 NEO 청소년 성격 검사, NEO 성인 성격 검사 등도 많이 이용되고 있습니다.

02 홀랜드 검사의 직업 유형 6가지

홀랜드 검사에서는 6가지 유형을 기본으로 하여 검사 결과에서 가장 많이 나타나는 두 가지 유형을 자신의 성격 유형 및 진로 코드로 정합니다(예 SC형). 왜냐하면 한 사람의 유형을 한 가지 유형으로 단정할 수 없기 때문입니다. 경우에 따라 세 가지 유형을 묶어서 표현할 수도 있습니다(예 SCA형). 검사 결과에서 가장 많은 유형을 제1유형, 그 다음으로 제2유형, 제3유형이 결정됩니다.

• 홀랜드의 RIASEC 유형 모형

실재형 (R)

성격 · 적성 말이 적고 운동을 좋아함 / 신체 활동을 좋아하고 소박하고 솔직함 / 성실하며 기계적 적성이 높음

대표 직업 항공기정비사, 항공기조종사, 비파괴검사원, 조리사, 제과제빵사, 칵테일 조주기능사, 소믈리에, 바리스타, 경찰관, 소방관, 안경사, 응급구조사, 연극영화 및 방송기술감독, 자동차기술자, 전기기술자, 치과기공사, 통신기술사

탐구형 (I)

성격 · 적성 탐구심이 많고 논리적이며 분석적임 / 합리적이며 지적 호기심이 많고 수학적 · 화학적 적성이 높음

대표 직업 미래직업트렌드 연구원, 비파괴검사원, 경영컨설턴트, 경제학 연구원, 마케팅 및 여론조사 전문가, 물리학 연구원, 생물학 연구원, 심리학 연구원, 언어치료사, 의사, 치과의사, 통역가, 화학 연구원

관습형 (C)

성격 · 적성 책임감이 강하고 빈틈이 없음 / 조심성이 있고 변화를 좋아하지 않음 / 계획성이 있으며 사무 능력과 계산 능력이 높음

대표 직업 공무원, 경리사무원, 공인회계사, 관세사, 보험계리사, 비서, 사서, 손해사정사, 안전관리사, 증권분석가, 출납창구사무원, 출판물 편집자, 컴퓨터보안전문가(프로그래머), 텔레마케터

예술형 (A)

성격 · 적성 상상력이 풍부하고 감수성이 풍부함 / 자유분방하며 개방적임 / 예술적 소질이 있으며 창의적 적성이 높음

대표 직업 헤어디자이너, 메이크업 아티스트, 피부관리사, 건축설계사, 게임그래픽디자이너, 만화가, 음악가, 방송연출가, 작가, 번역가, 사진기자, 안무가, 영화배우 및 탤런트, 인테리어 디자이너, 일러스트레이터, 카피라이터

기업형 (E)

성격 · 적성 지도력과 설득력이 있음 / 열성적이고 경쟁적이며 이상적임 / 외향적이고 통솔력이 있으며 언어 적성이 높음

대표 직업 검사, 광고기획자, 사업가(CEO), 방송기자, 변호사, 정치가, 영업사원, 외교관, 부동산중개인, 선박항해사, 세무사, 아나운서, 연예인 매니저, 행사기획자, 호텔관리자

사회형 (S)

성격 · 적성 다른 사람에게 친절하고 이해심이 많음 / 남을 잘 도와주고 봉사적임 / 인간관계 능력이 높으며 사람들을 좋아함

대표 직업 경찰, 항공기객실승무원, 이미지컨설턴트, 간호사, 레크레이션 강사, 물리치료사, 미용사, 사회복지사, 상담전문가, 영양사, 유치원 교사, 중고등학교 교사, 직업능력개발훈련 교사

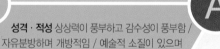

What's your DREAM?

03 홀랜드 검사 영역과 진행 순서

홀랜드 검사는 일선 초등학교와 중 · 고등학교에서 학교 차원에서 이루어지기도 하고, 지방 자치 단체에서 청소년들을 대상으로 시행하기도 하며, 한국심리적성검사연구소 등 사설 심리연구소에서도 시행하고 있습니다.

홀랜드 검사 영역은 크게 진로 탐색 검사, 적성 탐색 검사, 자기 탐색 검사(SDS)로 나뉩니다. 검사 주최나 기관에 따라 조금씩 차이가 있지만, 검사 질문지의 주요 내용은 활동적 흥미 66문항, 직업적 흥미 84문항, 성격 72문항, 적성 유능감 66문항, 자기 평정 12문항 등으로 구성됩니다. 그 밖에 가치관에 관한 문항이나 진로 코드의 전공 및 직업 찾기 문항은 검사 영역에 따라 문항 수에 차이가 납니다.

• 홀랜드 검사의 진행 순서

1. 홀랜드 직업적 성격 유형 6가지, 즉 RIASEC의 '기본적 설명과 직업 예'를 보고 자신이 생각하는 유형의 순위를 매깁니다.

▼

2. 자신이 좋아하고 자신에게 잘 맞을 것 같은 학과 및 직업을 〈간편 진로 코드 분류표〉를 이용하여 각각 3개씩 작성합니다.

▼

3. 흥미/가치/성격/능력(유능감)/자기 평정 등 스스로 자기를 점검한다는 생각으로 솔직하게 체크합니다.

▼

4. 검사 전과 검사 후의 코드를 비교하고, 진로 코드 및 유형 간의 일치도/변별도/일관도를 알아보고, 검사 후 밝혀진 객관적인 자기 유형을 알아봅니다.

▼

5. RIASEC 유형에 대해 진행자의 설명을 듣고 이해합니다. 이때 진행자는 '가치관 검사'를 병행할 수도 있습니다.

▼

6. 간편 진로 코드 분류표를 보고, 자신이 좋아하고 관심이 많이 가는 직업(자신의 진로 코드를 기준으로)을 20여 개 정도 알아봅니다.

▼

7. 진행자는 〈직업 정보 시스템〉과 〈직업 사전〉을 통해 직업 정보를 찾아보도록 합니다.

홀랜드 검사의 결과 활용

홀랜드 검사 결과로 나온 각 유형별 성격 및 특징, 직업 활동 선호도, 적성 유능감* 및 대표 직업은 다음과 같습니다.

유형	실재형(R형)	탐구형(I형)	예술형(A형)
성격 및 특징	• 남성적이고 솔직하며, 성실하고 검소하다. • 지구력이 있고, 신체적으로 건강하며, 소박하다. • 말수가 적으며 고집이 있고, 직선적이며 단순하다.	• 탐구심이 많고 논리적 · 분석적 · 합리적이다. • 정확하고 지적 호기심이 많으며, 비판적이다. • 내성적이고 수줍음을 잘 타며, 신중하다.	• 상상력과 감수성이 풍부하다. • 자유 분방하며 개방적이다. • 감정이 풍부하고 독창적이며, 개성이 강하다. • 협동성이 떨어진다.
직업 활동 선호도	• 분명하고 질서 정연하며, 체계적인 조작을 주로 하는 기술을 좋아한다. • 교육적이거나 치료적 활동은 좋아하지 않는다.	• 물리적 · 생물학적 · 문화적 현상의 창조적 활동에 흥미를 보인다. • 사회적이고 반복적인 활동에는 관심이 떨어진다.	• 변화와 다양성을 좋아한다. • 체계적이고 구조화된 활동에는 흥미가 없다.
적성 유능감	• 기계를 다루는 능력과 운동 능력은 있으나 대인 관계 능력은 부족하다.	• 연구 능력이 높다. • 학구적이며, 지적인 자부심이 있다. • 수학적 · 과학적 능력은 높으나 지도력이나 설득력은 부족하다.	• 미술적 · 음악적 능력은 있으나, 사무적 기술은 부족하다. • 상징적 · 자유적 · 비체계적인 능력은 있으나 체계적 · 순서적인 능력은 부족하다.
대표 직업	엔지니어, 운동선수, 농부, 요리사, 군인, 항공기 조종사, 항공기 정비사, 전기 기계 기사 등	과학자, 의사, 심리학자, 수학자, 교수, 인류학자, 지질학자, 의료기술자 등	음악가, 작가, 건축가, 방송 연출가, 만화가, 무대감독, 배우, 미술가, 무용가, 디자이너 등

* **유능감** 개인이 감각과 운동 능력을 사용하고 발전시키려는 강한 내적 경향성

사회형(S형)	기업형(E형)	관습형(C형)
• 사람들을 좋아하고, 사람들과 어울리는 것을 즐겨한다. • 친절하고 이해심이 많으며, 남을 잘 도와주고, 봉사 정신이 강하다. • 감정적이고 이상주의적이다.	• 지배적이고 통솔력과 지도력이 있다. • 말을 잘하고 설득력이 있다. • 경쟁적이고 야심이 많다. • 외향적이고 낙관적이며, 열성적이다.	• 정확하고 빈틈이 없다. • 조심성이 있으며, 세밀하고 계획성이 있다. • 변화를 좋아하지 않으며 완고하다. • 책임감이 강하다.
• 타인의 문제를 듣고 이해하는 데 흥미를 보이지만, 질서 정연하고 체계적 활동에는 흥미가 없다.	• 조직의 목적과 경제적 이익을 얻기 위해 타인을 이끌고 통제하는 것을 좋아한다. • 권위를 얻거나 남에게 인정받는 활동을 좋아한다. • 관찰적 · 체계적 활동에는 흥미가 없다.	• 정해진 원칙과 계획에 따라 자료를 정리 · 조작하는 일을 좋아한다. • 창의적 · 자율적 · 모험적인 활동에는 혼란을 느낀다.
• 사회적 · 교육적 지도력과 대인 관계 능력은 있으나, 기계를 다루는 능력과 과학적 능력은 부족하다.	• 적극적이고 사회적이다. • 지도력과 언어 능력은 있으나 과학적인 능력은 부족하다. • 대인 관계 능력과 남을 설득하는 능력은 있으나 체계적 능력은 부족하다.	• 사무적이며 계산적이다. • 회계 정리 능력은 있지만 예술적인 면이나 상상하는 능력은 부족한 편이다. • 체계성 · 정확성은 있으나 탐구적 · 독창적 능력은 부족하다.
교육자, 사회복지사, 경찰, 항공기 객실승무원, 간호사, 종교지도자, 상담사, 임상치료사, 언어치료사 등	사업가(CEO), 정치가, 변호사, 영업사원, 외교관, 관리자 등	공인회계사, 행정공무원, 비서, 은행원, 컴퓨터보안전문가(프로그래머), 경제분석가, 세무사, 경리사원, 감사원, 안전관리사, 사서, 법무사 등

　　홀랜드 검사를 통해 자신의 적성과 흥미를 파악한 후, 미래에 종사하고 싶은 직업을 정했다면 이제 목표를 이루기 위해 꾸준히 노력해야 합니다. 이렇게 하고 싶은 일을 일찍 준비하여 능력을 가꾸어 나간다면 꿈을 이루는 순간이 더욱 빨리 찾아올 것입니다.

교육자
사회형

EDUCATOR

· 교육자(사회형) ·

교사는 우리나라 학생들이 미래에 가장 되고 싶은 직업 중 하나라고 합니다. 특히 여학생의 경우 70% 정도가 교사가 꿈이라고 합니다. 이렇게 많은 학생들이 교사가 되고 싶어 하는 까닭은 어릴 때부터 가장 가까이서 친근하게 접한 직업이기 때문일 것입니다. 교사는 어린이집, 유치원, 초등학교, 중학교, 고등학교까지 늘 아이들 곁에 있습니다. 이렇듯 교사는 부모님 다음으로 아이들과 가까이 있으면서 아이들의 삶에 큰 영향을 미치고 있습니다.

EDUCATOR

01 교육자 이야기

1 교육자란?

교육자는 기본적으로 아이들에게 공부를 잘 가르쳐야 하지만, 공부 외에도 가르쳐야 할 것이 많습니다. 먼저 아이들이 다른 사람들과 원만한 관계를 맺으며 더불어 살아갈 수 있도록 사회성을 키워 주어야 합니다. 또 법과 질서를 지키게 하고, 학생들 사이의 폭력을 예방하며, 학교 안에서 안전하게 생활할 수 있게 책임지는 것도 교사의 일입니다.

'스승은 마음의 어버이'라는 말이 있듯이 교육자는 부모님 다음으로 아이들에게 많은 영향을 끼치는 존재입니다. 따라서 교육에 대한 철학이나 사명감이 필요한 직업입니다.

2 교육자의 구분과 하는 일

교육자는 기본적으로는 아이들의 학습과 인성, 건강을 지도하는 일을 하지만, 학생들의 연령대에 따라 하는 일이 조금씩 다릅니다. 즉 어린이집, 유치원, 초등학교, 중·고등학교에서 교사의 역할이 조금씩 다릅니다. 그 밖에 장애인을 지도하는 특수학교 교사도 있습니다. 또한 직급에 따라 평교사, 부장교사, 교감, 교장 등으로 나눌 수 있습니다.

갓 태어난 아기부터 돌보는 어린이집의 보육 교사와 만 3세~예비 초등학생들을 담당하는 유치원 교사는 지식 전달보다는 아이들이 몸과 마음이 고루 건강하게 발달할 수 있도록 교육하고 지도합니다. 쓰기, 읽기, 숫자 공부와 같은 학습부터 노래, 율동, 그림 그리기 등의 예능 교육까지 여러 가지 놀이나 단체 활동을 통해 지도합니다.

초등학교 교사는 보육 교사나 유치원 교사에 비해 학습적으로 지도할 것이 늘어납니다. 하지만 여전히 아이들의 정서 발달, 사회성 발달, 건전한 인격 형성 등 전인교육이 이루어지도록 신경 써야 합니다. 그리고 급식 지도나 등하교길 지도를 통해 기본 생활 습관도 가르칩니다. 그 밖에 학생들의 과제물 검사, 출석 체크, 생활기록부 관리, 가정통신

Tip

교사는 한 사람의 삶에 큰 영향을 끼칠 수 있습니다. 늘 말썽만 부리고 혼나던 아이가 자신을 이해해 주고 격려해 주는 선생님을 만나 올바르게 자란 이야기는 수도 없이 많습니다. 또한 스스로 잘하던 아이가 선생님을 잘못 만나 상처받고 힘들어하는 경우도 있습니다.

문 준비 등 학사 업무를 처리합니다.

중학교 교사는 만 13세부터 만 15세까지의 청소년을, 고등학교 교사는 만 16세부터 만 18세까지의 청소년을 맡아 교육합니다. 중·고등학교 교사는 교육과정에 따라 자신이 맡은 과목의 학습안을 설계하고, 교과서를 비롯해 시청각 자료 등 다양한 교재를 활용하여 수업을 진행합니다. 학생들의 이해를 높이기 위해 실험·실습을 지도하고, 학습 진단을 위해 시험 문제를 출제하며, 그 결과를 평가하여 성적표를 작성합니다. 또한 인생에서 가장 중요한 시기인 청소년기를 보내는 학생에게 가치관을 확립해 주는 안내자의 역할도 합니다. 학생들의 다양한 고민을 상담하고 필요한 경우 학부모와도 상담을 하며, 진로 지도, 생활 지도도 함께 합니다.

특수학교 교사는 청각 장애나 시각 장애, 지체 장애 등 장애 학생을 위한 특별한 교육법을 배워서 학생들을 가르칩니다. 즉 청각 장애 학생에게는 수화와 발성법을, 지적 장애 학생에게는 기본 생활에 필요한 지식을 알려줍니다. 그리하여 장애 학생들이 장애를 극복하고 사회 구성원으로서 당당하게 살아갈 수 있는 밑바탕을 마련해 줍니다. 그러기 위해서는 장애의 특성을 잘 이해해야 하며, 남다른 사명감과 희생정신이 필요합니다.

> **Tip**
>
> 〈엄마를 부탁해〉를 쓴 소설가 신경숙이나 시인 정호승, 〈마당을 나온 암탉〉을 쓴 황선미 작가 등은 학창 시절 선생님의 관심과 권유로 책을 열심히 읽고 글쓰기를 꾸준히 해서 훌륭한 작가가 되었다고 합니다.

3 초중등 교사의 직급

교사는 일정한 경력에 따라 직급을 부여받게 됩니다. 직급의 순서는 평교사 → 부장교사 → 교감 → 교장 순입니다.

먼저 정교사 2급 자격증을 취득한 후, 임용고시에 합격하면 발령을 받아 평교사가 됩니다. 이후 경력과 노력 여하에 따라 보직 교사와 교감, 교장으로 승진하게 됩니다. 보직 교사는 주로 1급 정교사 자격증을 가진 교사 중에서 교장이 임명하는데 교무부장, 교육연구부장, 생활지도부장, 특별활동부장, 교육정보부장, 진로상담부장, 체육보건부장 등이 있습니다. 교감은 교장을 도와서 학교 일을 감독하고, 교장은 학교의 책임자로서 교사들을 통솔하고 학교 전체를 관리합니다.

4 직업 전망

미래에는 학교에서 근무하는 교사라는 직업이 없어질 것이라 전망하기도 합니다. 컴퓨터 등을 이용한 원격 교육이나 개인 교습 같은 교육 방법을 통해 굳이 학교에 오지 않고도 교육이 가능하다는 주장입니다.

그러나 아이들이 학교에 오는 까닭은 지식을 얻기 위해서만이 아닙니다. 컴퓨터나 스마트폰에 빠져 사는 아이들이 점점 늘어나는 현실에서 학교와 교사는 아이들에게 더욱 필요한 존재입니다. 아이들은 인간과 인간 사이에서 배워야 할 대부분의 것들을 학교에서 배우기 때문입니다. 같은 또래 아이들이 한 교실에서 배우면서 소통하고, 교사의 가르침을 받는 것은 사회성과 인성을 기르는 데 꼭 필요한 과정입니다.

현재 우리나라에서는 교사의 종류에 따라 직업 전망이 엇갈리고 있습니다. 먼저 보육 교사나 유치원 교사, 특수 교사의 일자리 전망은 밝은 편입니다. 보육 교사의 경우, 출산율이 저하되고 있지만 여성의 경제 활동 참가율이 증가하면서 가정 내에서 자녀 양육이 점차 어려워져 보육이 필요한 아이들이 늘고 있기 때문입니다. 유치원 교사 역시 맞벌이 부부가 증가하고 있고, 다른 OECD 국가들에 비해 유치원 취학률이 훨씬 못 미치고 있으며, 교사 1인당 학생 수가 많아 당분간은 그 수요가 늘어날 것으로 보입니다. 특수 교사 역시 정부에서 장애 학생에 대한 관심과 지원을 높이고 있는 만큼 당분간은 일자리가 늘어날 것으로 보입니다.

반면 초등학교나 중·고등학교 교사의 전망은 어둡다고 할 수 있습니다. 저출산에 따른 인구 감소로 인해 학생 수가 점점 줄어들면서, 그에 따른 교사의 일자리도 줄어드는 실정입니다. 그런데 교사를 지망하는 사람들은 많아서 경쟁이 매우 치열합니다.

5 좋은 선생님이 되기 위해서는

무엇보다도 공부를 잘 가르쳐야 좋은 선생님이라 할 수 있습니다. 그러기 위해서는 끊임없는 자기 계발이 필요합니다. 교재를 연구하고, 방학 때는 교과 연수를 받고, 업무 수행 능력을 향상시켜야 합니다.

두 번째는 아이들의 인성 교육을 잘 시켜야 합니다. 실제로 학교에서는 학생들에게 공부를 가르치는 일보다 담임으로서 생활 지도를 하는 것이 더 중요한 경우가 많습니다. 아이들을 잘 관리하려면 상담 관련 공부나 성장 단계별로 아이들의 심리를 이해할 수 있는 공부를 해야 합니다. 또한 아이들 눈높이에 맞는 문화를 접하고, 어린이와 청소년 도서를 읽고, 아이들이 좋아하는 영화도 보면서 아이들과 교감할 수 있도록 해야 합니다.

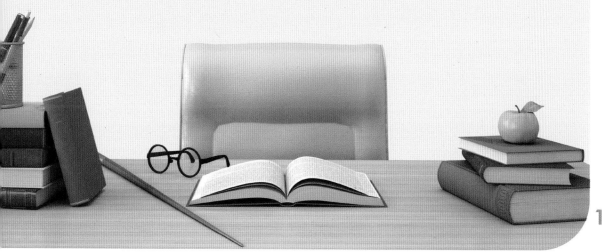

02 교육자의 종류

1 보육 교사

보육 교사는 어린이집, 놀이방 등의 보육 시설이나 아동 복지 시설에서 유아들을 가르치고 보살피는 일을 합니다. 어린이집에서는 갓 태어난 아기부터 5세까지 돌봅니다. 보육 교사는 유아들의 나이와 건강 상태에 따라 적절한 보육 계획을 세워 돌봐야 합니다. 그림책, 장난감, 악기 등을 이용하여 유아들의 정서 발달과 지능 발달에 도움을 주는 활동을 하고, 유아들에게 균형 있는 영양 공급이 이루어질 수 있도록 시간에 맞춰서 식사와 간식을 주고, 올바른 식습관을 들이도록 지도해야 합니다. 보육 교사는 태어나서 처음 만나는 선생님이니만큼 아이들에게 세심하게 신경 써야 합니다.

2 유치원 교사

유치원 교사는 만 3세 이상의 아동부터 초등학교에 입학하기 전까지의 아동들을 맡아 돌봅니다. 아동들이 노래, 율동, 그리기, 만들기, 관찰, 토의, 실험, 견학, 발표회 등에 적극적으로 참여할 수 있도록 다양한 수업 방법을 계획하여 지도하고, 교육 교재를 직접 만들기도 합니다. 아이들이 다른 사람과 더불어 생활할 수 있는 공동체 의식을 기를 수 있도록 지도하고, 건강하게 생활할 수 있는 기초 체력을 길러 줍니다. 또한 안전한 생활 습관을 들이도록 하고, 위생 교육을 시킵니다. 정기적으로 학부모와 상담을 갖고 아이의 유치원 생활, 학습 능력, 성격 등에 대한 정보를 교환하며 아동의 몸과 마음이 건강하게 자라도록 돕습니다.

3 초등학교 교사

초등학교 교사는 대부분의 과목을 혼자서 가르칩니다. 요즘에는 과학, 체육, 음악, 영어 등 일부 과목에 교과 담당 선생님이 따로 있지만 주요 과목은 담임교사가 전담하여 가르치고 있습니다. 학교의 수업 계

Tip

교사는 방학이 있어 좋기는 하지만, 방학 중 일정 기간은 교육청에서 주관하는 교사 연수 프로그램에 참가하여 교과 연구와 학생 생활 지도에 필요한 지식과 기술을 익혀야 합니다.

획에 따라 과목별로 학습 지도안을 만들어 아이들을 가르치고, 정기적으로 시험 문제를 출제하여 아이들의 학습 능력을 평가합니다.

또한 학생들이 아직 어린 만큼 인성 발달과 생활 지도, 안전 교육에도 신경을 많이 써야 합니다. 아이들 각각의 학습 수준과 친구 관계 등을 관찰하고 기록해 두었다가 학부모 상담을 통해 의견을 나눕니다. 또 안전사고 및 폭력 예방, 성교육, 기본 생활 습관, 급식 지도, 등하교 지도 등 생활 지도도 해야 합니다. 아이들이 집으로 돌아간 다음에는 숙제와 일기장을 검사하고 기타 학생들의 전학, 입학, 출결 사항, 생활기록부를 관리하고 학부모에게 보내는 가정통신문도 준비합니다.

4 중등학교 교사

중학교와 고등학교 교사를 통틀어서 중등학교 교사라고 합니다. 중등학교 교사는 국어, 영어, 수학, 음악 등 한 과목만 전문적으로 가르칩니다. 수업은 학교의 교육 계획과 수업 일수 등을 고려하여 자신이 맡은 과목의 학습 계획안을 설계하고, 교과서를 비롯해 시청각 자료 등 다양한 교재를 활용하여 학생들을 이끌어 갑니다. 그리고 학생들의 이해를 높이기 위해 실험·실습을 지도하고, 학습 진단을 위하여 시험을 출제하며, 그 결과를 평가하여 성적표를 작성합니다.

또한 한 개의 반을 맡아 담임으로서 책임을 지고 아이들의 생활 지도를 하는 한편, 학생들의 다양한 고민을 상담하고, 필요한 경우 학부모와 상담을 합니다. 3학년 반을 맡으면 학생들의 입시 지도도 해야 합니다.

> **Tip**
>
> 중등학교 교사들 역시 방학 때면 교육청에서 주관하는 연수 프로그램에 참여하여 교육자로서의 자질을 높이고, 학생들을 인솔해 국토 대장정이나 역사 탐방과 같은 캠프에도 참여해야 합니다.

19

5 특수학교 교사

청각 장애나 시각 장애, 지적 장애 등 다양한 신체적·정신적 장애를 겪는 아이들을 교육합니다. 학생들이 장애를 극복하고 사회 구성원으로서 당당하게 살아갈 수 있도록 지식과 기능을 가르칩니다. 그러기 위해서는 장애의 특성을 잘 이해하고, 그에 알맞은 교육을 할 수 있어야 합니다.

특수학교 교사는 일반 학교에서 장애 학생으로 구성된 학급을 맡거나, 장애 학생들이 다니는 특수학교에서 아이들을 지도합니다. 특수학교는 장애의 종류에 따라 지적 장애 특수학교, 청각 장애 특수학교, 시각 장애 특수학교 등이 있습니다. 또 일반 학교와 달리 한 학교에서 유치부, 초등부, 중등부, 고등부를 함께 운영합니다.

수업은 장애 학생의 장애 정도와 발달 상황 등을 고려하여 적절한 교재와 교육 방법을 활용해 진행합니다. 즉 시각 장애 학생에게는 점자판, 점필 등을 사용하여 일상생활에 적응할 수 있도록 지도하고, 청각 장애 학생에게는 수화와 발성법을 가르쳐 의사소통이 가능하도록 지도합니다. 몸이 불편한 신체 부자유 학생에게는 학생의 욕구·능력·학습 수준을 고려하여 만들어진 보조 기구를 조정하고 사용할 수 있는 능력을 키워 주고, 지적 장애를 가진 학생에게는 특수 교수법을 적용하여 학습 능력을 향상시킵니다. 또한 정서 표현이 편향적인 학생에게는 정서를 원활하게 표현할 수 있도록 지도합니다.

그 밖에 급식 및 등하교 지도, 옷 갈아입기, 몸단장하기, 씻기 등 학생들의 생활 지도 및 인성 지도를 담당합니다.

6 교감과 교장

교장은 학교를 대표하는 지도자이며 학교 운영의 최고 책임자로서, 학교가 원만히 돌아가고 교사들이 교육 목표에 맞추어 아이들을 지도할 수 있도록 관리합니다. 학교의 교육 목적을 효율적으로 달성하기 위한 교육 활동들을 계획하고, 학교의 예산을 집행하고, 학급의 규모를 결정하며, 교사와 강사들의 교육 활동을 기획하고 지휘합니다. 교사 및 기타 직원의 모집과 채용에 관여하는 등 인사 행정과 관련한 일도 합니

Tip

장애 학생을 가르치고 돌보는 일에는 많은 어려움이 따릅니다. 따라서 특수학교 교사는 교사로서의 사명감과 책임감은 물론 장애인에 대한 남다른 애정과 함께 희생정신과 봉사정신을 가져야 합니다.

20

다. 또 학교에서 일어나는 여러 가지 문제를 해결하며, 사무 관리나 교육청, 학부모회 등 학교와 관련된 단체와 학교 평가도 관리합니다. 오랜 교육 경력과 함께 훌륭한 지도력이 있어야 교장의 역할을 잘 수행할 수 있습니다.

교감은 교장을 도와서 학교의 업무를 관리하거나 수행하는 일을 하다가 승진하면 교장이 됩니다.

03 역사, 책, 영화 속에서 만나는 교육자

1 조선 시대의 학교

조선 시대의 학교로는 서당, 서원, 향교, 성균관이 있었습니다.

'하늘 천 따 지'의 천자문부터 배우는 서당은 오늘날의 초등학교에 해당하고, 훈장님 혼자서 아이들을 가르쳤습니다. 서원과 향교는 오늘날의 중·고등학교에 해당하는데, 각 지역의 훌륭한 학자가 제자들을 길러냈습니다. 성균관은 오늘날의 대학교에 해당하는 기관으로 시험을 쳐서 들어가야 했습니다. 입학시험이 어렵고 규율이 매우 엄격했지만, 국가에서 주는 장학금을 받으며 다닐 수 있었지요.

서당과 서원은 오늘날의 사립학교에 해당하고, 향교는 공립학교에 해당합니다. 그래서 양반집 아들들은 서원에 다녔고, 평민의 아들들은 향교에 다녔습니다. 여자들은 서당이나 서원, 향교에 다닐 수 없었고, 집안에서 부모님이나 남자 형제에게 배웠습니다. 이때 조선 시대 여성들은 주로 한글을 배웠다고 합니다.

서원과 향교는 학교인 동시에 공자, 이황 같은 훌륭

한 학자들을 위한 사당을 지어 놓고 제사를 지내기도 했습니다. 서원은 원래 인재를 키우고, 그 지방 사람들에게 성리학을 가르치기 위한 곳이었지만, 점차 서원이 늘면서 혈연, 지연, 학벌, 당파 등과 연결되어 각종 분쟁과 부조리를 키우는 온상이 되기도 했습니다.

2 관련 책

1) 〈딥스〉 버지니아 M. 액슬린 지음. 샘터. 2011

이 책의 저자 버지니아 M. 액슬린은 심리적·정서적 장애아들을 위한 놀이치료로 세계적인 권위를 인정받은 사람입니다. 〈딥스〉는 저자가 놀이치료를 통해 직접 체험한 이야기를 담고 있습니다.

이 책의 주인공 딥스는 다섯 살 아이로, 유명한 과학자 아빠와 전직 외과의사인 엄마 밑에서 물질적인 풍요를 누리며 자라지만, 지적 장애로 의심될 정도로 발달이 느립니다. 치료를 맡은 액슬린 박사는 딥스가 지능적인 문제가 아닌 정서적인 상처 때문에 혼란스러워 한다고 판단했습니다. 딥스는 자신이 만든 감옥 속에 스스로를 가두고 세상에 등을 돌리고 있었던 것입니다.

딥스는 치료 과정에서 부모, 특히 아빠에 대해 강한 적대감을 드러냈습니다. 아빠로 지정한 인형은 모래산 아래에 묻어버렸고, 모두가 집으로 돌아가는 도시 설계 놀이에서도 아빠만 신호등에 가로막혀 집으로 가지 못하게 했습니다. 또한 아빠를 불난 집에 가두고 나오지 못하게 하기도 하고, 그와 같은 자신의 행동에 대해 심한 죄책감을 느끼기도 했습니다.

딥스는 치료를 통해 마음속의 감옥을 차례로 부수고 세상 밖으로 걸어 나옵니다. 마음속의 미움과 두려움이 사랑과 자신감으로 바뀌면서 딥스는 자아를 찾게 됩니다.

2) 〈죽은 시인의 사회〉 N. H. 클라인바움 지음. 서교출판사. 2004

이 책은 1959년 미국의 명문 사립고등학교 웰튼을 배경으로 하고 있습니다. 웰튼은 명문대 진학률이 높기로 유명하며, 학생들 역시 자신의 꿈을 알지 못한 채 성공한 아버지의 전철을 밟아 의료계, 법률계, 금융

계로 진출할 것을 목표로 공부하고 있습니다.

그런데 새로 부임해 온 국어교사 존 키팅은 제자들에게 명문대 입학을 위한 지식보다 스스로 자신의 인생을 설계하라고 가르칩니다. 그리고 자신이 학창시절에 시를 읽고 인생을 토론했던 '죽은 시인의 사회'의 창립 멤버임을 밝힙니다. 7명의 제자들은 이 서클의 회원이 되어, 한밤중에 기숙사를 몰래 빠져나와 숲속에서 위대한 작가들의 시를 읽는 등의 활동을 합니다. 그러던 중 연극배우가 되겠다는 꿈을 가진 닐이 의사가 될 것을 강요하는 부모에 의해 꿈이 좌절되자 자살을 택합니다. 학교는 키팅 선생에게 닐을 부추겼다는 책임을 전가시키고, 키팅 선생은 학교를 떠나게 됩니다.

이 책은 영화로 만들어져 더욱 유명해졌고, 독서계는 물론 영화계와 비디오 업계의 스테디셀러로 자리 잡았습니다. '카르페 디엠(지금, 여기의 순간을 잡아라/현재를 소중히 하라)'이라는 명대사를 남겼습니다.

3 관련 영화 및 다큐멘터리

1) 〈뮤직 오브 하트〉

미국에서 실제로 있었던 일을 영화로 만든 작품입니다. 한 여성 음악가의 열정과 혼신의 노력 덕분에 미국 할렘가 아이들이 카네기 홀에서 바이올린 연주를 하게 된다는 감동적인 이야기입니다.

세계적인 바이올리니스트가 꿈이었던 로베르타는 결혼하면서 자신의 꿈을 접게 됩니다. 그런데 결혼한 지 10여 만에 남편은 그녀의 친구와 바람이 나서 가정을 버리고, 로베르타는 두 아들을 혼자 힘으로 키우기 위해 할렘가의 초등학교에 음악교사로 취업합니다. 하지만 가난과 폭력에 찌든 아이들에게 바이올린을 가르친다는 것은 쉬운 일이 아니었습니다. 아이들은 바이올린 케이스를 두들겨대는가 하면 활로 칼싸움을 벌이고, 수업 시간에도 쉴 새 없이 떠들고 장난을 칩니다. 그러나 신념이 강한 로베르타는 온갖 어려움과 편견을 물리치고 아이들을 지도한 끝에 바이올린 교습을 할렘가 최고의 인기 수업으로 바꿔 놓았습니다.

하지만 교육위원회는 할렘가의 학교에서 바이올린 수업은 사치라는 결정을 내리고 로베르타는 해고될 위기에 처합니다. 로베르타는 학생과 학부형들의 도움으로 수업 기금을 마련하기 위한 자선 콘서트를 열기로 하고, 이들의 이야기는 언론을 통해 많은 호응을 얻게 됩니다. 급기야 세계적인 유명 바이올리니스트들까지도 이들을 돕기 위해 나서게 됩니다. 콘서트가 열리던 날, 카네기 홀을 가득 메운 청중은 로베르타와 그녀의 제자들에게 열렬한 박수를 보냅니다.

2) 〈선생님이 달라졌어요〉 EBS 다큐멘터리

EBS 다큐프라임에서 '행복한 교실을 만들기 위한 교사 성장 프로젝트'로 2012년 8월 29일부터 2013년 1월 9일까지 15부작으로 방영한 다큐멘터리입니다. 행복한 교실을 만들기 위해 변화를 갈망하는 초·중·고 교사 13명이 자신의 수업을 촬영하여 공개하고, 이를 바탕으로 전문가들에게 코칭을 받은 후 변화해 가는 모습을 담은 내용입니다.

학생들에게 자주 화를 내는 선생님, 시간을 때우는 식으로 수업을 진행하는 선생님, 보람을 느끼지 못하는 선생님, 학생들과 소통 없이 자기 일만 하기 바쁜 선생님 등 코칭을 받기 전 각각의 선생님들에게서 문제점들이 발견되었습니다. 선생님들은 전문가들의 코칭으로 자신들의 모습을 변화시키고자 노력했고, 대부분의 선생님이 미션을 수행한 후 많이 달라진 모습을 보였습니다. 선생님이 변화하면서 아이들에게도 변화가 나타납니다. 교실에서 아이들 웃음소리가 들리기 시작하고, 선생님의 얼굴에도 웃음꽃이 피어납니다.

이 다큐멘터리는 선생님이 되고 싶은 학생들이나 예비 교사들에게 좋은 선생님이란 어떤 모습이고, 좋은 선생님이 되기 위한 방법은 무엇인지를 상세하게 가르쳐 주고 있어 현재 교사나 앞으로 교사가 꿈인 학생들에게 많은 도움이 될 것입니다.

04 교육자는 무슨 일을 할까?

교육자의 일과는 가르치는 아이들의 연령대나 근무 환경에 따라 조금씩 다릅니다. 지금부터 교육자의 종류에 따라 조금씩 다른 일과를 따라가 보기로 합니다.

1 보육 교사나 유치원 교사의 하루

어린이집이나 놀이방에 근무하는 보육 교사와 유치원에 근무하는 유치원 교사의 하루 일과는 비슷합니다. 다만 어린이집의 등원 시간이 좀 더 빠른 편입니다.

 출근하여 수업 준비를 끝낸 후, 등원 시간에 맞춰 아이들을 맞이합니다. 이때 교사는 아이를 맡기러 온 부모와의 대화를 통해 아이의 건강과 기분 상태를 파악하고, 오늘 하루 아이에게 특별히 신경 써야 할 부분이 있는지 체크합니다.

 수업을 시작합니다. 수업 시간에는 미리 짜 놓은 수업 계획안에 맞추어 언어, 탐구, 사회, 표현 등 다양한 영역을 교육합니다. 수업 도중에 아이들의 질문이나 행동 등을 세심하게 관찰하여 적절한 도움을 주면서 지도합니다. 안전사고에는 늘 신경을 써야 합니다.

 간식 시간 우유, 치즈, 과일 등 가벼운 간식을 제공합니다.

오전 수업을 계속합니다.

점심 시간 하루 중 가장 바쁜 시간입니다. 어린이집과 유치원에서는 급식 시간도 수업의 연장으로 보고 올바른 식습관을 가질 수 있게 지도해야 합니다. 또한 화장실을 청결하게 사용하기, 손 씻기, 친구와 사이좋게 지내기 등의 생활 지도도 합니다.

Tip

어린아이들은 새로운 장소나 야외 공간에 나오면 활발하게 뛰어다니므로 박물관 견학이나 체험 학습 등 야외 수업을 할 때에는 각별한 주의가 필요합니다.

 놀이 시간 날씨가 좋은 봄이나 가을에는 아이들을 야외에 데리고 나가서 놀기도 하지만, 여름이나 겨울에는 주로 실내에서 놀이를 합니다.

 낮잠 시간 아이들이 편안히 쉴 수 있도록 커튼을 쳐서 햇빛을 차단하고, 포근한 이부자리를 깔아 편안하게 잘 수 있도록 합니다.

 오후 수업 오전 수업과 비슷한 형태로 진행됩니다. 유치원의 경우 낮잠 시간 없이 오후 3시쯤에 끝나는 경우도 있습니다. 그리고 부모가 맞벌이하는 유아들의 경우 종일반에 있게 되는데, 종일반 아이들은 오후 7시까지 머무르기도 합니다. 종일반을 맡으면 퇴근 시간이 늦어지므로 교사들이 돌아가면서 합니다.

 오후 수업이 끝나고 아이들이 집으로 돌아가면 교구를 정리하고 교실을 청소합니다. 그리고 다음 날 필요한 교재나 교구를 만들고 학습 계획을 세웁니다. 그 밖에도 그날그날 아이를 관찰한 내용과 지도 경과를 보육일지에 기록하고, 아이들의 보육 상태를 평가하여 부모들과 정기적으로 상담합니다.

2 초등학교 교사의 하루

 출근 학교에 도착하면 수업을 준비하고 하루 일과를 점검합니다.

 교무회의 교장의 주관 아래 그날그날 교육청에서 내려온 전달사항을 받아 적습니다. 주로 학교 폭력 예방 대책이나 안전 교육 등에 관한 내용들입니다. 그리고 학교 행사나 외부 경연대회 일정 등에 대한 내용을 전해 듣고 기록합니다.

 교무회의가 끝나면 아이들이 기다리고 있는 교실로 갑니다. 교실에서는 아이들 출석 여부를 체크하고, 몸이 아픈 아이가 없는지 확인합니다.

 오전 수업 초등학교 수업은 9시부터 시작하여 각 교시마다 40분 수업 후 10분 동안 쉬는 시간을 갖습니다. 교사는 쉬는 시간이나 점심시간에도 교무실로 가지 않고 하루 종일 교실에서 아이들과 함께 지냅니다.

점심식사 점심식사는 아이들과 함께 합니다. 아이들과 함께 밥을 먹으면서 음식을 골고루 먹고 남기지 않도록 지도합니다.

고학년은 계속 오후 수업을 하고, 저학년은 하교 지도를 합니다. 초등학교 하교 시간은 학년마다 다릅니다. 1~2학년은 대개 4교시나 5교시를 하고, 3~4학년은 5, 6교시, 5~6학년은 주로 6교시까지 수업을 합니다. 초등학교는 아무리 늦어도 3시 이전에는 모든 수업이 끝납니다.

아이들이 돌아간 다음에는 일기장이나 숙제 검사를 하고, 다음 날 수업 계획을 세웁니다. 필요에 따라 시험 문제를 내고 시험지를 확인하며, 출결 사항, 생활기록부 관리, 가정통신문 준비 등도 합니다. 그 밖에 교실의 환경미화나 체육 대회 등 다양한 학교 행사를 준비하는 것도 방과 후에 해야 할 일입니다. 또 전학 온 아이, 전학 갈 아이 등의 서류를 검토하는 등의 업무를 하다가 보통 5시 무렵에 퇴근합니다.

3 중 · 고등학교 교사의 하루

중 · 고등학교 교사는 보통 8시쯤에 출근합니다. 출근하면 교무실로 가서 교무회의에 참석합니다. 교무회의는 교장과 교감의 주관 아래 열립니다. 회의 내용은 학교 행사에 관한 일정이나 학생들의 생활 관리 내용이 주를 이룹니다. 시험 일정, 학생들의 복장과 머리 단속 등에 대해서도 의견을 나누기도 합니다. 특히 고등학교에서는 수능을 앞둔 3학년 학생들에 대한 관심이 매우 큽니다.

교무회의가 끝나면 자신이 맡은 반의 교실로 들어가 학생들의 출결을 체크하고 교무회의에서 나온 내용을 전달합니다.

중등 교사는 매 시간 수업을 하는 것이 아니라 하루에 4회 정도 합니다. 중학교 교사는 45분 수업에 10분 휴식이고, 일주일에 평균 19회 정도의 수업을 합니다. 고등학교 교사는 50분 수업과 10분 휴식을 하며 일주일에 평균 17회 정도의 수업을 합니다.

정규 수업이 끝나면 각종 공문서 작성과 시험 문제 출제, 학생 상담 등을 하고, 특히 고등학교 3학년 교사의 경우 입시 상담에 대한 준비를 많이 해야 합니다.

점심식사를 하는 곳은 학교마다 다릅니다. 커다란 식당이 있는 학교는 학년별로 줄을 서서 식당에 가서 먹고, 식당이 없는 학교는 음식을 교실로 옮겨 교실에서 먹습니다. 교실에서 먹는 경우 저학년은 배식을 도와주는 사람이 두 명 정도 와서 음식을 나눠 줍니다.

Tip
초등학교 교사는 정기적으로 학부모와 상담을 해야 합니다. 평소 학생들을 관심 있게 관찰하여 학교에서의 생활과 학생의 장단점, 친구 관계 등에 대해 학부모와 정보를 나누어 학생이 잘 자라도록 도움을 줍니다.

퇴근 시간은 오후 5시경이지만 야간자율학습 감독을 하거나 기타 업무가 남은 경우에는 야근을 하기도 합니다.

Tip

중등학교 교사는 하루 종일 아이들과 함께 있는 초등학교 교사에 비해 편해 보일지 모르지만, 수업 내용이 훨씬 어려워 준비해야 할 것이 많고, 학생들도 본격적인 사춘기에 접어들 시기이므로 초등학생들에 비해 대하기가 어렵습니다.

4 방학에도 할 일이 많아요

학생들이 학교에 오지 않는 방학이 되면 교사도 방학일 것이라고 생각하지만 그렇지 않습니다. 교육 프로그램이 매년 조금씩 변하고 있으므로 그에 맞춰서 교사도 방학 동안 교육청에서 주관하는 교사 연수 프로그램에 참여하여 새로운 수업 방법과 변화하는 지식을 익혀야 합니다.

그 밖에 걸스카우트나 보이스카우트 같은 단체를 맡은 교사는 학생들을 인솔해 캠프에 다녀와야 합니다.

05 교육자가 되기 위해 필요한 능력

교육자는 제2의 부모라고 할 만큼 아이들에게 큰 영향을 끼칩니다. 지식을 가르치는 일뿐만 아니라 인성과 가치관을 형성하는 데도 중요한 역할을 합니다.

교육자에게 필요한 능력은 가르치는 아이들의 연령에 따라 조금씩 다릅니다. 갓 태어난 아기부터 만 18세 고등학교 3학년까지 연령과 교육 과정에 따라 가르치는 내용과 중점을 두어야 할 사항이 조금씩 차이가 있습니다. 그래도 교사로서 공통적으로 지녀야 할 능력이 무엇인지 지금부터 살펴보기로 합니다.

1 실력

    교사는 아이들을 가르치는 일이 주요 업무인 만큼 지식이 풍부해야 합니다. 보육 교사와 유치원 교사는 지식 전달보다는 보육에 더 큰 비중을 두지만 초등학교부터는 지식을 전달하는 일이 중요합니다.

    초등학교 교사는 1학년~6학년까지 전 학년에 걸쳐 각 과목에 대한 지식을 충분히 익혀 학생들에게 정확히 설명하고 전달할 수 있어야 합니다. 중학교부터는 한 과목만을 전담하여 가르치므로 모든 과목을 익힐 필요는 없지만, 학습 내용이 깊어지므로 전문적으로 공부해야 합니다. 특히 고등학교는 입시를 앞두고 있어 더 많은 연구가 필요합니다.

    그 밖에도 다양한 책을 많이 읽어 풍부한 상식을 갖추어야 하고, 매체를 통한 교육이 많아지는 추세이므로 컴퓨터 활용 능력도 길러야 합니다.

2 잘 가르치는 기술

    지식을 많이 알면 가르치는 데 유리한 건 사실이지만 반드시 많이 안다고 해서 잘 가르치는 건 아닙니다. 잘 가르치는 데도 기술이 필요합니다. 어떻게 해야 아이들에게 효과적으로 지식을 전달할 수 있을지 끊임없이 연구해야 합니다. 신임 교사의 경우 미리 연습해 보기도 하고, 아이들을 가르칠 때 녹음하거나 녹화한  후에 다시 살펴보는 방법도 좋습니다. 가르치고 있는 자신의 모습을 관찰함으로써 장점은 살리고, 단점을 극복해 나간다면 짧은 시간 안에 큰 발전이 있을 것입니다.

3 사명감과 책임감

    많은 학생들이 겉으로 드러난 모습만 보고 교사가 되고 싶어 합니다. 그러나 요즘 학교 현장은 만만치 않은 게 사실입니다. 학원에서 교과 과정을 미리 배우고 와서 수업 시간에는 하품하는 아이들, 경쟁에 찌들어 폭력적인 모습을 보이거나 특정 학생을 왕따시키는 아이들, 스마트

폰이나 게임 등에 빠져 학습 의욕이 없는 아이들을 한 자리에 모아 놓고 가르쳐야 합니다. 그래서 예전보다 학급당 학생 수는 많이 줄었지만, 오히려 지도하기는 훨씬 힘들다고 토로하는 교사들이 많습니다.

이런 힘든 환경이지만 교사는 분명 보람 있는 직업이며, 교사의 손길을 필요로 하는 아이들이 많습니다. 따라서 중도에 포기하지 않고 아이들을 끝까지 사랑하고 책임질 수 있는 사명감이 필요합니다.

4 도덕성과 원칙

어린 아이들일수록 교사의 말이나 행동을 전적으로 따르고 받아들이기 때문에 보육 교사나 유치원 교사는 아주 작고 사소한 것 하나까지도 아이들 눈높이에 맞춰 바르게 행동하고 밝은 태도로 아이들을 대해야 합니다.

초등학교에서도 올바른 가치관을 형성하는 데 교사의 영향력이 큽니다. 특히 초등 고학년은 사춘기가 시작되는 시기이므로 자아가 형성되면서 비판 능력이 생겨납니다. 이럴 때 도덕적이고 원칙을 따르는 교사의 모습은 아이들에게 좋은 가치관을 심어줄 것입니다.

중·고등학교 학생들은 교사에 대해 우호적이기보다는 비판적인 경우가 많습니다. 하지만 존경할 만한 교사에 대해서는 절대적으로 믿고 따릅니다. 유명인들 중에 중·고등학교 시절 좋은 교사를 만나 인생의 큰 전환기를 맞았다는 사람들이 꽤 있습니다. 그러므로 실력 면에서나 인격 면에서나 학생들의 롤 모델이 될 수 있도록 노력해야 합니다.

5 공감 능력과 포용력

교사는 공부를 잘 가르치는 일 외에도 담임으로서 생활지도를 하는 것도 매우 중요합니다. 아이들을 잘 지도하려면 나이에 따른 아이들의 심리 변화를 읽을 수 있어야 합니다. 그런데 교사들은 어릴 때부터 모범생다운 삶만 살아온 경우가 대부분입니다. 그래서 모범적인 아이를 지도하는 것은 어렵지 않으나 공부에 흥미가 없거나, 폭력적 성향이 있는 아이, 학교생활에 잘 적응하지 못하는 아이들에게는 다가가기 쉽지 않습니다. 그런 아이들의 입장을 완전히 이해하지 못하기 때문입니다.

교사는 아이들의 심리를 이해하기 위해 아이들의 눈높이에 맞는 문화를 잘 알고 있어야 합니다. 그러기 위해 어린이 및 청소년과 관련된 책을 많이 읽고 영화도 보면서 아이들과의 대화에서 공통점을 찾을 수 있도록 노력해야 합니다. 또 상담 관련 공부를 하는 것도 도움이 됩니다.

6 인내심과 위기 대처 능력

요즘 학생들은 솔직하고 발랄하다 보니 자기 표현이 강하고 자신의 느낌을 직설적으로 드러내는 경우도 많습니다. 거기다 과잉 행동 장애를 겪는 학생들도 있고, 가정폭력에 시달리는 아이들도 있는데, 하나하나 세심하게 보살펴 주는 데 한계가 있습니다. 더구나 요즘엔 학교 폭력 문제나 왕따 문제가 심각합니다. 특히 사춘기 아이들은 감정을 제어할 줄 몰라 작은 일이 큰 사건으로 번지는 경우가 많습니다. 이럴 때 교사가 당황하거나 같이 흥분하면 일이 걷잡을 수 없는 지경에 이르기도 합니다. 따라서 교사는 인내심을 갖고 이성적으로 문제를 해결해 나가기 위해 노력해야 합니다.

또한 학교 현장에서는 예기치 않은 일들이 자주 일어납니다. 남학생들끼리 몸싸움이 벌어져 다치는 경우도 비일비재합니다. 이럴 때 교사는 순간순간의 위기 상황에 잘 대처해야 합니다. 신임 교사는 이런 일이 생기면 당황스럽지만 경험 많은 동료 교사의 도움으로 위기를 극복할 수 있습니다.

06 교육자의 장단점

1 장점

Tip

'사오정(45세 정년)'이라는 말이 있을 정도로 고용 불안이 심각한 요즘. 교사는 만 62세까지 정년이 보장되어 있으므로 직업의 안정성이 매우 높다고 할 수 있습니다.

교사라는 직업의 좋은 점은 다른 직장인에 비해 근무 시간이 짧고 매우 규칙적이며 방학이 있다는 점입니다. 자유시간이 많기 때문에 새로운 것을 배울 수 있고, 또 배운 것을 아이들에게 다시 가르칠 수 있습니다. 교사들 중에는 더 깊이 있는 공부를 위해 또는 새로운 학문을 배우기 위해 대학원에 진학하는 경우도 많습니다.

또 교사라는 직업은 채용할 때나 근무할 때에 성별이나 연령에 의한 차별이 별로 없습니다. 여느 직업에 비해 높은 수준의 고용 평등이 이루어지고 있습니다. 그래서 남자 교사보다는 여자 교사가 많고, 남학생보다는 여학생들이 교사라는 직업에 호감을 보입니다.

공립학교 교사는 공무원으로서의 대우를 받고 있으며 보통 4~5년마다 학교를 옮기면서 여러 교장, 교감 밑에서 일하면서 다양한 경험을 쌓을 수 있습니다. 반면, 사립학교 교사는 정년까지 같은 학교에서 근무하기 때문에 동료 간의 친밀도가 굉장히 높다는 점이 장점입니다.

무엇보다 교사로서 가장 좋은 점은 학생들을 가르치고, 그 학생들이 훌륭하게 성장하는 모습을 지켜볼 수 있다는 점입니다. 특히 엇나가던 학생이 교사의 도움으로 훌륭하게 성장하여 다시 찾아온다면 무엇보다 큰 기쁨과 보람을 느낄 것입니다.

2 단점

출산율이 떨어지고 있는 요즘 교사라는 직업의 전망은 그리 밝다고 할 수 없습니다. 교사의 자리는 줄어들고 있는데, 교사가 되고자 하는 사람은 많아서 경쟁이 너무 치열합니다.

반면 어린이집이나 유치원의 경우 무상보육 정책이 이루어져 당분간 교사를 필요로 하는 곳이 많을 것입니다. 그러나 보육 교사나 유치원

교사는 임금이 매우 낮아서 하는 일에 비해 정당한 대우를 받지 못하고 있는 실정입니다. 다만 임용고시를 통해 들어가는 병설유 치원의 교사는 공무원으로서 제대로 된 임금을 받고 있지만 이는 매우 적은 수에 불과합니다.

또한 교사는 하루 종일 대부분 서서 가르쳐야 하고, 큰 소리로 말을 해야 하는 직업이라 하루 일과가 끝날 때쯤이면 다리가 붓고 목도 아프고 많이 피곤합니다. 특히 어린 아이들과 대부분의 시 간을 보내야 하는 유치원 교사는 노동 시간도 길고 육체적인 피로 도도 매우 높아서 40대 중반 이후에 하기에는 힘에 부칩니다.

공립학교 교사는 보통 5년에 한 번씩 다른 학교로 발령이 나는데, 집 에서 멀리 떨어져 있는 학교로 발령이 나면 출퇴근하기가 힘들어 이사 를 가야 하는 경우도 생깁니다.

학생들을 가르치면서 느끼는 보람과 즐거움은 크지만, 저마다 개성 이 다르고 가정환경이 다른 많은 수의 학생들을 돌봐야 하므로 육체 적·정신적인 스트레스가 큰 직업이라 할 수 있습니다.

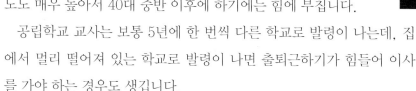

07 교육자가 되기 위한 과정

보육 교사, 유치원 교사, 초등학교 교사, 중·고등학교 교사, 특수학 교 교사 등 종류에 따라 교사가 되는 과정도 각각 다릅니다. 이 중 보육 교사와 유치원 교사가 되는 방법이 헷갈릴 수 있습니다. 지금부터 하나 하나 살펴보도록 합니다.

1 보육 교사가 되려면
주로 어린이집과 놀이방 등에서 일하는 보육 교사로 취업하기 위해

서는 전문대학 이상에서 보육 관련 학과를 전공하면 유리합니다. 보육 관련 학과에서는 영유아 보육에 대한 기초이론, 영유아 발달과 교육, 영유아 건강·안전·영양 등에 관한 교과목을 배우게 됩니다.

하지만 대학에 가지 않고 고등학교만 졸업해도 보육 교사가 될 수 있습니다. 고등학교 이상 졸업한 사람이 여성부령이 정하는 교육훈련시설에서 일정 기간 동안의 교육 과정을 마치면 3급 자격이 주어집니다. 보육 교사 자격은 1~3급으로 나뉘는데, 3급은 가장 낮은 직급입니다.

2급은 전문대학이나 4년제 대학에서 여성부령이 정하는 보육 교과목 및 학점을 이수하거나, 3급 소유자가 1년 이상 보육 업무 경력이 있을 때 주어집니다.

1급은 2급 자격 소유자가 3년 이상 업무 경력을 쌓거나, 2급 자격을 소유하고 보육 관련 대학원에서 석사 학위를 취득한 뒤 1년간 업무 경력이 있을 때 주어집니다.

2 유치원 교사가 되려면

유치원 교사가 되기 위해서는 전문대학 또는 4년제 대학에서 유아교육과, 아동교육과, 아동복지학과 등 아동 관련 학과를 전공해야 합니다. 이들 학과를 졸업하면 유치원 정교사 2급 자격증을 받을 수 있습니다.

대학이나 전문대학에서 아동 관련 학과를 전공하지 않았다면 유치원 교육과정이 개설되어 있는 교육대학원에서 석사학위를 취득하면 유치원 정교사 2급 자격증이 발급됩니다. 아니면 유아교육과에 편입하여 자격증을 획득할 수도 있습니다.

국공립 유치원에 근무하기 위해서는 유치원 정교사 2급 자격증을 소지하고 각 시·도에서 실시하는 교원 임용 시험에 합격해야 합니다. 임용 시험은 1차 필기, 2차 논술, 3차 면접으로 이루어지는데 합격하면 국공립 초등학교에 딸린 병설유치원에 근무할 수 있습니다. 병설유치원에 근무하면 공무원처럼 근무 연수에 따라 월급이 올라갑니다.

임용 시험을 보지 않아도 유치원 정교사 2급 자격증만 가지고 있으면, 사립 유치원이나 어린이집에서 근무할 수 있습니다. 또 유치원이나 영유아 시설을 설립할 수도 있습니다.

3 초등학교 교사가 되려면

1) 교육대학 졸업

초등학교 교사가 되기 위해서는 교육대학교나 한국교원대학교, 일반 4년제 대학교나 교육대학원의 초등교육학을 전공해서 초등 정교사 2급 자격증을 따야 합니다.

우리나라의 교육대학교는 각 시도별로 하나씩 있는데 고등학교의 문과, 이과 구분 없이 지원할 수 있습니다. 서울교육대학교, 경인교육대학교, 공주교육대학교, 광주교육대학교, 대구교육대학교, 부산교육대학교, 전주교육대학교, 진주교육대학교, 청주교육대학교, 춘천교육대학교 등 전국에 총 10개가 있습니다. 그 밖에 한국교원대학교와 이화여자대학교에 초등교육학과가 있습니다.

교육대학교에 다니면서 교육 행정과 생활 지도, 아이들에게 효과적으로 수업을 하는 교수법, 아동 심리 등을 배우고, 그 밖에 음악, 미술, 체육 등 다양한 이론과 실기를 배웁니다.

교육대학교에 입학하지 못했다면 일정 학기를 수료한 후에 원하는 대학에 편입할 수도 있는데, 일반 대학을 4학기 수료하거나 8학기를 모두 수료한 뒤에 3학년으로 편입할 수 있습니다. 편입은 경쟁률도 높고, 편입한 뒤에는 2년 안에 이수 과목을 모두 마쳐야 하므로 졸업이 늦어질 수 있습니다.

> **Tip**
>
> 편입이란 다니던 대학에서 타 대학으로 다시 입학하는 것으로, 학교를 옮겨 3학년부터 다시 시작하는 것입니다. 편입에는 학사편입과 일반편입이 있는데, 학사편입은 4년제 대학을 졸업하고 타 대학으로 가는 것이고 일반편입은 전문대를 졸업했거나 4년제 대학에서 2년 이상 수료하고 타 대학 3학년으로 다니는 것입니다.

2) 초등 교원 임용 시험 합격

국공립 초등학교의 교사가 되기 위해서는 각 시·도에서 실시하는 초등 교원 임용 시험에 합격해야 합니다. 임용 시험은 매년 11~12월경에 지역에 따라 달리 치르는데, 교대를 졸업하면 전국 어느 지역이나 선택해서 지원할 수 있습니다.

임용 시험은 일 년에 한 번 총 3차에 걸쳐 실시됩니다. 1차 시험 내용은 교육학과 전공과목으로 5지선다형 객관식으로 치러집니다. 2차 시험은 1차 시험에 합격한 사람에 한하여 논술 시험을 봅니다. 3차 시험은 2차 시험에 합격한 사람에 한하여 교직 적성 심층 면접과 교수 학습 과정안을 작성하고 수업 시연을 합니다. 1차와 2차 시험은 한국교육과정평가원에서 전국 공통으로 문제를 출제하여 실시되고, 3차 시험은 각 시·도교육청별로 실시합니다. 3차까지 모두 합격하면 보통 다음 해 3월에 학교로 발령이 납니다.

하지만 사립학교 교사가 되려면 임용 시험을 치르는 대신 해당 학교에서 자체적으로 평가하는 시험과 면접을 통과해야 합니다.

초등학교에 교사로 임용이 되면 3년 뒤에 1급 정교사 자격증이 발급되고, 대학원을 진학하여 석사학위가 있을 경우 호봉이 올라갑니다.

4 중·고등학교 교사가 되려면

1) 사범대학 졸업

중·고등학교 교사가 되기 위해서는 사범대학에 진학하면 유리합니다. 사범대학을 졸업하면 정교사 2급 자격증이 나옵니다. 자신의 전공에 따라 정교사 2급 자격증의 과목이 다르며, 해당 과목의 정교사 2급 자격증이 있어야 임용 시험을 칠 수 있습니다.

2) 일반 대학에서 교직 이수

사범대학에 진학하지 못했다면 일반 대학에서 교직 과목을 이수하면 정교사 2급 자격증이 나옵니다. 이때 반드시 교직 과목이 개설된 학과여야 하고, 보통 1학년 성적순으로 10% 이내의 사람에 한하여 교직 이수를 할 수 있는 자격이 부여됩니다. 또한 졸업 전공 평점과 교직 평점이 B0(80점) 이상이 되어야 합니다. 그러니 중·고등학교 교사가 되고 싶다면 사범대학에 입학하는 것이 훨씬 유리합니다.

3) 교육대학원 졸업

일반 대학을 졸업한 후에 교사가 되고 싶다면 교육대학원에 가야 합니다. 교육대학원을 4학기 다니고, 교육 실습을 마치면 정교사 2급 자격증이 주어집니다. 단, 교육대학원에 입학하기 위해서는 대학교(학부) 전공과 대학원 전공이 일치해야 합니다. 예를 들어 국어 교사가 되고 싶다면 대학교의 국문학과를 졸업한 뒤에 교육대학원에서 국어교육을 전공해야 국어 정교사 2급 자격증이 나오는 것입니다.

4) 사범대학에 편입

일반 대학을 다니다가 혹은 졸업한 후에 사범대학에 편입하여 중등 교사 정교사 2급 자격증을 획득할 수도 있습니다. 단, 3학년으로 편입하여 사범대학 신입생들과 교직과목과 전공과목을 동일하게 들어야 하므로 졸업이 늦어질 수 있습니다.

5) 중등 교원 임용 시험 합격

중등학교 2급 정교사 자격증이 있다고 해서 교사가 될 수 있는 건 아닙니다. 국·공립 중등학교에 취업하려면 시·도 교육청에서 실시하는 임용 시험에 합격해야 합니다.

임용 시험 과정은 초등학교 교사가 보는 시험과 유사해서 1차는 교육학과 전공과목을 필기시험으로, 2차는 논술 시험, 3차는 심층 면접 및 수업 시연으로 치러집니다. 대학에서의 성적이 우수하거나 영어인증시험 우수자의 경우 가산점을 주기도 합니다. 3차까지 모두 합격하면 국공립 중·고등학교 교사로 임용이 되는데, 보통 다음 해 3월에 학교로 발령이 납니다. 사립학교의 교사가 되려면 학교별 시험과 면접을 통과해야 가능합니다.

임용 시험에 합격하지 못했을 경우에는 학교별 기간제 교사로 일할 수 있습니다. 기간제 교사는 휴직한 교사를 대신하여 휴직 기간에만 학생들을 가르치는 계약직 교사입니다. 그래서 사범 대학을 졸업한 후에 기간제 교사로 근무하면서 임용 시험을 준비하는 사람들도 있습니다.

5 특수학교 교사가 되려면

1) 대학에서 특수교육학 전공

특수교사가 되기 위해서는 교육대학 또는 사범대학의 특수교육학과를 졸업하면 유리합니다. 특수교육학과에서는 시각 장애, 청각 장애, 지적 장애, 정서·행동 장애, 자폐성 장애, 의사 소통 장애, 학습 장애 등 특수교육의 대상이 되는 모든 장애 영역을 다루며, 학생들을 지도하는 데 필요한 교육학 이론과 학생의 장애 영역에 따라 적합한 교육을 제공하기 위한 세부 교육 내용을 배웁니다.

특수교육학과에서는 1학년 말경에 유아, 초등, 중등 등 세부 특수 분야 중 하나를 선택한 후 2학년부터는 선택한 세부 전공별로 공부하여 일정 학점을 이수하면 특수교사 2급 자격증을 얻을 수 있습니다. 특수교육과 외에 학교에 따라 유아특수교육과, 초등특수교육과, 중등특수교육과 등 대상별로 전공이 세분되기도 하니 대학을 선택할 때 잘 알아보고 선택해야 합니다.

대학에서 특수교육을 전공하지 않은 사람은 특수교육대학원에 가서 관련 학과를 공부하면 특수교사 2급 자격증이 부여됩니다.

2) 특수교육 교원 임용 시험

대학에서 특수교육학 공부를 마치고 국·공립 특수학교에 취업하려면 각 시·도 교육청에서 실시하는 교원 임용 시험에 합격해야 합니다. 임용 시험 과정은 초중등 교사의 임용 시험과 비슷합니다. 1차와 2차 시험은 이론 중심으로, 3차 시험은 심층 면접과 수업 시연으로 이루어지는데, 장애를 가진 사람도 응시가 가능합니다.

사립 특수학교의 경우는 자체 선발을 통해 채용이 이루어지므로 임용 시험을 치르지 않아도 취업할 수 있습니다. 보통 서류 전형, 필기, 실기, 면접을 거쳐 임용되는데 학교 자체에 공개 채용 과정이 있으니 해당 학교의 홈페이지에 들어가 미리 잘 살펴보고 준비하는 게 좋습니다.

6 교육 실습

흔히 교생 실습이라 불리는 교육 실습은 교육대학이나 사범대학, 일반 대학에서 교직 과정을 이수한 학생, 특수교육학을 전공한 학생들이 학교 현장에 가서 선배 교사를 보조하며 일정 기간 동안 학생들을 직접 가르치며 실습하는 것을 말합니다. 교육대학을 다니는 학생들은 초등학교에서, 사범대학이나 중등 교직 과정을 이수한 학생들은 중·고등학교에서, 특수교육학을 전공한 학생들은 특수학교에 가서 교생 실습을 하게 됩니다. 실습을 마치면 총 2학점이 부여되고, 학교별로 지도교사가 실습 점수를 채점하여 학교에 통보합니다.

7 교장이 되려면

교장은 한 학교의 대장이라 할 수 있습니다. 대부분의 교사들은 교장을 해 보고 정년 퇴임을 하는 것이 바람입니다. 하지만 평교사에서 교장의 지위까지 오르려면 많은 노력이 필요합니다.

교사는 평교사 → 부장 교사 → 교감 → 교장 순으로 승진합니다. 초등 정교사 2급 자격을 갖고 교사로 시작해서 경력을 쌓으면 초등 정교사 1급 자격이 주어지고, 연수와 시험을 통해 교감과 교장이 될 수 있습니다.

교장이 되려면 초·중등학교 교사로 발령이 난 다음 3년에서 6년 이상의 교육 경력을 쌓고 소정의 연수를 받아야 합니다. 이후에 교감 자격증을 취득한 다음에는 3년 이상의 교육 경력과 소정의 재교육을 받아야 교장으로 승진할 수 있습니다. 초등학교에서 평교사가 교장이 되는 데 평균 35.7년이 걸린다고 하고 그마저도 소수에 불과하다고 합니다. 학교 현장에서는 남자 교사보다 여자 교사가 훨씬 많은 데 비해 교장 비율은 남성이 훨씬 많습니다. 그렇지만 앞으로는 여성 교장도 점점 늘어날 것으로 예측됩니다.

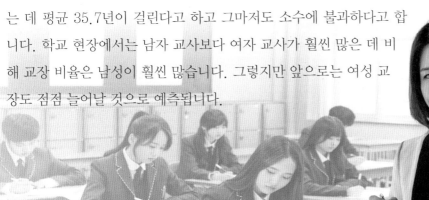

08 교육자의 마인드맵

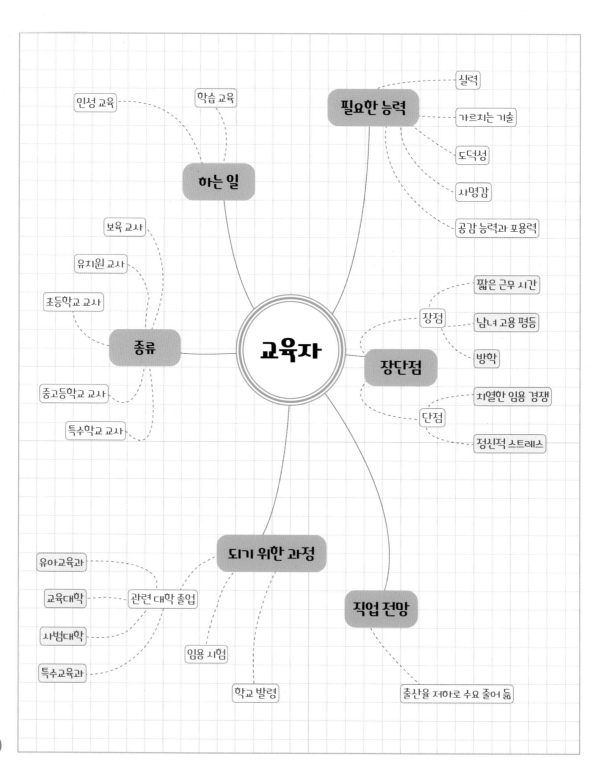

09 교육자와 관련하여 도움받을 곳

1 직업 정보를 얻을 수 있는 기관

● 고용노동부 워크넷(https://www.work.go.kr) 한국고용정보원에서 운영하는 사이트로 무료로 직업 심리 검사를 이용할 수 있습니다. 직업 정보 검색, 직업·진로 자료실, 학과 정보 검색 등의 정보를 제공하며 직업·학과 동영상, 이색 직업, 테마별 직업 여행, 직업인 인터뷰 자료를 볼 수 있습니다. 온라인 진로 상담 서비스도 제공합니다.

● 진로정보망 커리어넷(https://www.career.go.kr) 한국직업능력개발원이 운영하는 사이트로 초등학생부터 성인, 교사에 이르기까지 대상별로 진로 및 직업 정보를 제공하며 온라인 상담도 할 수 있습니다. 심리 검사를 무료로 이용할 수 있으며, 학생들이 만든 UCC 자료도 무료로 제공하고 있습니다.

2 직업 체험 프로그램

● 교육부 어린이 홈페이지(http://kids.moe.go.kr) 아이들이 궁금해 할 만한 다양한 직업에 대해 가나다순으로 알기 쉽게 설명되어 있습니다. 직업에 대한 기본 정보를 알고 나서 교육부에서 주관하는 창의적 체험 활동에 참여하면 효과가 더욱 클 것입니다.

● 교육부 크레존(crezone) 창의적 체험 활동(http://crezone.net) 전국의 초·중·고등학교 학생들이 자신에게 적합한 체험 활동 지원 및 프로그램을 지원하는 창의·인성 교육 플랫폼입니다.

21세기가 요구하는 창의적 미래 인재를 양성하기 위해 기업 · 대학 · 공공기관 등 사회가 보유한 인적 · 물적 자원을 유 · 초 · 중등 교육활동에 직접 활용할 수 있도록 비영리로 제공하여 다양하고 수준 높은 교육 기회를 제공하는 것입니다. 각 지역별로 특색에 맞는 다양한 체험 프로그램이 준비되어 있으니 미리 신청하면 선택하여 참여할 수 있습니다.

●**초등 교사 직업 체험** 초등 교사를 양성하는 전국의 10개 교육대학교와 대학의 초등교육과를 탐방해 보는 것도 좋습니다. 초등 교육의 이론과 실습을 경험하는 대학생들의 이야기를 직접 들어 봄으로써 교사의 꿈을 키울 수 있습니다.

●**특수교사 직업 체험 활동** 인근에 있는 아동 복지 시설을 방문하여 어린 학생들을 가르치는 학습 지도 봉사 활동을 하거나, 학급 내에서 반 친구의 상담 상대 역할을 하면서 지도 경험을 쌓을 수 있습니다.

10 유명한 교육자

1 앤 설리번(1866~1936)

앤 설리번은 보지도, 듣지도, 말하지도 못하는 헬렌 켈러를 가르쳐 세계적인 작가 겸 교육가로 키워낸 위대한 교육자입니다.

그녀는 어린 시절 무척 불행하게 자랐습니다. 아버지는 매일 술에 취해 지냈고, 어머니는 아버지를 대신하여 생계를 책임지느라 고생이 심했으며, 동생은 척추 장애인이었습니다. 앤 설리번은 그런 가족마저도 모두 잃고 고아원으로 가야 했습니다. 고아원을 전전하는 어려운 생활 끝에 장애인을 위한 특수학교인 퍼킨스 학교에 입학하여 점자와 수화 사용법을 배우고 수석으로 졸업했습니다. 앤 설리번이 퍼킨스 학교를 다닌 까닭은 그녀 역시 어려서부터 결막염으로 시각 장애인과 다름없는 생활을 했기 때문입니다. 다행히 훌륭한 의사 선생님을 만나 여러 번에 걸친 대수술 끝에 어느 정도 시력을 회복했습니다. 하지만 그녀는 평생 사물이 둘로 겹쳐 보이는 불편을 감내해야만 했습니다. 앤 설리번은 학교를 졸업한 후에 장애 학생을 가르치는 특수학교 교사가 되어 1887년 3월부터 헬렌 켈러를 돌보게 되었습니다. 헬렌 켈러는 태어날 때는 장애가 없었으나 세 살 무렵 심한 열병을 앓은 후 보지도, 듣지도 못하게 되었습니다. 듣지를 못하니 당연히 말도 배울 수 없었던 것입니다. 헬렌 켈러는 일곱 살 무렵부터 앤을 만나 교육을 받기 시작했는데, 앤 설리번은 자신도 한때 시력을 잃은 적이 있었기 때문에 헬렌 켈러의 처지를 좀 더 이해할 수 있었고, 그래서 다른 교사들보다 더 효과적으로 가르칠 수 있었습니다.

앤 설리번의 도움으로 헬렌 켈러는 말하는 법과 쓰는 법을 배웠고, 대학교에 들어가 공부도 마쳤습니다. 그리고 시각 장애인과 청각 장애인을 위한 교육과 사회 복지 사업에 평생을 바칠 수 있었습니다. 세계의 장애인들과 불행한 사람들의 마음속에 희망과 용기를 전했던 '빛의 천사' 헬렌 켈러의 뒤에는 앤 설리번의 헌신적인 가르침과 희생이 있었습니다.

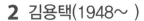

2 김용택(1948~)

초등학교에서 아이들을 가르치는 교사로 아이들의 친구가 되어 주고, 아이들과 함께 시를 쓴 김용택은 전라북도 임실의 진메마을에서 태어났습니다. 어린 시절에는 소설책, 만화책 읽기를 좋아했으며 1969년 순창농림고교를 졸업한후, 1970년 이웃면의 초등학교 교사가 되었습니다. 그 시대는 교사 수가 턱없이 부족하여 고등학교 졸업자를 공채하던 때였습니다. 이웃면의 한 분교로 발령받은 초임 교사 시절, 오전 수업이 끝나면 무료하게 꾸벅꾸벅 조는 것이 일이었습니다.

그 해 겨울, 월부 책장사가 찾아와 그의 잠을 깨웠습니다. 러시아 작가 도스토예프스키 전집을 사서는 긴긴 겨울 내내 푹 파묻혀 두 번씩이나 읽었습니다. 봄이 되자 이제는 스스로 책을 찾아 나섰습니다. 읍내 책방에서 많은 시집을 샀고, 월급날이면 전주로 나가 돌아올 차비만 남기고 가방에 책을 가득 채워 왔습니다. 새벽까지 책을 읽고 코피를 쏟으면서도 책이 있어 행복했습니다.

그렇게 독학으로 문학 수업을 하며 10여 년의 세월을 보낸 후, 34세 때 〈창작과비평〉 사에 보낸 시편들이 눈에 띄어 시인으로 유명해졌습니다. 김용택은 자연과 시골 사람들을 소재로 한 독특한 문학 세계를 창조해 나갔습니다.

김용택은 전북 임실의 덕치초등학교에서 오랫동안 근무하며 아이들을 가르치는 틈틈이 시를 썼습니다. 자신이 졸업한 초등학교의 교사가 되어 후배들을 가르치며 섬진강을 배경으로 한 작품을 많이 썼습니다. 그는 자연을 삶의 한복판으로 끌어들여 절제된 언어로 형상화한 것으로 인정받고 있습니다. 그리하여 김소월과 백석을 잇는 시인으로 평가되고 있습니다. 주요 작품으로 〈섬진강〉, 〈사람들은 왜 모를까〉 등이 있고, 동시집 〈콩, 너는 죽었다〉 등이 있습니다.

2008년 8월 31일자로 정년퇴임을 한 김용택은 여전히 글을 쓰고, 시에 대한 강연도 하며 살고 있습니다.

3 우리나라의 경쟁 교육 vs. 핀란드의 협력 교육

　현대 자본주의 사회는 경쟁 없이 설명할 수 없습니다. 경쟁은 희소한 자원을 획득하기 위해 남과 겨루는 행위로서, 어떤 면에서는 사회 발전을 이끄는 역할을 하기도 합니다. 그러나 지나친 경쟁 체제는 인간을 피폐하게 만듭니다. 특히 지나친 경쟁 교육은 아이들에게 견디기 어려운 중압감과 스트레스를 주기 때문에 비정상적인 행동을 유발하기도 합니다.

　현재 우리나라의 지나친 경쟁 교육은 아이들을 자살로 내몰기도 하고 폭력적으로 만들기도 합니다. 또한 사교육을 부추겨 아이들이나 부모들 모두 힘들게 하고 있습니다.

　이런 경쟁 교육에 대해 몇몇 사람들은 자본주의 체제에서 살아남으려면 어쩔 수 없다고 주장하기도 합니다. 그렇지만 자본주의 체제의 모든 나라들이 경쟁 교육만 하고 있는 건 아닙니다. 북유럽 국가들, 특히 핀란드에서는 경쟁 교육보다는 협력 교육을 통해 좋은 성과를 내고 있습니다.

　국제학업성취도평가(PISA)에서 우리나라는 2위를 차지했습니다. 이것을 경쟁의 힘이라고 말하는 사람들이 많습니다. 그런데 1위를 차지한 핀란드의 교육 방식은 경쟁이 아니라 협력입니다. 핀란드에는 우열반이 없습니다. 등수도 없고, 뒤처지는 아이들을 버리지 않습니다. 잘하는 학생들이 못하는 학생들을 가르치는 협력 교육이 이루어지고 있습니다. 그 결과 핀란드는 학생들 사이의 학업성취도 편차는 가장 낮으면서 학업성취도 수준은 가장 높은 국가가 됐습니다. 자연스레 학생들의 행복지수도 높습니다.

　그러나 우리나라의 아이들은 학업성취도 편차는 높으면서, 행복지수는 가장 낮습니다. 그렇다고 학업성취도 평가에서 가장 높은 순위를 받지도 못하고 있습니다. 경쟁 교육이 낳은 폐해라고 할 수 있습니다.

11 새로운 교육분야, 특수학교 교사

특수학교 교사는 장애를 가진 아이들이 잘 자랄 수 있도록 특수교육을 받은 교사들입니다. 특수교육은 장애를 가진 아이들이 하고 싶은 공부를 하고, 다른 사람의 도움 없이 스스로 일상생활을 하고, 꿈을 찾는 것을 도와주는 것을 목표로 하고 있습니다. 따라서 특수학교 교사는 장애 학생에게 희망의 불빛을 밝혀 주는 소중한 존재라 할 수 있습니다.

1 우리나라에 있는 특수학교

우리나라에는 전국적으로 약 140여 개의 특수학교가 있으며, 여기에서 약 24,000여 명의 학생들이 교육을 받고 있습니다. 그 중 시각 장애 학교가 12개, 청각 장애 학교가 18개, 지적 장애 학교가 84개, 지체 부자유 학교가 19개, 정서 장애 학교가 6개로, 지적 장애 학교와 정서 장애 학교가 전체의 64.7%를 차지하고 있습니다.

이와는 별도로 일반 학교에도 특수 학급이 개설되어 있는데, 전국에는 총 4,366개가 있고, 약 2,000여 명의 학생이 교육을 받고 있습니다.

2 훌륭한 특수교사가 되려면

특수학교 교사의 일은 장애를 가진 아이들을 가르친다는 점을 제외하면 일반 학교와 크게 다르지 않습니다.

그러나 장애를 가진 학생들을 가르치다 보면 변화가 바로 나타나는 경우가 드뭅니다. 그래서 시간이 흐르면서 굉장히 지치고 교육 활동을 소홀히 할 수 있습니다. 이럴 때 좌절하지 말고 '이 일은 나의 천직이다.'라는 생각으로 인내심을 갖고 극복해야 합니다. 또한 장애 학생들 사이에서는 예기치 못한 일이 자주 벌어집니다. 이럴 땐 침착하게 문제를 해결할 수 있어야 합니다.

좀 더 훌륭한 선생님이 되고 싶다면 특수교육에 대한 전문 지식, 예를 들어 사회복지학, 재활학, 의료서비스 등 관련 지식을 공부하면 도움이 됩니다.

이렇게 힘든 과정을 거쳐 아이들이 더디지만 조금씩 변화를 보이면 보람을 느낄 수 있습니다. 특히 고등학교를 졸업한 학생이 비장애인들과 어울릴 수 있는 기관에서 직업을 가지고 활동하는 모습을 볼 때 가장 뿌듯하다고 합니다.

3 다양한 진로 기회

특수학교 교사는 일이 힘들긴 해도 아직까지 진출할 만한 분야가 많으므로 다른 교사에 비해 선택의 폭이 넓습니다.

특수학교에서 3년 이상 근무한 후에 정해진 재교육을 받거나, 1년 이상 특수학교에서 근무하고 교육대학원 또는 교육과학기술부장관이 지정하는 대학원에서 특수교육을 전공하여 석사학위를 따면 특수학교 1급 정교사 자격을 얻을 수 있습니다.

이처럼 평교사로 일정 경력을 쌓아 재교육을 받으면 상급 자격증(1급 정교사)을 취득할 수도 있고, 이후 일정 교육 경력을 더 쌓고 소정의 재교육을 받으면 교감, 교장도 될 수 있습니다.

또한 특수학교 교사 외에 다른 분야에서 일하고 싶다면 교육연구소, 연구기관에 가서 특수교육 관련 정책과 같은 행정 관련 업무를 할 수도 있고, 장학사나 장학관으로 진출할 수도 있습니다. 그 밖에 장애인 관련 사회복지기관, 병원부설 치료실, 상담실 등으로 진출할 수도 있고, 대학원 진학을 통해 연구원 및 대학교수로 진출할 수도 있습니다.

> **Tip**
>
> 장애인에 대한 편견이 없고, 교사로서 사명감이 있다면 특수교사에 도전해 볼 만합니다. 힘들지만 사회적인 성공의 기회도 많은 편입니다.

4 장애 학생과 비장애 학생이 함께 교육받는 통합교육

일반 아동과 장애를 가진 특수 아동이 함께 같은 장소에서 교육을 받는 것을 말합니다. 장애인들도 우리 사회의 일원으로 살아가야 하고, 비장애인들 역시 장애인들과 함께 생활하면서 그들을 이해할 수 있는 마음의 자세가 필요하기 때문에

어릴 때부터 함께 살아갈 수 있는 환경을 만들어 주는 것입니다.

아직까지는 장애인과 비장애인을 구분해서 교육하는 경우가 많지만 교육 복지의 질이 좋아지면서 통합교육이 많이 느는 추세입니다. 유치원이나 어린이집에서도 특수 아동을 위한 교육을 실시하고 있으며, 특수반이 설치된 학교의 경우 특수교사나 보조교사가 함께 고용되어 장애 아동들을 교육합니다.

12 이 직업을 가진 사람에게 듣는다

교사 조혜경

교직을 천직으로 여기고
학생들이 스스로를 바르게 사랑하고, 행복한 사람이 되기를 바라는
조혜경 선생님이 들려주는 그녀만의 특별한 학생들과의 소통 방법

Q1 교사를 자신의 직업으로 선택한 배경을 말씀해 주세요.

　제가 사범대학에 들어갔지만 교사라는 직업에 대한 확신이 없었습니다. 교사는 편한 직업이지만 매력적이거나 도전적인 직업이라는 생각은 들지 않았기 때문에 대학교를 다니면서도 계속해서 잘한 선택인지 고민했지요. 하지만

4학년 때 교생실습을 하면서 교사에 대한 직업적인 확신이 들었습니다.

　교생실습을 나간 학교는 제가 생각했던 학교와는 전혀 다른 모습이었습니다. 모든 선생님들이 매우 열정적으로 일하시고, 학생들을 사랑하고 수업 방식도 굉장히 다양했습니다. 실습을 하면서 그동안 제가 편협하고 경솔했

49

음을 깨달았습니다. 교사도 얼마든지 창의적이고 도전적인 직업일 수 있겠다는 점에 매력을 느끼고 진로를 교사로 정하게 되었습니다.

Q2 임용고시가 쉽지는 않은데 어느 정도 준비하셨어요?

사람마다 다르겠지만 제 경우엔 특별히 길게 준비하진 않았습니다. 4학년 때부터 준비했는데, 봄에는 교생실습 때문에 공부할 시간이 없었고, 교생실습 후엔 기말고사를 준비해야 했기 때문에 1학기 때는 거의 공부할 시간이 없었습니다. 여름방학 때부터 본격적으로 준비했는데, 2학기 때는 학교 수업을 한 과목만 들으면서 공부에 전념했습니다.

임용고시는 분명 많은 준비를 해야 하는 시험이지만, 어디까지 공부해야 한다는 선이 정해져 있는 건 아닙니다. 간혹 회사를 다니면서 공부해서 붙는 분들도 있습니다. 중요한 건 공부하는 시간이 아니라 집중력이라고 생각합니다.

Q3 첫 수업이 기억나세요?

저는 부임하자마자 바로 담임을 맡았는데 첫 수업이 기억나지는 않아요. 교사생활 첫 해는 열정은 넘치지만 요령이 없는 부족한 초보 교사였지요. 그래도 1개월 정도 지났을 때 200명이나 되는 학생들의 이름을 다 외운 건 지금 생각해도 자랑스럽습니다. 첫 해에는 학생들에 대해 관심이 굉장히 많았습니다. 학교에서뿐만 아니라 퇴근 후나 주말에도 학생들의 얼굴이 떠오르고 수업에 관한 생각을 많이 했습니다. 이를 테면 '수업도 하고 아이들과 지

내는 것이 참 재미있는데, 월급까지 받으니 정말 좋다.' 매일매일 콧노래를 부르면서 다니던 기억이 납니다.

Q4 학생들 수준이 다른데 수업 준비는 어떻게 하시나요?

일체식으로 가르치면서 학생들의 다양한 수준에 맞추기는 힘듭니다. 학사 일정에 따라 정해진 진도도 나가야 하기 때문에 더 힘들지요. 저는 중상위권 학생들이 무리 없이 따라올 정도로 수업 준비를 합니다. 기본적인 교재 연구를 하면서 수업 중간에 학생들이 보고 재미를 느낄 수 있는 다양한 자료를 준비합니다. 수업과 관련된 광고나 영화를 보여 주거나 짧게 제작된 다큐멘터리를 보여 주고 퀴즈를 내서 아이들의 참여율을 높이기도 합니다.

Q5 교사는 학생들의 학업에도 신경 써야 하지만 인성교육도 해야 합니다. 학습과 인성교육, 어떻게 균형을 맞추시나요?

학습과 인성은 별개의 문제가 아닙니다. 기본적인 인성이 갖춰졌을 때 학습이 가능하고, 학습이 좋아지면 태도도 자연스럽게 좋아지기 때문에 어느 한쪽만 강조할 수는 없습니다.

하지만 두 가지 중에 하나를 선택한다면 저는 인성이 먼저라고 생각합니다. 수업을 따라오려면 기본적으로 성실성과 정직함, 그리고 자기 일에 최선을 대하는 태도가 있어야 가능하기 때문입니다. 앞서 말씀드렸듯이 복합적인 것이지요. 따라서 두 가지를 나눠서 생각할 수는 없습니다.

Q6 학교에서 인성교육으로 학생들을 변화시킬 수 있다고 생각하세요?

그 부분에 대해서는 많은 학교와 교사들이 다양한 시도를 하고 있습니다. 그런데 인성교육은 교육의 문제가 아니라 기회의 문제입니다. 학생이 어떤 시기에 어떤 선생님을 만나느냐에 따라 인성은 변화될 수 있습니다. 하지만 기본적인 인성교육은 가정에서 이루어지기 때문에 교사로서 한계를 느낄 때가 많습니다.

Q7 교사를 하면서 느낀, 우리나라 교육현장에서 제일 아쉬운 점은 무엇인지 이야기해 주세요.

상투적으로 들릴 수 있겠지만, 입시제도 때문에 학생들이 겪게 되는 일들이 아쉽습니다. 중3과 고3 학생들 중 몇몇은 입시 때문에 자존감이 꺾이는 경우를 보게 됩니다. 입시 때문에 인생의 다양한 가치나 꿈이 묻혀버리고 모두가 똑같은 꿈을 꾸게 되지요. 그 상황 속에서 아이들이 스스로를 포기하거나 스스로에 대한 가치를 잃어버리는 경우가 많습니다. 스스로를 포기한 아이들을 볼 때 가장 아쉽고 마음이 아픕니다.

Q8 옛날과 비교해서 학생들이나 교육현장은 어떻게 달라졌나요?

크게 달라진 건 없지만, 학생들이 예전보다 더 바빠졌습니다. 입시제도가 점점 다양해지고 있기 때문에 학생들이 다양한 스펙을 쌓아야 하거든요. 공부도 잘하고 자격증도 많이 취득해야 하고 봉사활동도 열심히 하고 글도 잘 써야 합니다. 아이들이 만능 학생이 되기 위해 바쁜 삶을 사는 것 같아 안타깝습니다.

교사들도 마찬가지입니다. 교육현장도 점점 바빠지고 교사에게 요구하는 것들도 많아졌습니다. 교사들은 담임 역할과 교과 수업 준비뿐만 아니라 학교에서 시행되는 다양한 사업이나 행사도 담당해야 해서 눈코 뜰 새 없이 바쁩니다.

예를 들어 중학교 1학년은 자유학기제 프로그램이 시행되고 있는데, 교사들이 학생들에게 특기적성도 가르쳐야 합니다. 본인의 전공이 아닌 바리스타반이나 미디어아트반 등을 맡는 경우도 있기 때문에 따로 공부해야 합니다. 교사들에게 예전보다 더 많은 역량이 요구되고 있는 실정입니다.

Q9 올해로 교직 생활이 11년 되셨는데, 슬럼프가 왔을 때 어떻게 극복하셨나요?

교사도 직업이니까 슬럼프가 있지요. 또 슬럼프는 아니지만 연차가 쌓일수록 마음가짐이 달라지기도 합니다. 예전엔 힘들었던 일이 지금은 그다지 힘들지 않게 넘어가기도 하고, 예전엔 맘이 아팠던 일들이 지금은 그냥 담담하게 받아들여지기도 하지요. 좋은 점도 있지만 아쉬운 점도 많습니다. 아무래도 시간이 흘렀으니까 처음과 같은 마음일 수는 없습니다.

그래서 초심을 찾고 싶거나 제 마음을 다잡기 위해 교사들 모임이나 교사를 준비하는 모임에 나갑니다. 모임에서 교사가 된 지 얼마 안 되는 후배들의 열정과 임용고시를 준비하는 후배들의 노력하는 모습을 보면서, 예전의 제 모습을 찾게 되고 다시 아이들을 가르치는 일에 열중하게 되지요.

Q10 가장 힘들었던 때나 기뻤던 때는 언제였나요?

모든 직업이 그렇듯이 지금 하는 일의 가치를 못 느낄 때 무기력해지고 힘든 것 같습니다. 열심히 수업을 준비하고 가르치고 있는데, 지금 내가 하는 수업이 학생들의 삶에 정말 도움이 되나 의문이 들 때 힘들지요. 또 고3인 학생들의 입시 지도를 할 때도 힘듭니다. 지나치게 힘들어하거나 스스로를 포기하는 학생들을 볼 때 안쓰러우면서도, 입시가 이렇게까지 힘들 가치가 있나 하는 생각에 괴롭습니다.

교직은 바로바로 결과가 나오는 직업이 아닙니다. 애쓰고 노력한다고 해서 학생들이 바로 변하는 것도 아니고, 아예 변하지 않을 수도 있습니다. 그래서 제게 감동적인 순간은 철없고 문제를 일으켰던 학생이 나중에 변화된 모습으로 찾아와서 고맙다고 말할 때입니다.

결국은 학생이 좋은 방향으로 변하는 걸 볼 때 가장 큰 보람을 느낍니다.

Q11 가장 기억에 남는 학생이 있나요?

첫 해 담임을 맡은 학생 중에 굉장한 말썽꾸러기가 있었습니다. 제가 경험도 없고 미숙해서 학생과 많이 싸우고 부딪혔습니다. 저를 가장 힘들게 했지만 그러면서도 제가 가장 사랑하는 학생이었습니다. 그 아이가 졸업한 후에도 계속 걱정이 되고 마음이 안 좋았는데, 그 아이에게 전화가 왔습니다. 군에 입대했는데 열심히 공부하면서 기술도 배우고 있다고 해서 정말 감사하고 감동이 되었습니다.

또 가출한 학생도 기억에 남습니다. 제가 한 동안 그 아이를 돌봤는데 제일 많이 이야기하고 제일 많이 설득했던 학생입니다. 결국은 저를 가장 힘들게 했지만 제가 가장 많이 사랑하는 학생이 기억에 남는 것 같습니다.

Q12 해가 갈수록 학생들과 나이 차이가 벌어지고 있는데, 학생들과 의사소통을 하기 위해 어떤 노력을 하나요?

아직은 학생들과 나이 차이가 난다는 걸 못 느끼겠습니다. 부임한 첫 해에 7살 차이가 났고 계속하여 차이가 벌어지고 있으며, 지금은 중학생을 가르치기 때문에 차이가 많이 나긴 합니다.

전에 고등학생을 가르칠 때는 아이들 카스에 댓글도 달아주고, 단체 카톡방을 개설해서 함께 이야기하고 마니또에도 참여했습니다. 여고생들은 자기 표현을 잘 안 하는데, 학생들의 카스를 보면 친구랑 싸운 것 등 여러 가지를 볼 수 있거든요. 카스에 댓글을 달면, 학생들이 관심받고 있다고 생각하고 좋아해서 더 가까워질 수 있었습니다.

수학여행 때는 장기자랑에도 나갔습니다. 학생들이 플래시몹을 하는데, 제가 나가면 상도 받고 흥도 날 것 같다고 해서 걸그룹의 특정 역할을 맡아서 함께 연습했습니다. 저는 아이들의 이야기를 많이 들어주면서 친밀감을 가지려고 합니다. 하지만 점점 나이 차이가 많이 날 테니까 학생들과 가까워지기 위해 의도적으로 노력해야 할 때가 오겠지요.

Q13 교사로서 가지고 있는 교육철학이나 직업윤리는 어떤 것인가요?

저는 교사로서 거창한 교육철학은 없습니다. 다만 학생들 스스로 행복하게 살 수 있고, 스스로를 바르게 사랑하는 사람으로 키우고 싶다는 꿈은 있습니다. 그것을 바탕으로 학생들이 다른 사람을 사랑하고, 다른 사람을 돕고, 다른 사람과 더불어 살아갈 수 있도록 키우는 것이 제 교육철학입니다.

제 자신이 학생들에게 크게 기억에 남길 바라지는 않습니다. 학생들이 지난날을 생각할 때 그들 기억의 한쪽 구석에 괜찮고 따뜻하고 웃음이 나는 모습으로 기억되길 바랄 뿐입니다.

Q14 어떤 사람이 교사에 어울릴까요?

교사는 어떤 태도로 그 자리에 서 있느냐에 따라 수많은 학생들에게 직간접적인 영향을 끼칠 수 있는 직업입니다. 교직에 가장 어울리지 않는 사람은 일도 잘하고 공부도 잘하는데 사람을 만나거나 사람을 다루는 일에 힘들어하는 사람입니다. 어려운 임용고시를 통과해 교사가 됐지만 정작 교직에 어울리지 않는 사람들이지요. 교사는 여러 사람을 동시에 만나야 하는 직업이므로 사람 만나는 것에 크게 스트레스를 받지 않고, 사람을 좋아하는 사람에게 어울립니다. 또 교사들이 힘들어하는 이유가 대체로 본인들은 학창시절 모범생이었거든요. 그런데 교사가 되면 반에서 자신과 비슷한 학생들은 서너 명뿐이고 나머지는 이해할 수 없는 학생들이 대부분이라서 힘들어합니다. 그래서 타인에 대한 관심과 이해심이 많은 사람이 교사에 어울린다고 생각합니다.

Q15 교사의 가장 큰 매력은 무엇일까요?

저는 전통적인 관점으로 교직은 성직이라고 생각합니다. 교사는 사람을 다루고, 그 사람에게서 가장 좋은 것을 이끌어내는 직업입니다. 제게는 이 점이 교직의 가장 큰 매력으로 느껴집니다. 한 아이가 변하는 모습을 볼 때, 그건 제게 어떤 것과도 바꿀 수 없는 기쁨을 줍니다.

또 교직은 현실적으로 여유가 있는 직업입니다. 다른 직업에 비해 너무 바쁘지도 않고, 방학이 있어서 이것저것 배울 수 있는 기회도 많지요. 저는 교직이 여러 가지로 매력적인 직업이라고 생각합니다.

Q16 마지막으로 교사가 꿈인 학생들에게 조언 한마디 부탁드립니다.

교사가 되려면 현실적으로 공부를 열심히 해야 합니다. 교사는 다른 무엇보다 공부하고 책 읽는 것을 좋아하는 사람이 해야 합니다.

또 교직은 종합예술이라서 교사는 다양한 역할을 소화해 내야 합니다. 학생들의 수업뿐만 아니라 특기적성도 맡아야 하고, 캠프 때는 야영 지도자가 되어야 합니다. 가끔은 학생들의 심리 상담자가 되고, 사회복지사가 될 때도 있습니다. 그렇기 때문에 다방면에서 이런저런 경험을 많이 해보는 것이 좋습니다. 항상 새로운 것에 대한 호기심을 갖고, 다양한 세계에 대한 직간접적인 경험을 쌓는다면 훗날 교사가 되었을 때 많은 도움이 될 것입니다.

경찰
사회형

S

POLICE

경찰(사회형)

집에 도둑을 맞았거나 강도, 살인 등 무서운 범죄가 일어나 사람들이 도움을 필요로 할 때 가장 먼저 달려와 주는 사람은 경찰입니다. 경찰은 그 밖에 아파트 주민끼리 층간 소음 문제로 다툼이 일어났을 때, 자동차 접촉사고가 났을 때, 아이가 길을 잃었을 때 등 우리 생활의 전 부분에 걸쳐 도움을 주고 있습니다.

01 경찰 이야기

1 경찰이란?

경찰은 우리 사회의 법과 질서를 유지하고, 법을 어기는 사람으로부터 시민의 생명과 재산을 보호하며, 법률을 위반한 사람을 체포하는 일을 합니다. 만약 경찰이 없다면 이 세상은 무법천지가 될 것입니다. 힘이 센 사람이 약한 사람의 물건을 빼앗거나 때려도 막아줄 사람이 없을 것이며, 교통질서도 엉망이 될 것입니다.

경찰로 채용되면 처음 일정 기간은 일선 지구대에 배치되어 현장 근무를 하며, 이후 본인의 희망이나 적성에 따라 수사, 형사, 보안, 교통, 경비, 정보, 전산통신 등의 전문 분야에서 일할 수 있습니다. 경찰 내의 특수한 분야로는 대테러 업무를 수행하는 경찰특공대, 범죄분석요원, 항공요원(헬기조종사, 헬기정비사), 해양경찰, 사이버 수사요원 등이 있습니다.

경찰은 대부분 제복을 입고 무기를 지니고 있습니다. 경찰관이 하는 일은 위험할 때가 많기 때문에 혼자 업무를 수행하기보다는 주로 동료들과 함께 움직입니다.

2 경찰이 하는 일

경찰이 하는 일은 매우 다양한데, 주요 업무는 다음과 같습니다.

1) 방범 업무

담당 구역에서 순찰을 돌며 이상한 점이 없는지 살핍니다. 질서를 유지하고 범죄와 각종 안전사고를 예방하는 등 경찰의 전반적인 업무를 말합니다.

2) 수사 업무

범죄 혐의가 있는 용의자를 감시하거나 범죄가 드러난 사람을 체포

Tip

동네에 있는 작은 규모의 경찰서는 지구대입니다. 지구대는 지방경찰청 관할 아래 있으며, 주로 주민과 관련된 일을 담당합니다. 싸움이 났을 때 신고를 받고 출동하는 순찰차는 바로 지구대에서 나오는 것입니다. 지구대보다 작은 곳을 파출소라 하고, 그 외 낮에만 민원을 접수하는 치안센터도 있습니다.

합니다. 잠복근무, 탐문 수사, 과학 수사 등 다양한 방법을 동원해서 수사합니다. 최근에는 인터넷에서 이루어지는 사이버 범죄까지 수사하고 있습니다.

3) 외사 업무

국제 범죄를 수사합니다. 외국인이 연관된 범죄의 예방과 수사를 하고, 국제형사경찰기구(인터폴)에서 범인을 잡기 위해 요청하면 수사를 적극 돕기도 합니다. 외국어를 잘하는 사람은 외국인 수사나 우리나라 사람이 외국에서 경찰관을 필요로 할 때 파견되어 도움을 줄 수 있습니다.

4) 경비 업무

국가적 행사가 있거나 비상 시에 질서를 유지합니다. 예를 들어 다른 나라의 대통령 등 외국에서 귀한 손님이 오면 행사장까지 안전하게 경호합니다. 그 외에도 중요한 인물이나 범죄를 당할 가능성이 있는 사람을 경호하기도 합니다. 더불어 시민이나 노동자의 시위 장소에서 시위가 안전하게 이루어지도록 살피는 일을 합니다.

5) 교통 업무

도로에서 차량의 흐름을 조절합니다. 여러 가지 교통 위반 사항을 단속하고, 교통정리를 하거나 교통사고를 예방합니다.

6) 정보 업무

국가와 국민의 안전을 지키기 위해 필요한 정보를 수집합니다. 간첩을 잡는 일도 여기에 속합니다.

3 경찰이 되려면

경찰은 국가에서 채용하는 공무원입니다. 경찰이 되는 방법은 두 가지가 있습니다. 먼저 일반 순경으로 시작하는 경우입니다. 경찰공무원 채용시험에 합격하면 9급 공무원인 순경이 될 수 있습니다. 이 시험은 경찰이 알아야 하는 갖가지 법과 지식을 테스트하며, 달리기 같은 체력

테스트도 봅니다. 반드시 대학을 나올 필요는 없지만 경찰행정학과 등을 졸업한 후 시험을 준비하면 좀 더 유리합니다.

다음은 곧바로 경찰 간부로 일을 시작하는 경우인데, 경찰대학을 나오거나 경찰간부후보생 선발시험에 합격하면 가능합니다. 경찰대학을 졸업하면 바로 경위로 임용되어 유리한 위치에서 경찰 업무를 시작할 수 있지만 경찰대학의 입시 경쟁률이 무척 세기 때문에 중·고등학교 때 공부를 열심히 해야 들어갈 수 있습니다. 또 하나는 경찰간부후보생 시험을 통과하는 방법인데 이 시험은 매년 조금씩 달라지기 때문에 경찰청 홈페이지(www.police.go.kr)에 들어가 그 해 채용하는 인원과 상세 기준 등을 살펴봐야 합니다. 경찰간부후보생 시험에 합격한 뒤에는 경찰종합학교에서 1년간 교육을 받은 다음에 경위로 임용됩니다.

4 경찰의 계급(직급)

경찰의 계급은 순경, 경장, 경사, 경위, 경감, 경정, 총경, 경무감, 치안감, 치안정감, 치안총감 순으로 높습니다. 순경이 맨 아래 계급이고 치안총감이 제일 높은 계급입니다.

계급에 따라 계급장 모양이 다릅니다. 먼저 순경부터 경사까지는 무궁화 봉오리 모양을 본뜬 계급장을 다는데, 순경 2개, 경장 3개, 경사 4개로 계급에 따라 개수가 다릅니다. 무궁화 봉오리는 희망과 가능성을 상징한다고 합니다.

경위부터 총경까지는 활짝 핀 무궁화 안에 태극무늬를 넣은 계급장을 다는데, 경위 1개, 경감 2개, 경정 3개, 총경은 4개로 계급이 올라갈수록 개수가 많아집니다. 가운데 태극무늬는 만물의 근원을 뜻하는데, 경찰 조직에서 가장 중심적인 역할을 담당한다는 뜻을 담고 있습니다.

경무감부터 치안총감까지는 중앙에 태극무늬를 둘러싼 다섯 송이의 무궁화를 본뜬 계급장을 다는데, 경무감 1개, 치안감 2개, 치안정감 3개, 치안총감 4개입니다. 이 다섯 송이 무궁화는 경찰이 되고자 하는 목표를 상징하며, 그 목표를 바탕으로 경찰을 이끈다는 의미를 담고 있습니다.

5 직업 전망

최근 범죄 발생 건수가 많아지면서 치안 수요가 증가하고 있습니다. 특히 국민들의 불안과 가장 관련이 깊은 5대 범죄인 살인, 강도, 강간, 절도, 폭력이 발생하는 건수가 눈에 띄게 늘고 있어서, 이러한 범죄를 전문적으로 수사하고 검거율을 높이기 위해 더 많은 경찰이 필요하다는 여론이 형성되고 있습니다. 또 해킹, 바이러스 유포 등의 사이버 범죄와 통신 사기, 불법 사이트 운영, 개인정보 침해, 불법 다운로드 등 사이버 공간에서 벌어지는 범죄가 지속적으로 증가하고 있어서 관련 사이버 수사 인력이 더 많이 필요해지고 있습니다. 특히 우리 나라는 주요 선진국에 비해 경찰의 수가 부족한 편이어서 경찰에 대한 인력 수요는 지속적으로 늘어날 것으로 예상되므로 직업 전망은 밝다고 할 수 있습니다.

02 경찰서의 조직

경찰서에서 제일 높은 사람은 경찰서장입니다. 그리고 그 밑에 생활 안전과, 형사과, 수사과, 경비ㆍ교통과, 경무과, 정보ㆍ보안과, 경찰특공대 등이 있습니다.

1) 생활안전과

시민들이 생활하면서 생기는 크고 작은 사건을 해결합니다. 우리가 흔히 볼 수 있는 지구대가 여기에 속합니다. 생활안전과에는 다시 생활안전계, 112 지령실, 생활질서계, 여성청소년계, 파출소 및 방범 순찰대가 있습니다.

2) 형사과

사람이 크게 다치거나 사망한 사건을 조사하고, 범인을 잡습니다. 지구대에서 해놓은 초동 수사를 바탕으로 사건을 더 깊이 분석하고 집중해서 해결합니다. 지원팀, 형사팀, 강력팀, 과학수사팀(범죄 현장에서 증거를 수집하고 연구하여 누가 어떻게 저지른 범죄인지를 알아냄), 마약팀 등이 있습니다.

> **Tip**
>
> 초동 수사란 범죄사건이 발생한 직후 범인을 체포하고 증거를 확보하기 위한 긴급 수사 활동으로, 부상자 구호, 용의자 체포, 목격자 확보, 현장 보존, 수사 자료 발견 등이 이루어지는 긴급 조치입니다.

3) 수사과

거짓말로 남의 재산을 빼앗거나 회삿돈을 제 돈처럼 쓴 사기꾼을 붙잡습니다. 지원팀, 지능수사팀(머리를 써서 범인을 붙잡음), 경제팀, 사이버수사팀(관청이나 회사 컴퓨터에 인터넷으로 접속해서 정보를 빼내거나 인터넷에 가짜 가게를 만들어서 돈을 가로채는 사건을 맡음) 등이 있습니다.

4) 경비ㆍ교통과

교통사고가 나지 않도록 예방하고, 교통사고가 나면 사고 경위를 조사합니다. 출퇴근 시간처럼 오가는 차들이 많을 때는 나와서 교통지도를 합니다. 집회나 시위가 있을 때 사고가 없도록 질서를 유지시키는 일도 합니다. 교통관리계, 교통안전계, 교통사고조사계, 경비계와 상황실, 타격대 등이 있습니다.

5) 경무과

경찰서 살림을 맡고 있는 부서입니다. 경찰들 월급도 주고, 일할 때 필요한 물건도 삽니다. 경찰서에서 하는 일을 시민들에게 알리는 일도 합니다. 경무계, 경리계, 정보통신계, 민원실 등이 이에 속합니다.

6) 정보 · 보안과

우리나라뿐 아니라 다른 나라까지 관련된 국제 범죄를 다룹니다. 맡은 지역에서 일어나는 중요한 정보를 알아내는 일도 합니다. 보안계(국가 안보), 외사계(외국인 관련 업무, 다른 나라에 가서 못된 짓을 하거나 법으로 금지한 약물을 사오는 사람을 잡음), 집회 · 시위 관리 대책 부서가 있습니다.

7) 경찰특공대

나라에서 큰 행사를 치르거나 중요한 외국 손님이 왔을 때 안전을 맡는 경찰입니다. 폭발물을 처리하거나 테러 조직을 잡아들이는 일도 합니다. 무술, 사격, 낙하 같은 훈련을 많이 합니다.

03 경찰의 종류

일상생활에서 가장 흔히 볼 수 있는 경찰은 출퇴근 시간 거리 한복판에서 수신호로 교통의 흐름이 잘 이루어지도록 하는 교통경찰일 것입니다. 또 순찰차를 타고 사이렌을 울리며 달려가는 기동대의 모습도 간혹 볼 수 있습니다. 아니면 영화나 드라마에서 격투 끝에 범인을 잡는 형사의 모습도 볼 수 있습니다.

이런 일반적인 경찰 업무 외에도 테러를 막고 중요한 인물의 경호를 담당하는 경찰특공대, 사이버 공간에서 일어나는 범죄를 수사하는 사이버 범죄 수사관, 경찰 헬기를 조종하거나 정비하는 항공요원, 바다에서 일어나는 범죄를 예방하고 단속하는 해양경찰, 연쇄살인 등 특정 범죄와 관련한 전문가인 범죄분석요원, 탐지견을 다루는 요원, 폭발물을 처리하는 요원 등 특별한 경찰도 있습니다. 그리고 기동순찰대, 산악경찰구조대, 해경특공대 등 전문화된 경찰도 있습니다.

날이 갈수록 범죄가 지능화되면서 경찰관도 전문화되고 있습니다. 첨단 수사 기법을 배운 전문 수사관이나 과학 수사반, 전문 조사 요원, 정보 전문 요원 등 한 가지 분야에 전문성을 쌓는 경찰이 늘고 있습니다.

1 지구대 경찰

지구대에서는 먼저 범죄와 사고를 예방하기 위해 노력합니다. 수시로 순찰차를 타거나 걸어서 순찰하며 우리 주변에 혹시 위험한 일이 없는지 살펴보고 위험한 일이 생기면 즉시 나섭니다. 사고를 막기 위해 총과 화약을 관리하고, 길을 잃은 사람이나 아픈 사람을 보호하는 일도 지구대 경찰의 일입니다.

그러다가 범죄 신고를 받으면 즉시 출동합니다. 112 신고를 받으면 5분 내에 도착해 신속하게 일을 처리하는 것이 자랑입니다. 그리고 생활 주변의 불법 행위를 추방하기 위해 노력합니다. 쓰레기를 함부로 버리거나 시끄럽게 떠드는 행동, 금연 장소에서 담배를 피우는 행동을 막습니다. 또한 청소년이 바르게 자랄 수 있도록 나쁜 환경을 정리하고, 관심을 가지고 보살핍니다.

그 외에도 지구대에서는 국민이 편안하고 쾌적한 생활을 할 수 있도록 범죄 예방 홍보를 하기도 하고, 잃어버린 물건을 찾아주기도 하는 등 다양한 일을 처리합니다.

2 교통경찰

복잡한 도로에서 차들이 뒤엉키지 않도록 교통정리를 하고, 교통 법규를 어기는 사람들을 단속하고 딱지를 떼기도 합니다. 교통사고가 나

Tip
세상에는 경찰이 처리해야 할 사건 사고가 아주 많습니다. 그래서 경찰들은 일을 나누어 맡아서 합니다. 지구대 경찰처럼 마을을 살피고 지키는 경찰이 있고, 사람이 다치거나 사망한 사건을 맡는 형사도 있습니다.

Tip
지구대 경찰은 모든 국민이 안전하고 평온한 삶을 누릴 수 있도록 다양한 일을 하면서 국민의 어려움을 해결해 줍니다. 이처럼 지구대는 우리 생활과 관련이 깊어 생활안전과라고도 부릅니다.

면 재빨리 출동해 원인을 조사하고 교통안전 지도를 합니다. 그 밖에 무단횡단, 뺑소니, 범죄 차량 추격, 검문검색, 음주운전 측정 등의 일을 하고 있으며, 교통사고 예방을 위한 계획을 세우기도 합니다.

교통경찰은 2인 1조로 순찰차를 이용해 순찰을 다니기도 하고, 순찰차가 다닐 수 없는 좁은 골목길은 걸어서 순찰합니다. 오토바이를 타고 이동하는 기동순찰대도 사건사고에 대처하고 있습니다.

3 사이버 범죄 수사관

최근 들어 인터넷상에서 이루어지는 사이버 범죄가 급증하고 있습니다. 사이버 범죄는 빠른 시간 안에 불특정 다수에게 나쁜 영향을 미치기 때문에 더욱 문제가 되고 있습니다.

사이버 범죄 수사관은 사이버 범죄를 예방하고 수사하는 일을 합니다. 사이버 범죄가 늘어나면서 경찰에서는 컴퓨터 프로그래머를 경찰관으로 뽑기도 하고, 컴퓨터 관련 범죄를 전문적으로 수사할 필요성을 느끼게 되어 컴퓨터를 잘 다루는 전문가들을 따로 모아 '사이버 테러 대응센터'라는 부서를 만들게 되었습니다. 사이버 테러 대응센터에서는 해킹, 바이러스 유포, 메일 폭탄 등 사이버 테러형 범죄를 막고 인터넷상 거래에서 일어나는 사기 사건을 수사하며, 음란물 불법 복제·도박·자살·폭발물 등에 관한 불법 유해 사이트를 막고 있습니다. 인터넷에서 벌어지는 명예훼손이나 사이버스토킹 같은 범죄도 이곳에서 수사합니다. 그리고 자살 암시 글을 인터넷에 올린 사람을 구하거나 잃어버린 노트북을 찾아주는 등 점점 다양한 일을 하고 있습니다.

그런데 사이버 범죄 수사관이라고 해서 컴퓨터 앞에 앉아서만 일하는 것은 아닙니다. 사이버 범죄 수사의 궁극적인 목적은 사이버 범죄자를 검거하는 데 있으므로 사이버 범죄 수사관도 다른 수사관과 마찬가지로 범인 검거 활동을 합니다. 따라서 컴퓨터 전문지식뿐

> **Tip**
>
> 사이버 범죄에는 다른 사람의 컴퓨터에 몰래 들어가 정보를 빼내거나 프로그램을 망가뜨리는 '사이버 테러형 범죄'가 있고, 불법 사이트를 운영하거나, 사이트에서 거짓으로 물건을 파는 사기, 주민등록번호와 같은 중요한 정보를 빼돌리는 등의 '일반형 범죄'가 있습니다.

Tip

경찰청 소속은 아니지만 사이버 범죄 수사관과 유사한 일을 하는 사람도 있습니다. 바로 국가정보원 사이버안전센터에서 근무하는 국가사이버 안전요원입니다. 이들은 공공기관이나 국가의 주요 전산망을 무력화시키기 위한 각종 사이버테러에 대응하고, 사이버상의 국가기밀 유출을 방지하기 위한 일을 하고 있습니다.

아니라 검거 능력까지 갖춰야 합니다.

사이버 범죄 수사관이 되는 방법은 두 가지가 있습니다. 하나는 일반 경찰 중에 컴퓨터를 전공했거나 컴퓨터와 관련된 전문성을 인정받아 사이버수사대에 발탁되는 방법이고, 다른 하나는 매년 사이버 범죄 수사관을 특채 형식으로 선발할 때 여기에 지원해서 선발되는 방법입니다. 사이버 범죄 수사관으로 특별 채용되면 일반 경찰보다 한 계급 더 높은 경장(보통 경찰은 순경으로 선발) 계급을 줍니다. 특별 채용에 지원하려면 정보처리 관련 자격증을 보유하고(정보처리(산업)기사, 정보관리기술사), 국가 및 공공기관이나 민간 등에서 전산 관련 업무를 수행한 경험이 있거나 혹은 전산 관련 분야에서 석사학위를 취득해야 하는 등의 조건이 필요합니다.

4 경찰특공대

경찰특공대는 각종 테러 사건 예방과 테러 진압, 인질 사건 진압과 구출, 특수 범죄 진압, 재해 현장의 인명 구조 등 일반 경찰력과 장비만으로 해결하기 어려운 일을 하기 위해 특별히 훈련받은 정예부대입니다. 그래서 심각한 범죄나 테러 사건, 재난이나 재해 등 긴급 상황에는 경찰특공대가 투입됩니다.

Tip

경찰특공대는 뮌헨 올림픽 때 일어난 테러로 인해 1983년 세계 최초로 창설되었고, 우리나라는 1988년 서울 올림픽을 앞두고 창설되었습니다.

경찰특공대가 되려면 여러 가지 자격 요건을 갖춰야 합니다. 우선 군 복무 경력이 있어야 하며 무술을 매우 잘해야 합니다. 여기에 달리기, 멀리뛰기 같은 체육에서도 뛰어나야 하고, 다양한 무기를 다루는 것도 기본입니다. 강인한 체력과 사격 기술도 필요하고, 폭발물 처리 관련 자격을 가지고 있거나 개 훈련사 자격을 가진 사람도 경찰특공대원이 될 수 있습니다.

경찰특공대원으로 선발되면 국내외에서 여러 가지 교육을 받으며 능력을 키워 갑니다. 위험한 임무를 주로 맡기 때문에 자부심과 사명감이 없으면 하기 힘듭니다.

5 형사

형사는 범죄를 수사하고 범인을 추적해 검거하는 일을 전문으로 하는 경찰로 일반적으로 사복을 입고 일합니다. 범인을 직접 잡아서 수갑을 채우는 경찰관은 대부분 강력계 형사입니다. 강력계는 폭행이나 협박 등 불법적인 방법으로 사람들을 괴롭히는 범죄자를 잡는 부서로, 강력계 형사가 되고 싶은 사람은 강력계에 지원할 수 있으며, 적성이나 소질, 성적, 무술 실력이 형사에 적합하면 강력계에서 근무할 수 있습니다.

형사는 경찰 교육 기간 중의 성적, 소질, 무술 실력 등을 고려하여 뽑게 됩니다. 범인을 잡으려면 무술에도 능해야 하지만 갈수록 지능범들이 늘어나고 있어 형사학, 심리학 등 다양한 분야를 공부해야 합니다.

형사들은 현장에서 무서운 범죄자를 직접 잡기도 하고 밤샘 근무도 해야 하므로 힘들고 위험한 일들을 많이 겪을 수 있습니다.

6 해양경찰

바다에서 구조 요청이 들어오면 해양경찰이 출동합니다. 해양경찰은 가까운 바다에서 일어나는 다양한 사건을 해결합니다. 배가 조난을 당했거나 배에 탔던 사람이 실종되었을 경우 수색에 나서고, 여객선이 제대로 다닐 수 있도록 바닷길을 관리하는 일을 합니다. 바다에서 범죄가 일어날 경우 수사에 나서는 것도 해양경찰입니다. 그 외에도 바다가 오염되지 않도록 바다 환경을 보호하고, 바다를 통해 우리나라에 몰래 들어오려는 사람을 막는 일도 합니다. 바다에서 조난당하거나 배에 사고가 생길 경우 122로 신고하면 바로 해양경찰의 도움을 받을 수 있습니다. 최근엔 외국 어선, 특히 중국 어선들의 불법 조업을 단속하는 일에 앞장서고 있습니다.

7 프로파일러(범죄 심리분석 수사관)

옛날에는 범행 동기가 뚜렷한 범죄가 많았지만 최근에는 목적 없이 불특정 다수를 대상으로 한 범죄가 증가하고 있습니다. 또 범죄 수법도 날로 지능화되고 있어 현장에 증거물을 남기지 않는 경우가 늘어나면서 범인을 잡는 일이 점점 어려워지고 있습니다. 이런 이유로 지문이나 DNA 등 법의학적·생물학적 증거물에만 의존하던 수사 관행에서 벗어나 범죄의 유형과 범인의 심리와 행동을 분석해 범인을 잡는 수사 기법이 이용되고 있는데, 이런 수사 기법을 프로파일링이라 합니다.

Tip

프로파일링 수사 기법은 미국연방수사국(FBI)의 존 더글러스가 1972년 처음 범죄 수사에 도입했고, 우리나라에는 2000년에 도입되었습니다.

프로파일러는 프로파일링 기법을 이용하여 수사에 도움을 주는 한편 고도의 심리적 전략을 써서 범인에게 자백을 받아내는 일을 합니다. 따라서 심리학이나 사회학을 전공한 석사나 박사들이 경찰 기본 교육을 받은 후 담당합니다. 심리적인 증거와 물질적인 증거를 합해 범인을 추리해 내는 프로파일러는 범죄 수사에 큰 도움이 되고 있습니다.

8 거짓말탐지 검사관

취조 과정에서 용의자가 범죄 사실을 완강히 거부하는 경우 경찰은 거짓말탐지기를 사용하기도 합니다. 거짓말탐지기를 사용하여 거짓말 여부를 밝혀내는 사람이 거짓말탐지 검사관입니다.

거짓말탐지 검사 과정은 검사 전 준비 과정, 검사 전 면담 과정, 검사 과정, 그리고 검사 후 면담 과정으로 나눌 수 있습니다. 검사 전 준비 과정에서 검사관은 피검사자에게 검사를 받을 의사가 있는지 먼저 물어보고, 받을 의사가 없다고 답하면 검사를 받지 않습니다. 그리고 검사 중에는 질문할 내용을 준비하고 충분한 면담을 거친 후 피검사자를 의자에 앉히고 호흡, 피부 전기반응, 혈압 및 심장 박동변화 측정기 등을 가슴이나 팔과 손에 부착하여 검사를 시작합니다. 이때 검사관이 사건 관련 질문이나 사건과 무관한 질문 등을 하면 피검사자는 '예' 또는 '아니요'로 대답하는데, 이때 거짓말 또는 진실 반응이 차트상에 기록됩니다. 검사관은 이 차트를 정밀하게 분석 · 해석하여 거짓말 여부를 가려내는 것입니다. 마지막으로 검사 항목에 나타난 반응을 중심으로 여러 가지 환경이나 조건을 고려하여 종합적인 판단을 내리며 검사 방법, 검사 결과 그리고 검사자의 의견을 포함한 결과 보고서를 작성합니다.

그런데 거짓말탐지 결과 보고서는 법원에서 증거로 채택되지 않고 참고 자료로만 사용되고 있습니다. 사람에 따라서 거짓말을 해도 거짓말탐지기에 전혀 반응을 나타내지 않는 경우도 있기 때문입니다.

9 국제범죄 전문가

국제범죄란 마약, 위조화폐, 밀수, 밀입국, 금융범죄 등이 2개 이상의 국가와 연계되어 일어난 범죄를 가리킵니다. 이런 국제범죄에 대한 정보를 수집하고 대책을 마련하는 업무를 국가정보원의 국제범죄 전문가들이 수행하고 있습니다.

국제범죄 전문가가 하는 일은 첫째, 마약·위조화폐·밀수·밀입국·금융범죄 등의 국제범죄에 대한 정보를 수집하고 이를 검증하며, 필요에 따라 수사권을 가진 검찰·경찰 등에 수사를 의뢰하여 이를 지원합니다. 그리고 일본의 야쿠자, 중국의 삼합회, 러시아의 마피아 등 주변국 국제범죄조직의 국내 불법행위와 관련하여 정보를 수집하고, 이들의 활동을 차단하는 일을 수행합니다. 또한 각국의 정보수사기관과 국제범죄 관련 정보협력을 통해 국제범죄에 공동으로 대처하며, 경찰·세관 등에 국제범죄 대응활동 교육을 지원하고 국제범죄 정보분석 자료를 생산하여 배포합니다. 그 밖에 '국제범죄 상담센터'를 운영하여 관련 범죄에 관한 상담과 신고를 접수받고 있습니다.

10 법의학자

법의학자는 의학적·과학적 정보와 지식을 바탕으로 경찰의 범죄 수사에 도움을 주거나 사망 원인과 사망 경위를 밝히는 일을 합니다. 몸이 아파서 자연적으로 사망하는 병사 이외의 모든 죽음(외상, 질식, 이상온도, 기압 장애, 기아, 중독, 학대아동, 정신이상, 성범죄, 돌연사 등)의 원인을 밝히기 위해 검안 또는 부검을 실시하여 사망의 종류, 사인, 사후 경과 시간, 죽은 방법, 사용 흉기, 사용 독물 등을 밝혀냅니다. 혈액, 침, 정액, 머리카락, 치아 및 골격 등의 검사를 실시하여 범인을 밝혀내거나 유전자 검사를 하기도 합니다. 범죄와 관련 있는 시체의 경우 시체나 그 주변에서 증거물을 채취하기도 합니다. 그리고 재판에 출석하여 검사 결과를 토대로 의학적 진술과 판단을 증언합니다.

최근에는 '법의곤충학자'도 생겨났는데, 이들은 살인사건이 일어나면 시체와 관련된 곤충들을 연구합니다. 시체는 시간이

지나면서 변하는데, 이때 시체에 접근하는 곤충들도 다양하게 바뀌기 때문입니다. 법의곤충학자는 이런 종류의 곤충들을 조사하고 연구하여 사망 장소나 사망 시간을 알아냅니다.

04 역사, 책, 영화 속에서 만나는 경찰

1 우리나라 경찰의 역사

우리나라 최초의 경찰서라고 할 수 있는 기관은 고려 시대에 만들어 진 '순군만호부'인데 무려 700년이나 되었습니다. 이곳에서는 도적을 잡거나 소란을 막는 단순한 일을 했지만, 점차 많은 기능을 갖게 되면서 군사적으로 막강한 힘을 갖게 되었습니다.

조선 시대에 이르러서는 의금부로 발전하여 치안뿐 아니라 왕조의 안전과 사회 질서를 유지하는 데 중추적인 역할을 했습니다. 또한 조선 시대의 포도청은 우리나라 최초의 전문적인 경찰 기관이라 할 수 있습니다. 포도청은 한성부와 경기도의 치안을 맡았는데, 지금의 서울과 경기도의 지방 경찰청에 해당합니다.

조선 시대에는 지방에 경찰청이나 경찰서가 따로 없었기 때문에 지방관인 관찰사나 지방수령 등이 나랏일을 하는 동시에 경찰의 역할도 함께 수행했습니다.

우리나라에서 경찰이라는 이름이 처음 등장한 것은 1894년 갑오개혁 이후였습니다. 갑오개혁 때 우리 나라보다 문물이 앞섰던 서구를 본 떠 여러 제도를 서양식으로 바꿨습니다. 이때 조선 시대의 포도청이 경무청으로 바뀌면서 포졸이 경찰로 불리게 된 것입니다. 맡은 일도 조선 시대보다 훨씬 많아서 경찰 업무나 감옥에 관한 일 외에도 출판물의 판

Tip

조선 시대 포도청은 좌우로 나뉘어 있었고, 각 포도청은 200여 명 정도의 인원으로 꾸려져 있었습니다. 좌우 포도청은 각기 여덟 패로 나누어서 담당 구역을 순찰했습니다. 포도청에는 한 명의 포도대장과 세 명의 종사관이 있었는데 포도대장은 포도청의 총 책임자이고, 종사관은 각 기구에서 일어난 일을 기록하고 전했으며, 포도대장을 도왔습니다.

매 허가, 인구수 조사, 전염병 예방, 분뇨 수거, 광견 단속 등 오늘날 보건소에서 하는 일도 같이 했습니다.

1910년 일본은 이러한 경무청을 없애고 조선총독부 경무국을 만들어 우리 민족을 탄압하였습니다. 1945년 우리나라가 광복을 맞고, 1948년 대한민국 정부가 수립된 다음에는 국립 경찰서가 세워졌습니다.

경찰의 상징은 우리 고유의 새인 참수리가 무궁화를 잡고 하늘 높이 날아오르는 모습입니다. 참수리는 경찰을, 참수리 목 부분의 저울은 공평을 뜻하며, 무궁화는 국가와 국민을 상징합니다. 이 상징은 경찰이 세워진 지 60주년을 맞아 만들어졌습니다.

Tip

우리나라 경찰을 상징하는 캐릭터로 포돌이와 포순이가 있습니다. 이 이름은 경찰을 뜻하는 영어 단어인 폴리스의 앞 음절 '포', 조선 시대 포도청의 앞글자 '포', 청렴과 공정을 대표하는 중국 포청천의 '포'를 뜻한다고 합니다.

2 거짓말탐지기로 범인을 잡을 수 있을까?

태어나서 거짓말을 한 번도 안 해본 사람은 없을 것입니다. 그런데 거짓말을 하면 사람마다 조금씩 다르긴 하지만 몸이 긴장하고, 심장이 빨리 뛰고, 호흡이 빨라지고, 눈동자가 떨리는 등의 증상이 나타납니다. 또한 인지적 노력을 많이 해야 하기 때문에 내장의 기능이 떨어지고, 동공이 확장되며, 뇌파에서도 변화가 나타난다고 합니다.

이렇게 사람들이 거짓말을 할 때 몸에 나타나는 변화를 기록해 이 사람이 거짓말을 하는지, 안 하는지 알아내는 기계가 거짓말탐지기입니다. 이를 이용해 특정 질문에 대한 응답을 할 때 생리 변화가 크게 나타난다면 거짓말을 하고 있다고 판단하는 것이 거짓말탐지기의 원리입니다. 거짓말탐지기는 이런 생리적 반응을 그래프로 나타내 보입니다.

거짓말탐지기를 사용한다고 해서 거짓말을 하는 사람을 모두 변별해 낼 수 있는 것은 아닙니다. 가끔 거짓말을 하면서도 몸에 전혀 증상이 없는 사람이 있기 때문입니다. 그래서 거짓말탐지기의 검사 결과는 법원에서 정식 증거로 인정받지 못하고 있습니다. 대신 범죄 수사를 할 때 참고 자료로 쓰이고 있습니다.

Tip

거짓말탐지기는 1885년 이탈리아에서 처음으로 만들어 범인을 잡는 데 성공했습니다. 그 후 1920년 미국에서 사용하기 시작했고, 우리나라에는 1960년대에 들어왔습니다.

3 관련 책

1) 〈경찰관으로 성공하는 길〉 김석돈 지음. 백산출판사. 2013

이 책은 젊은 경찰관들의 성공 전략을 담아낸 것으로, 경찰이라는 직업의 매력, 대한민국 경찰 바로 알기, 대한민국 경찰관이 되는 길, 경찰공무원의 복무, 이색 경찰 부서, 유능한 경찰관의 덕목 등이 수록되어 있습니다.

먼저 직업적 안정성과 발전 가능성이 높다는 등의 직업적인 매력과 경찰이 하는 일과 기본 규범 등에 대해 소개하고 있습니다. 그리고 경찰관이 되는 방법과 채용 시험 정보, 경찰이 된 다음에 받는 교육과 승진제도 등에 대해 자세히 가르쳐 주고 있습니다. 또한 새롭게 주목받는 이색 경찰 부서인 국민안전, 과학수사, 인권보호, 국민 친화, 경찰역량 향상 분야 등을 소개하고 있으며, 경찰관의 덕목인 신언서판(신-외모, 언-말하기, 서-글쓰기, 판-판단력)에 대해 강조하고 있습니다. 마지막으로 경찰관으로 성공하는 방법을 제시하고 있어 경찰관을 꿈꾸는 학생과 학부모를 위한 진로 안내서이자 지침서가 될 수 있습니다.

2) 〈노빈손 경찰특공대에 가다〉 강산들 지음/이무일 그림. 뜨인돌. 2008

이 책은 착오로 인해 경찰특공대에 들어가게 된 열혈청년 노빈손이 힘들고 고된 훈련을 마치고 진짜 특공대원이 되어 멋지게 테러리스트를 제압하는 과정을 긴박감 넘치고 흥미진진하게 풀어내고 있습니다.

평소 호기심 많고 정의감에 불타는 주인공 노빈손은 경찰특공대 캠프에 참여하려다가 그만 행정상의 착오(동명이인이었음)로 경찰특공대에 들어가게 됩니다. 6개월간의 지옥훈련을 받고 대테러 훈련을 시작한 노빈손은 다른 특공대원처럼 무술 실력도 없고 이론도 약하지만 특유의 관찰력과 순발력 그리고 오락실에서 연마한 사격 실력으로 무사히 위기를 극복하며 훈련을 마칩니다. 그런데 우리나라에서 WTO 각료회담이 열리기 며칠 전, 국제 테러리스트 '오대나 다 부심'이 국내에 잠입했다는 정보가 입수됩니다. 노빈손은 특별히 WTO 사무총장의 딸 고리라이아를 경호하는 임무를 맡게 됩니다. 그러나 고리라이아의 돌발적인 행동으로 인해 그녀는 테러리스트 오대나 다 부심에게 납치되고 노빈손은 그녀를 구하기 위한 작전을 펼칩니다. 노빈손은 특유의 관찰력과 뛰어난 사격 실력 덕분에 고리라이아를 구했지만 납치 현장에서 주운 휴대폰을 통해 WTO 각료회담 당일, 회담이 열리는 건물을 폭파하겠다는 테러리스트의 협박 전화를 받게 됩니다. 노빈손은 긴장 속에서 오대나 다 부심이 남긴 단서를 근거로 기지와 추리력을 발휘하여 폭발물의 위치를 알아내고 폭발물을 무사히 제거하며, 오대나 다 부심을 재치 있게 응징합니다.

이 책은 노빈손을 통해 경찰특공대원들의 특별한 임무와 생활을 엿볼 수 있게 합니다. 경찰특공대원이 되기 위한 어려운 시험 과정, 경찰특공대원이 거쳐야 하는 고되고 힘든 지옥훈련, 조금도 긴장을 늦출 수 없는 실전 업무 등이 군사전문가의 조언과 방대한 자료로 생생하게 묘사되어 있습니다. 멋진 제복 뒤에 숨겨진 피나는 훈련과 수시로 닥쳐오는 위험을 무릅쓰고 국민의 안전을 지키기 위해 고군분투하는 모습에 독자들은 새삼 경찰특공대원들에게 고마움을 느낄 수 있을 것입니다.

또한 세계에서 활약하는 각국의 경찰특공대와 그들의 특수 장비 및 미래 첨단장비도 엿볼 수 있고, 세계 곳곳에서 일어나고 있는 테러의 모습을 목격하며, 테러란 무엇이며 평화가 왜 중요한지도 배울 수 있습니다.

3) 〈야누스 일기〉 김동진 지음. 북피디닷컴. 2006

이 책은 한 경찰관이 겪은 생생한 현장 이야기들을 모아 놓은 것으로, 책 제목이 '야누스 일기'인 까닭은 경찰관은 민생의 일선에 있기 때문에 양의 얼굴과 사자의 얼굴을 동시에 갖고 있어야 한다는 뜻이라고 합니다. 피해자와 국민들에게는 따뜻하고 친절한 양의 모습으로, 안전을 위협하는 범법자들에게는 사자의 모습으로 말입니다.

이 글은 쓴 경찰관은 서울의 한 동네의 골목 치안을 담당하면서 각종 피의자, 피해자, 노숙자, 노약자 등을 만나면서 겪은 요절복통할 이야기들을 일지 형식으로 기록하였습니다. 이 책에 소개된 일들은 실제로 현장에서 체험하고 겪은 것들로, 소개된 인물들의 신분이 노출되는 것을 막기 위해 모든 이름과 지명은 가명으로 했습니다.

이 책에는 경찰관들의 생활이 현장감 있게 묘사되어 있고, 그들의 어려움과 기쁨이 잘 표현되어 있어 경찰을 미래의 직업으로 삼고 싶어 하는 청소년들이 읽는다면 경찰관을 좀 더 가깝게 느끼는 계기가 될 것입니다.

4 관련 영화

1) 〈춤추는 대수사선: 더 파이널〉

1998년 일본에서 제작된 영화입니다. 원래 이 영화는 1997년부터 텔레비전 드라마로 방영되어 15년 동안이나 인기를 끌었던 작품을 영화로 만든 것으로, 영화 역시 2~3년에 걸쳐 한 편씩 나왔으며 2012년에 완결을 맺었습니다.

영화의 내용을 살펴보면, 일본에서 열리는 세계정상회의를 앞두고 경찰 조직이 와해되는 사건이 발생합니다. 그 과정에서 형사들은 악당들의 음모를 저지하기 위해 고군분투하게 됩니다.

이 영화의 특징은 기존의 경찰 영화처럼 사건을 쫓는 데만 관심을 두지 않고, 경찰 내부의 여러 문제점, 특히 경찰의 상층부 조직과 현장 형사들 간의 갈등을 큰 주제로 다루고 있습니다. 경찰 조직을 통해 일본 사회, 특히 경직된 조직 문화를 비판하기도 하며, 순찰차 운행 규정과 관료에 대한 접대 묘사나 경찰관을 '형사'가 아닌 '수사원'으로, 가해자를 '범인'이 아닌 '피의자'로 부르는 등 기존의 경찰 영화에서는 찾기 어려웠던 형사들의 일상적인 모습이나 현실적인 부분이 잘 묘사되어 있습니다.

악당을 무찌르는 용감하고 멋진 경찰의 모습보다는 힘들어하면서도 그것을 하나하나 극복해 나가는 인간적인 경찰의 모습이 나타나 있어, 경찰 생활에 대해 좀 더 현실적이고 친근하게 접근할 수 있는 영화입니다.

2) 〈인정사정 볼 것 없다〉

1999년 우리나라에서 개봉된 영화로, 완벽한 분장술로 경찰을 따돌리는 살인사건의 범인과 강력반 형사들 간의 쫓고 쫓기는 추격전을 그린 작품입니다.

영화의 줄거리를 살펴보면, 예기치 않은 소나기가 몰아치는 도심 한복판에서 잔인한 살인 사건이 벌어졌고, 마약 거래를 둘러싼 조직의 암투가 개입했다는 단서를 잡은 서부경찰서 강력반에 비상이 걸립니다. 베테랑인 우 형사와 파트너 김 형사 등 서부경찰서 강력반 형사 6명이 투입되어 잠복근무를 한 끝에 사건에 가담한 짱구와 영배를 검거합니다. 형사들은 이들을 통해 사건의 주범이 장성민이라는 사실을 알아내고, 이때부터 형사들과 장성민 간의 쫓고 쫓기는 추격전이 시작됩니다. 하지만 이 신출귀몰한 범인은 좀처럼 잡히지 않습니다. 장성민은 사람 좋은 이웃집 아저씨, 우편배달부, 국군장교 등 10여 가지의 완벽한 변장술로 형사들을 따돌리고 형사들은 번번이 검거에 실패합니다. 마침내 형사들은 장성민의 애인 집을 점거하고 포위망을 좁혀 나갑니다. 변장술의 대가인 도망자와 끈질긴 추격자의 목숨을 건 승부는 안개 속의 미로, 달리는 기차, 비오는 폐광을 배경으로 숨 가쁘게 전개됩니다. 특히 끈질긴 추격 끝에 마침내 폐광에서 마주하게 된 장성민과 우 형사는 쏟아지는 빗속에서 일대 사투를 벌입니다.

이 영화는 제20회 청룡영화제 최우수작품상·남우조연상과 제37회 대종상영화제 촬영상을 수상하였고, 제2회 도빌 아시아영화제에서 대상인 에르메스상을 받았습니다. 또한 캐나다 밴쿠버 영화제, 영국 런던 영화제, 미국 선댄스 영화제에 초청받기도 했습니다.

3) 〈데몰리션 맨〉

1993년 미국에서 개봉된 공상 과학 영화로 미래 경찰의 활약을 다룬 영화입니다.

1996년 스파르탄은 사건의 장애물을 거침없이 없애 버리는 경찰로 동료들은 그를 '파괴자'라는 뜻의 '데몰리션 맨'이라고 부릅니다. 로스엔젤레스에서 피닉스라는 한 킬러가 폭탄이 설치된 빌딩 안에 30명의 인질을 붙잡는 사태가 벌어지자, 스파르탄은 그를 체포하지만 빌딩은 폭파됩니다. 결국 그가 모르는 사이 30명의 인질이 죽자 임무과실로 체포되고 냉동 감옥에서 얼려져 70년형을 살게 됩니다. 이후 시간

이 흘러 2032년, 도시는 혁신적인 경영 방침으로 모든 범죄를 사라지게 했습니다. 하지만 피닉스의 탈출로 도시는 파괴되기 시작하고 경찰 레니나는 스파르탄의 존재를 알고 피닉스를 체포하기 위해 그의 가석방을 건의합니다. 드디어 스파르탄은 오랜 잠에서 깨어나 그의 최대 적수를 상대하게 되는데, 그에게 있어 피닉스를 잡는 것만이 다시금 냉동 감옥으로 수감되지 않는 길이기 때문입니다.

한편 냉동 상태에서 재생되는 동안 스파르탄과 피닉스는 새로운 교육을 받았는데 피닉스는 과거보다 더 위험한 인물로 변해 있었습니다. 피닉스를 추적하는 과정에서 스파르탄은 그의 새롭게 보강된 능력 뒤에 어떤 음모가 있음을 느끼게 됩니다. 바로 그의 배후에는 평화로운 미래 도시의 지도자 콕토 박사가 있었고, 그는 말썽을 일으키는 지하 인간들을 퇴치하기 위해 냉동 죄수인 악당 피닉스를 고의로 탈옥시켜 지하 인간들의 지도자 프렌들리를 죽이게 하고, 가석방한 스파르탄을 피닉스 견제용으로 활용한다는 계획을 세우고 있었습니다. 피닉스가 박물관을 파괴하는 등 난동을 부리자 미래도시의 경찰과 시민들은 두려움에 떨며 경악하고, 이를 기회로 콕토 박사는 자기의 권력을 더욱 강화함은 물론 프렌들리의 세력을 뿌리 뽑으려 합니다. 그러나 피닉스는 냉동 복역 기간 중에 콕토의 계획에 따라 세뇌 프로그램에 의해 교육되었음에도 불구하고 미래 세계를 스스로 지배하고 싶어 콕토를 배신하게 됩니다. 세력 형성을 위해 냉동 교도소에 갇혀 있는 수많은 폭력범들을 녹이려 하던 피닉스는 단신으로 뛰어든 스파르탄의 활약으로 결국 산산조각 난 얼음부스러기 신세가 되고, 미래의 전체주의 도시는 보다 인간적인 사회로 바뀌게 됩니다.

이 영화는 공상 과학 영화이긴 하지만 미래 경찰의 모습에 대해 상상해 볼 수 있고, 경찰의 사명감이 얼마나 중요한지 잘 보여주는 영화입니다.

05 경찰은 무슨 일을 할까?

교통경찰, 형사, 경찰특공대, 해양경찰 등 경찰의 종류는 매우 다양합니다. 업무에 따라 우리 눈에 보이는 곳에서 일하는 경찰도 있고, 보이지 않는 곳에서 묵묵히 일하는 경찰도 있습니다. 또 지구대에 근무하는 경찰처럼 규칙적인 활동을 하는 경찰도 있고, 형사나 경찰특공대처럼 불규칙한 생활을 하는 경찰도 있습니다.

1 지구대에 근무하는 경찰

우리 주변에서 가장 쉽게 접할 수 있는 지구대에 근무하는 경찰을 중심으로 경찰의 일과를 살펴보기로 합니다.

경찰관에 임명되면 맨 처음 근무하는 곳이 지구대입니다. 지구대는 작은 경찰서입니다. 주민들의 가장 가까운 곳에 머물며 안전을 책임지고 있습니다. 파출소도 지구대와 같은 일을 합니다. 경찰서 아래에는 몇 개의 지구대와 파출소가 있습니다. 지구대에 발령받은 초보 경찰은 선배 경찰과 팀을 이루어 경찰 업무를 하나하나 배워 나갑니다.

지구대는 24시간 열려 있는 공간으로, 지구대 경찰은 3교대 근무를 하고 있습니다. 지구대의 역할은 범죄 예방 업무가 중심이므로 하루 8시간 근무 중에서 2~3시간 정도만 지구대 내에서 근무하고, 나머지 시간은 도보 순찰, 경찰차 순찰 등 순찰 업무를 위해 외근을 합니다. 순찰 업무는 선임자와 초보 경찰이 2인 1조가 되어 수행합니다.

1) 출근

아침 8~9시경에 출근을 하면 밤새 근무한 동료 경찰들과 인사를 나눈 뒤에 경찰복으로 갈아입습니다. 지구대 경찰들은 3교대로 근무하기 때문에 순번을 정해 낮에 일하기도 하고, 밤에 일하기도 합니다. 간혹 쉬는 날에 훈련을 받기도 합니다.

2) 조회

밤새 근무한 야간 근무자와 아침에 출근한 주간 근무자가 한 자리에 모여서 회의를 합니다. 회의 내용은 간밤에 무슨 일이 있었는지, 그리고 뒤처리할 일이 무엇인지 등을 꼼꼼하게 파악합니다. 예를 들어 어제 동네 금은방에 강도가 창문으로 침입한 사건이 있었다면, 오늘 업무 중 하나는 가까운 금은방을 방문하여 창틀은 튼튼한지, 방범상의 허점은 없는지 확인하는 일입니다.

회의가 끝나면 야간 근무를 했던 경찰들은 집으로 돌아가서 쉽니다.

3) 소내 근무(지구대 내부 근무)

지구대 경찰들의 하루 업무는 크게 지구대 안에서 일하는 소내 근무와 동네를 순찰하는 순찰 근무로 나누어집니다. 소내 근무는 2~3시간 정도 하고 나머지 시간은 순찰을 하는데, 팀별로 소내 근무와 순찰 근무를 교대로 하게 됩니다.

소내 근무를 할 때는 민원 전화를 받거나 지구대를 직접 찾아오는 사람들의 민원을 해결해 줍니다. 그리고 신고가 들어오면 순찰 근무자에게 연락해서 출동하게 합니다.

경찰 중에는 지구대 안에서만 일하는 경찰들도 있는데, 이들을 내근 경찰이라고 합니다. 내근 경찰은 치안 정보를 수집해 배포하고 외근 경찰들의 업무를 지원합니다. 또 시민의 안전사고와 청소년 유해환경을 예방하기 위한 교육을 진행하고, 각종 사건의 수사를 계획하고 지도합니다. 더불어 증거품 감식에 대한 처리와 민원 사건을 접수해 처리하는 등 다양한 업무를 합니다.

밤이면 지구대는 술 취한 사람들로 시끌벅적합니다. 술을 너무 많이 마셔서 제대로 걷지도 못하는 사람들이 들어와서 잠을 자기도 하고, 간혹 소리를 지르거나 행패를 부리기도 합니다. 힘들지만 이 사람들을 안전하게 보호하고 집에 가도록 돕는 것도 지구대 경찰의 할 일입니다.

Tip

가족이나 친구가 사라졌을 때 112나 182를 누르면 경찰서(지구대)나 실종 아동 찾기 센터로 연결됩니다. 신고를 받으면 없어진 사람의 이름과 사진, 키, 입은 옷, 나이 같은 정보가 인터넷 아동·여성·장애인 경찰 지원 센터에 등록되어 전국 경찰서에서 함께 찾게 됩니다. 어린이와 치매 노인, 장애인은 지구대에 가서 미리 지문을 등록해 놓으면 잃어버렸을 때 훨씬 빨리 찾을 수 있습니다. 지구대 안에서 근무하는 경찰은 이러한 민원 처리도 하고 있습니다.

4) 112 순찰 근무

순찰은 지구대가 맡은 가장 중요한 업무입니다. 두 사람이 한 조가 되어서 순찰차를 타고 낮이고 밤이고 골목마다 살피면서 돌아다닙니다. 골목이 좁거나 계단이 많아 순찰차로 이동할 수 없는 길은 직접 걸어서 순찰합니다.

순찰을 하다가 수상한 사람을 보면 검문검색을 하고, 교통법규를 위반하는 사람에게는 스티커를 발부합니다. 또 교통정리도 하고 주차 위반 차량에 대해 경고 방송도 합니다. 그러다가 무전기를 통해 사건 발생 소식을 전달받으면 현장으로 바로 출동합니다.

사건 발생 현장에서 잡은 범인은 경찰서 형사과로 넘깁니다. 형사는 지구대 경찰이 쓴 보고서를 바탕으로 수사를 하고, 검사가 법원에 재판을 청구하면 법원에서 재판을 합니다. 판사는 범인이 얼마나 벌을 받을지 판결합니다.

그렇다면 순찰 중인 경찰의 옷차림과 도구들을 살펴볼까요?

먼저 경찰복 조끼 주머니에 무전기, 손전등, PDA 등을 넣고 다닙니다. 허리띠에는 방망이 모양의 경찰봉(삼단봉), 수갑, 권총, 호루라기 등을 매달고 다닙니다. 경찰봉은 힘이나 흉기로 남을 해코지하려는 사람을 막을 때 씁니다. 권총에는 진짜 총알과 소리만 나는 가짜 총알이 다 들어 있습니다. 경찰이 실제로 총을 쏘는 일은 거의 없지만 시민을 구하기 위해 어쩔 수 없이 총을 쏘아야 할 때도 있습니다. 그때는 아주 정확하게 쏘아야 하는데, 그러기 위해서 사격 훈련을 합니다. 그 밖에 밤에 교통정리를 할 때는 불빛이 나는 전자 신호봉을 사용합니다.

5) 교통정리와 교통사고 처리

지구대 경찰은 출퇴근 시간대에 교통정리를 하기도 합니다. 아침 8시 전후는 출근하는 시민들, 등교하는 학생들 때문에 하루 중 교통이 가장 혼잡한 때이므로, 지구대 경찰은 조금이라도 교통이 원활해지도록 거리에 나가서 교통경찰의 역할을 합니다. 신호를 위반하는 차나 세워서는 안 되는 곳에 세워진 차를 단속합니다. 또 신호등이 고장 나면 수신호로 교통을 통제하기도 합니다.

또한 지구대 경찰은 순찰을 돌다가 교통 사고가 났다는 신고를 받으면 바삐 현장으로 달려갑니다. 교통사고가 난 곳에 도착하면 먼저 교통정리부터 해야 합니다. 다른 차가 와서 부딪칠 수도 있기 때문입니다. 사고가 크게 났을 경우에는 소방대원들이 다친 사람을 응급조치해서 구급차에 태워 가고, 지구대 경찰은 사고 난 차가 폭발하거나 불이 나지 않게 처리합니다. 그 밖에 운전자들 이름과 주민등록번호를 적고, 사고가 어떻게 났는지 알아보는 등 할 일이 많습니다. 또한 사고 난 차의 위치를 표시해야 합니다. 지구대에서 잘 기록해 두어야 나중에 교통사고 조사반이 왔을 때 제대로 조사할 수 있습니다.

6) 초동 수사

도난 사건이나 상해 사건, 살인 사건이 발생하면 지구대 경찰이 가장 먼저 달려갑니다. 지구대 경찰은 사건 현장을 샅샅이 살펴서 범인의 흔적을 찾아내는데, 이렇게 가장 먼저 수사하는 걸 초동 수사라고 합니다. 시간이 지날수록 증거가 없어지거나 범인이 멀리 달아나므로 초동 수사는 매우 중요합니다.

초동 수사를 하고 있으면 형사와 과학수사팀 경찰이 와서 지구대 경찰이 기록한 초동 수사 내용을 바탕으로 전문적인 수사를 계속합니다.

7) 교육

매일매일 바쁘게 움직이는 경찰이지만 정기적으로 교육이나 훈련을 받아야 합니다. 경찰이 주로 받는 교육은 인권 교육, 법률 교육, 체력과 무도 훈련, 사격 훈련입니다.

인권 교육에서는 죄를 지은 사람이라도 함부로 대하지 말아야 한다는 것을 교육받고, 법률 교육에서는 사회가 빠르게 변하는 만큼 법률도 조금씩 달라지므로 경찰이 새롭게 알아야 할 법률을 배웁니다. 법률 공부는 계급이 올라가는 승진 시험에서도 꼭 필요하므로 열심히 해야 합니다. 체력과 무도 훈련은 범인을 추격하거나 생포하는 등 몸을 재빠르게 움직여야 할 일이 많기 때문에 정기적으로 해야 하고, 사격 훈련은 총을 정확히 쏠 수 있도록 사격 솜씨를 갈고닦는 과정입니다.

2 형사의 일과

형사는 지구대가 아닌 경찰서 소속으로 범죄 수사를 전담하는 경찰입니다. 도둑이나 사기꾼, 강도, 살인자 등을 잡기 위해 범죄 현장을 샅샅이 수사해 증거를 수집하고, 탐문·미행·잠복근무 등을 하며 범인을 찾아냅니다.

그 중 탐문 수사는 형사가 사건 현장과 주변 인물들을 직접 찾아다니면서 사실관계 등을 묻는 방식으로 수사하여 단서를 찾는 것을 말합니다. 미행은 다른 사람의 행동을 감시하거나 증거를 잡기 위해 그 사람 뒤를 몰래 따라가는 것을 말하고, 잠복근무는 범인을 찾아내기 위해 또는 범죄를 막기 위해 범인이 나타날 것으로 예상되는 곳에 몰래 숨어서 지키는 일입니다.

이렇게 범인을 잡는 일을 하다 보면 출퇴근 시간이 따로 없을 정도로 근무 시간이 불규칙합니다. 잠복근무를 하다 보면 며칠 동안 집에도 못 들어가고 식사도 제대로 못하는 등 불편한 점이 많습니다. 또한 늘 긴장과 스트레스에 노출되어 있으며, 범인을 검거하는 과정에서 흉기에 다치거나 심하면 목숨을 잃을 수도 있는 등 위험이 뒤따릅니다.

따라서 모든 경찰이 형사가 될 수 있는 건 아니고, 지원자 중에서 무술 실력이나 순발력 등을 테스트하여 뽑습니다. 이처럼 위험하고 불규칙한 생활의 연속이지만, 범인을 추격하고 직접 잡는 등 다이내믹한 생활을 원해서 형사를 지원하는 경찰이 많이 있습니다.

그러나 형사가 범인을 잡을 때 함부로 대해서는 안 됩니다. 인권 교육에서 배운 대로 미란다 원칙을 지켜야 합니다. 미란다 원칙이란 경찰이 범인을 붙잡을 때는 법이 정한 대로 이 사람의 권리를 알려 주어야 하는 것을 말합니다.

이렇게 하는 까닭은 모든 사람에게는 인권이 있기 때문입니다. 모든

> **Tip**
>
> 죄를 지은 사람도 수사와 재판을 받을 때 자신을 도와줄 변호사를 쓸 수 있고, 자기한테 불리한 말은 하지 않아도 되는데, 이것을 미란다 원칙이라고 합니다.

79

사람은 공정한 재판을 받을 권리가 있기 때문에 함부로 가둘 수 없습니다. 법원에서 죄가 있다고 밝혀지기 전까지는 아무리 흉악한 범죄의 용의자라도 경찰에서는 죄가 없는 것으로 보아야 합니다.

06 경찰이 되기 위해 필요한 능력

1 사명감과 봉사 정신

경찰은 사회를 위해 봉사하는 직업으로, 시민들을 보호하고 지킨다는 사명감이 무엇보다 필요합니다. 공무원이다 보니 연봉이 많지는 않지만 곤란에 처한 시민들을 돕고, 사회의 질서를 유지하는 일을 하다 보면 자부심을 느낄 수 있습니다.

2 강인한 체력과 순발력

경찰은 체력적인 소모가 많은 직업입니다. 범죄를 예방하기 위해 순찰을 돌아야 하고, 범인을 잡기 위해 추격전을 벌이거나 범인과 몸싸움을 해야 할 때도 있습니다. 또한 밤새워 잠복근무를 하는 경우도 있습니다. 그러자면 강인한 체력이 필수입니다. 거기다 운동 신경이 발달해야 하고, 위급 상황이 발생했을 때 바르게 대처할 수 있는 순발력도 필요합니다. 그러니 틈틈이 등산이나 달리기, 수영 등을 통해 체력을 기르고, 태권도 등의 무술 실력도 다져야 합니다.

3 사회성

경찰 생활은 단체 생활과 조직 생활로 이루어져 있습니다. 또한 시민들을 대할 일도 많습니다. 따라서 다른 사람과 잘 어울릴 수 있는 사회성이 꼭 필요합니다. 그러니 경찰을 직업으로 삼고 싶다면 다양한 사람

들을 많이 접하고, 자신과 다른 점을 인정할 수 있는 마음을 길러야 합니다. 조직에 융화되는 능력을 많이 키운 뒤에 경찰이 된다면 경찰 생활에 보다 빨리 적응할 수 있을 것입니다.

4 준법정신과 정직성

경찰은 시민과 가장 가까운 곳에서 법을 집행하는 사람으로 법을 잘 지켜야 하고 법에 대한 지식이 필요합니다. 경찰이 무단횡단을 하면서 시민들에게는 교통신호를 지키라고 단속할 수는 없는 노릇입니다. 또한 정직해야 합니다. 경찰 업무를 하다 보면 법을 어긴 사람이 눈 감아 달라며 돈으로 매수하려는 경우도 있습니다. 이때 단호히 거절해야지 한번 유혹의 손길에 빠지면 거기서 헤어 나올 수가 없고, 결국 부정 경찰로 불명예 퇴직을 할 수도 있습니다.

5 추리력과 판단력

경찰은 범죄 수사 업무에 있어 추리력과 판단력이 필요합니다. 강도나 살인사건이 벌어진 현장에 출동하여 수사를 할 때 현장에 남아 있는 범인의 증거물을 하나도 놓치지 말아야 하는 것은 물론, 범인이 어떤 방법으로 범죄를 저질렀는지, 범죄의 목적이 무엇인지 등을 판단하고 분석하고 추리할 수 있는 능력을 갖추어야 합니다.

6 융통성과 인내심

경찰이 상대해야 하는 사람은 범죄자보다는 일반 시민들이 대부분입니다. 이런 사람을 민원인이라고 하지요. 민원인들은 사소한 갈등, 예를 들어 층간 소음 문제나 애완견 문제 등으로 지구대를 찾아오는 경우도 있고, 교통사고 현장에 출동했을 때 서로 상대방의 잘못이라 우기기도 합니다. 심지어 술에 취해 지구대에서 난동을 부리는 시민들도 심심찮게 만날 수 있습니다. 이런 다양한 민원인을 상대하려면 융통성과 배려심, 인내심이나 자기 통제력 등이 필요합니다.

07 경찰의 장단점

1 장점

1) 자부심과 보람을 느낄 수 있습니다

경찰은 우리 사회의 법과 질서를 유지하고, 범죄로부터 시민들의 생명과 재산을 보호하는 일을 합니다. 경찰은 시민들이 안전하고 편안한 생활을 할 수 있는 든든한 버팀목이 되어 주고 있습니다. 따라서 다른 어떤 직업보다도 명예와 자부심, 보람을 가질 수 있는 직업으로 경찰 생활에 잘 적응할 수만 있다면 일하면서 느끼는 만족감이 매우 큽니다.

2) 채용문이 넓고 직업 안정성이 높습니다

고등학교만 졸업하면 누구나 경찰 시험에 지원할 수 있습니다. 또한 공무원에 속하기 때문에 특별한 문제만 없다면 정년이 보장됩니다. 요즘처럼 사오정(45세 정년)이라는 말이 현실화되는 사회에서 경찰이라는 직업을 선택한다면 보다 안정적인 직업 생활을 할 수 있습니다.

3) 정의로운 일을 하면서 살 수 있습니다

대부분의 경찰은 어렸을 때부터 경찰관이 꿈이었던 경우가 많다고 합니다. 어렸을 때 친구들과 경찰놀이를 하면서 경찰관 역할을 하고, 범인을 소탕하거나 사람들을 구하는 상상을 자주 하곤 했다고 합니다. 경찰 업무는 주로 밖으로 돌아다니며 많은 사람들과 접촉하는 일입니다. 따라서 활동적이고 정의감이 강한 사람에게 어울리는 직업입니다.

2 단점

1) 생활이 불규칙합니다

사건은 때와 장소를 가리지 않고 일어나기 때문에 경찰서나 지구대는 24시간 깨어 있어야 합니다. 따라서 경찰은 2교대나 3교대로 번갈아 가며 경찰서나 지구대를 지켜야 하고, 2~3일에 한 번씩은 야간 근무를 해야 합니다. 다른 사람이 모두 자고 있는 밤에 깨어 있어야 하는

Tip

활동적이고 외향적인 사람은 하루 종일 사무실에 앉아서 일하는 것이 싫을 것입니다. 몸을 움직이기 좋아하는 사람이라면 경찰이 어울리는 직업입니다. 또한 경찰이 되어 시민들을 도와주고 범죄자를 소탕하는 데서 기쁨과 보람을 느끼면 경찰이 되길 정말 잘했다는 생각이 들 것입니다.

것은 체력적으로나 정신적으로 힘든 일입니다.

또한 큰 사건이라도 벌어지면 집에 가지 못하고 비상근무나 초과근무를 해야 합니다. 경우에 따라서는 휴일에도 나가야 하고, 휴가도 반납해야 합니다.

2) 육체적 · 정신적 스트레스가 큽니다

경찰은 늘 긴장해야 하고, 밤낮이 바뀐 생활도 하므로 몸도 마음도 많이 고단합니다. 경찰은 대부분의 근무 시간을 순찰 업무를 위해 밖에서 보내기 때문에 체력적으로도 부담이 큽니다. 또한 아직까지 우리나라는 OECD 국가들 중 인구에 비해 경찰의 수가 부족합니다. 따라서 경찰 한 사람당 처리해야 할 일이 많아서 늘 피로가 쌓여 있으며, 항상 긴장 상태에 있기 때문에 정신적인 스트레스도 큰 편입니다.

3) 항상 위험에 노출되어 있습니다

경찰은 순찰을 돌거나 112 신고를 받고 출동했을 때 범죄자를 추격하거나 범죄자와 직접 몸싸움을 벌이는 경우가 있습니다. 이런 과정에서 간혹 흉기에 찔리거나 다쳐 부상을 입거나 심하면 목숨을 잃기도 합니다.

또한 교통사고 현장을 정리하던 경찰이 달려오는 차량에 치여 2차 사고를 당하는 경우도 종종 있고, 음주운전 차량이나 범인이 타고 있던 차량을 단속하다가 이를 거부하고 도망치는 차량에 사고를 당하기도 합니다.

이처럼 경찰은 교통사고를 당하거나 범인에게 공격을 받기도 하는 등 항상 위험에 노출되어 있습니다.

08 경찰이 되기 위한 과정

미래의 직업으로 경찰을 꿈꾸는 청소년이 많을 것입니다. 경찰이 되는 방법은 여러 가지입니다. 그 중 하나는 고등학교를 졸업한 후 순경 시험에 합격하는 것입니다. 순경은 경찰 계급 중 가장 낮은 것으로 9급 공무원에 해당합니다.

순경으로 시작하는 말단 계급이 싫다면 경찰 간부 후보생 시험을 보거나 경찰대학에 들어가 졸업하면 중간 간부로 경찰 생활을 시작할 수 있습니다. 아니면 사법시험에 합격한 다음 경찰을 지원하면 간부로 특별 채용될 수도 있습니다.

1 중 · 고등학교 시절

무엇보다도 공부를 열심히 해야 합니다. 경찰이 되려면 법과 관련된 시험을 보아야 하기 때문에 기본적인 실력이 있어야 합니다. 또 경찰이 된 후에 높은 계급으로 승진하고 싶다면 경찰대학에 입학해야 하는데, 경찰대학은 경쟁률이 매우 세서 들어가기가 하늘의 별따기입니다. 따라서 경찰이 되려면 학교 공부를 열심히 하는 것은 기본입니다.

또한 체력도 길러야 합니다. 경찰 채용 시험에 체력 테스트가 있을 뿐만 아니라 경찰 생활을 하려면 무엇보다도 체력이 강해야 하기 때문입니다. 체력은 하루아침에 길러지는 것이 아니므로 꾸준히 운동을 해서 단련해야 합니다.

거기다 경찰과 관련된 동아리 활동을 하거나 경찰과 관련된 체험학습 또는 봉사활동을 한다면 경찰관이 되는 데 동기 부여도 되고, 경찰대학에 입학하는 데도 도움이 될 것입니다.

2 경찰관 시험 또는 경찰대학 입학

1) 경찰관 시험

고등학교를 졸업한 사람이나 경찰대학이 아닌 일반 대학을 졸업한 사람은 경찰의 가장 아래 계급인 순경 공개 채용 시험인 경찰공무원 채용 시험에 응시할 수 있습니다. 이때 경찰과 수사, 법에 대한 필기시험과 제자리멀리뛰기, 윗몸일으키기, 100미터 달리기의 3개 종목으로 체력을 검사합니다. 대학에서 경찰행정학과 등을 공부한 후에 응시하면 좀 더 유리합니다. 또한 외국인 범죄자를 수사하는 외사과를 지망하려면 외국어 능력이 필수입니다.

경찰공무원 채용 시험에 대해 구체적으로 살펴보면, 남자 순경, 여자 순경, 101경비단 요원(대통령과 청와대의 안전을 위한 경찰), 정보 통신 요원으로 나누어 모집합니다. 분야에 따라 응시 자격이 조금씩 다르지만 일반적으로 1종 보통운전면허증을 소지해야 하고, 고졸 이상이어야 하며, 만 30세 이하여야 합니다.

순경 채용 시험에 합격한 후에는 중앙경찰학교에 들어가서 8개월 동안 교육을 받아야 합니다. 이 학교에서는 사건이 나면 어떻게 해야 하는지도 배우고, 수사에 대해서도 자세히 배웁니다. 중앙경찰학교를 마치면 드디어 경찰로 발령을 받습니다.

말단 계급인 순경보다는 중간 간부로서 경찰 생활을 시작하고 싶다면 경찰간부후보생 선발시험에 응시하여 합격하면 됩니다. 경찰간부후보생 시험에 합격한 뒤 경찰종합학교에서 1년간 교육을 받으면 경위로 임용됩니다.

이 외에도 4년제 경찰행정학과를 졸업하고 부정기적으로 시행하는 순경·경사의 특채 모집 시험에 합격하면 일정한 교육이수 후 경찰로 임용되기도 하고, 사법시험에 합격한 다음 경찰을 지원하면 간부로 특별 채용될 수도 있습니다.

2) 경찰대학 입학과 졸업

경찰이 되고 싶은 사람이라면 경찰대학에 가는 것을 꿈꿀 것입니다. 경찰 초급 간부를 양성하기 위해 세워진 경찰대학은 대학 4년 동안 경찰이 되기 위해 알아야 할 것을 미리 배우는 곳입니다. 1980년 경기도 용인에 세워진 이래 지금까지 3,500여 명의 졸업생을 배출했고, 1989년부터는 여학생 입학도 가능해졌습니다.

경찰대학을 졸업한 후 병역의 의무를 마치면 경위(무궁화 1개)로 임관되어 중간 간부로서 경찰 생활을 시작하게 됩니다.

Tip

101경비단의 경우는 체격 요건에 제한이 있는데, 신장 170cm 이상, 체중 60kg 이상, 안경을 벗은 맨눈 시력이 1.0 이상이어야 합니다. 이런 조건을 충족해야만 채용 시험을 볼 수 있습니다.

Tip

경찰간부시험은 매년 채용 인원과 시험 기준이 조금씩 다릅니다. 따라서 경찰간부시험을 보려면 경찰청 홈페이지에 들어가 채용 인원과 상세 기준 등을 살펴봐야 합니다.

Tip

경찰대학 학생들은 전원이 4년 동안 기숙사 생활을 하며 단체 생활을 하게 되는데, 학비 및 생활비 전액을 국가에서 지원해 줍니다.

3 경찰관 생활

경찰관으로 임용되면 처음 일정 기간은 지구대에 배치되어 현장 근무를 익힙니다. 그리고 나서 수사, 형사, 보안, 교통, 경비, 정보, 전산·통신 분야 중 자신이 원하는 분야를 지원하여 근무할 수 있습니다.

경찰의 계급은 순경, 경장, 경사, 경위, 경감, 경정, 총경, 경무감, 치안감, 치안정감, 치안총감 순으로 높습니다. 처음에는 대부분 순경으로 시작하지만 근무 연수에 따라서 또는 능력에 따라서 승진이 조금씩 다릅니다. 경찰의 정년은 60세로 다른 직업에 비해 오랫동안 일할 수 있습니다.

09 경찰의 마인드맵

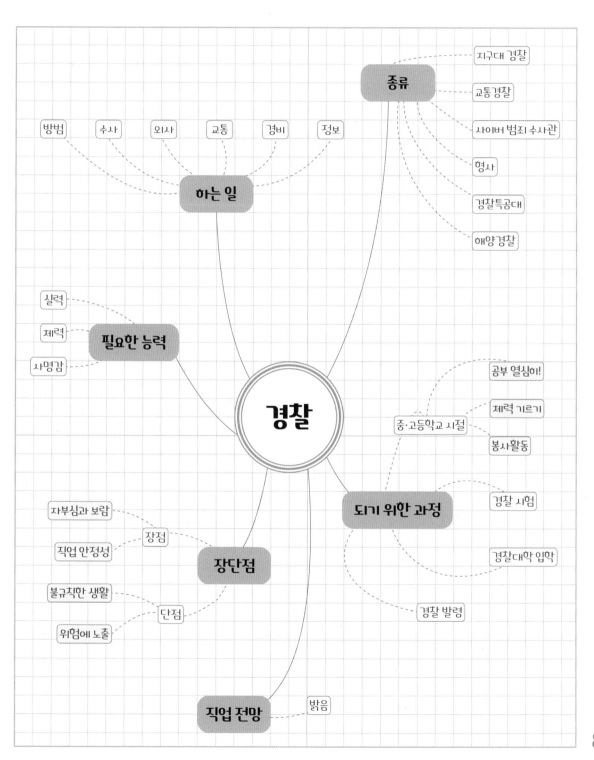

종류
- 지구대 경찰
- 교통경찰
- 사이버 범죄 수사관
- 형사
- 경찰특공대
- 해양경찰

하는 일
- 방범
- 수사
- 외사
- 교통
- 경비
- 정보

필요한 능력
- 실력
- 체력
- 사명감

경찰

되기 위한 과정
- 중·고등학교 시절
  - 공부 열심히!
  - 체력 기르기
  - 봉사활동
- 경찰 시험
- 경찰대학 입학
- 경찰 발령

장단점
- 장점
  - 자부심과 보람
  - 직업 안정성
- 단점
  - 불규칙한 생활
  - 위험에 노출

직업 전망
- 밝음

10 경찰과 관련하여 도움받을 곳

1 직업 정보를 얻을 수 있는 기관

● 경찰박물관(http://www.policemuseum.go.kr) 서울 종로구 새문안

로에 위치해 있는 박물관으로 2005년에 개관한 이래 한국 경찰의 50년 역사를 살펴볼 수 있도록 각종 관련 유물과 역사적 자료들이 전시되어 있습니다.

조선 시대 포졸들이 사용한 육모방망이를 비롯하여 1950년대의 경찰 백차와 순찰용 사이드카, 간첩들로부터 노획한 각종 장비와 근래의 시위 진압 장비, 세계 각국의 경찰복장 및 장비류 등에 이르기까지 다양한 전시물을 관람할 수 있습니다.

전시관은 1층 환영의 장, 2층 체험의 장, 3층 사무 공간 및 수장고, 4층 이해의 장, 5층 역사의 장, 6층 영상관 등 테마별로 구성되어 있습니다. 5층 역사의 장에는 조선 시대부터 1980년대까지 경찰의 복식과 장비가 시대별로 전시되어 있습니다. 4층 이해의 장에서는 경찰의 기능별 장비와 복식, 외국경찰 복식 등을 살펴볼 수 있습니다. 특히 2층 체험의 장에는 112 신고센터, 몽타주 만들기, 유치장 체험, 시뮬레이션 사격장 등 체험 코너가 마련되어 있으며, 1층에서는 경찰 근무복을 입어보고, 경찰차를 탑승해 볼 수 있는 공간이 있습니다.

매주 월요일과 설 연휴와 추석 연휴를 제외하고 매일 개관하며, 입장료는 무료입니다. 15인 이상의 단체 관람은 사전예약제(인터넷 접수)로 운영되고 있습니다.

● 고용노동부 워크넷(https://www.work.go.kr) 한국고용정보원에서 운영하는 사이트로 무료로 직업 심리 검사를 이용할 수 있습니다. 직업

정보 검색, 직업 · 진로 자료실, 학과 정보 검색 등의 정보를 제공하며 직업 · 학과 동영상, 이색 직업, 테마별 직업 여행, 직업인 인터뷰 자료를 볼 수 있습니다. 온라인 진로 상담 서비스도 제공합니다.

● 진로정보망 커리어넷(https://www.career.go.kr) 한국직업능력개발원이 운영하는 사이트로 초등학생부터 성인, 교사에 이르기까지 대상별로 진로 및 직업 정보를 제공하며 온라인 상담도 할 수 있습니다. 심리 검사를 무료로 이용할 수 있으며, 학생들이 만든 UCC 자료도 무료로 제공하고 있습니다.

2 직업 체험 프로그램

● 경찰대학(http://www.police.ac.kr) 경찰대학에서는 여러 가지 프로그램을 운영하고 있습니다. 그 중에서도 대표적인 것이 '어린이 교통 교육'과 '폴리스 아카데미'입니다. 어린이 교통 교육은 1일 2팀 최대 180명을 대상으로 연중 실시하는데 어린이 교통사고의 원인과 예방 대책, 교통 표지판 보는 방법을 공부하고 전기 자동차를 직접 운전하여 자동차의 위험성을 체험합니다. 어린이들이 교통안전 실천 교육을 받아서 교통사고를 당하지 않게 하기 위한 것입니다.

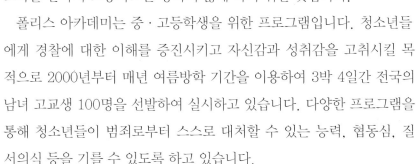

폴리스 아카데미는 중 · 고등학생을 위한 프로그램입니다. 청소년들에게 경찰에 대한 이해를 증진시키고 자신감과 성취감을 고취시킬 목적으로 2000년부터 매년 여름방학 기간을 이용하여 3박 4일간 전국의 남녀 고교생 100명을 선발하여 실시하고 있습니다. 다양한 프로그램을 통해 청소년들이 범죄로부터 스스로 대처할 수 있는 능력, 협동심, 질서의식 등을 기를 수 있도록 하고 있습니다.

● 교육부 어린이 홈페이지(http://kids.moe.go.kr) 아이들이 궁금해 할 만한 다양한 직업에 대해 가나다순으로 알기 쉽게 설명되어 있습니다. 직업에 대한 기본 정보를 알고 나서 교육부에서 주관하는 창의적 체험 활동에 참여하면 효과가 더욱 클 것입니다.

89

● 코리아잡스쿨(http://www.kojobs.co.kr) 학생들이 직업 체험 프로그램에 참가하여 접하기 어려운 직업을 미리 탐색할 수 있고, 직업 세계에 대한 이해를 넓힐 수 있습니다. 또한 특정 직업에 대한 편견을 버리고 건전한 직업관을 형성할 수 있으며, 사회에 첫발을 내딛는 것에 대한 막연한 두려움에서 벗어나 자신감을 가질 수 있습니다.

현재 138개 특성화고와 마이스터고 컨설팅 및 평가, 27개 대학에 취업 캠프를 운영하고 있습니다.

● 서울시립 청소년 직업 체험 센터(https://www.haja.net) 서울시 영등포구에 있습니다. 일명 '하자센터'라고 부르며 연세대학교가 서울시로부터 의뢰받아 운영하고 있습니다. 현재의 배움이 일을 통해 어떻게 구현되는가에 대해 고민하는 기회를 가짐으로써 청소년들이 미래 자신의 일자리에 대한 관심을 발견하게 하고, 자신이 일하려는 분야로 어떤 배움의 과정을 거쳐 진입할 수 있을지에 대해 흥미를 견지하며 임할 수 있도록 일, 놀이, 학습이 하나로 통합되는 과정으로 행사를 진행합니다.

일일직업체험 프로젝트 등 일반 청소년 대상의 프로그램 역시 단순한 진로체험이나 설계를 넘어서 '생애설계'의 과정으로 보고, 삶의 지속 가능성을 추구하고 청소년 스스로 자활과 자립을 모색하는 교육 환경을 조성하고 있습니다.

11 유명한 경찰관

1 최용복(1958~)

범죄 현장에 가장 먼저 출동해 증거 사진을 촬영하고 이를 분석해 범인 검거에 결정적 도움을 주는 사람을 범죄현장 조사 전문가(CSI)라고 합니다. 최용복은 2011년 우리나라 최초로 범죄현장 조사기법 분야에서 박사학위를 받음으로써 우리나라의 과학수사 수준을 한 단계 높인 인물입니다.

20여 년 동안 형사 분야에서 활약했던 최용복은 2007년부터 과학수사의 매력에 빠져 '범죄현장 증거사진' 분야로 눈을 돌리게 됐습니다. 기존에 사용하던 디지털카메라의 가시광선뿐만 아니라 적외선과 자외선을 이용한 증거사진 촬영기법을 연구해 2008년 '400nm~1천 100nm에서의 적외선 사진촬영 연구'라는 논문을 써서 석사학위를 받았습니다. 이를 발판으로 부분 지문 등을 촬영해 합성한 뒤 하나의 완전한 지문을 구현하는 기법 등을 연구해 2011년에 '합성 가죽과 폴리우레탄 표면처리 목재에서의 잠재지문 현출 및 부분지문 합성에 관한 연구'로 박사학위를 받았습니다. 기존 디지털카메라로 현장지문을 촬영하면 배경이 남아 있어 분석이 어렵지만, 적외선 촬영을 하면 백지 위에 지문을 찍은 것처럼 배경 이미지가 없어지는 원리를 이용한 것입니다.

최용복은 그동안 카메라에 대해 기초부터 지식을 익히다 보니 이제는 카메라를 필요한 용도로 개조해 사용할 정도로 전문가 반열에 올랐습니다. 하지만 미개척 분야를 연구하다 보니 국내에는 참고할 서적이 없어 외국서적을 뒤적이고 인터넷을 통해 관련 지식과 정보를 찾아내 공부해야 했습니다. 이런 어려움을 극복하고 연구를 거듭한 끝에 우리나라에서는 아직 걸음마 단계인 범죄현장 조사 분야를 개척하고, 이를 범죄현장에 접목시키려는 노력을 함으로써 이 분야에서 최고로 우뚝 설 수 있었습니다.

2 김상우(1973~)

교통과 통신이 발달하여 세계가 지구촌으로 묶이면서 개인이 저지르는 국제범죄도 날로 심각해지고 있습니다. 2002년 국제사회는 인류의 평화를 해치는 심각한 범죄를 저지른 개인을 처벌하기 위해 국제형사재판소(ICC)를 설립했습니다. 이 기구는 네덜란드 헤이그에 있으며 전 세계에서 모인 전문가들이 국경과 인종을 초월하여 범죄를 근절하려 노력하고 있습니다.

지난 2005년 우리나라 최초로 국제형사재판소 수사관으로 임명된 사람이 있습니다. 그 주인공은 바로 경찰청 법무과에 근무하던 김상우(당시 경위)입니다. 국제형사재판소에는 송상현 서울대 교수 등 한국인 4명이 재판관으로 근무하고 있는데, 수사 분야에 한국인이 파견된 것은 김상우가 처음입니다.

김상우는 경찰대 12기로 법학과를 차석으로 졸업하고 강남경찰서 수사과와 서울지방경찰청 사이버수사대에 근무했습니다. 또 2002년에는 영국 런던정경대학(LSE)에서 형법과 인권법을 전공하여 우등으로 국제법 석사학위를 받기도 했습니다.

김상우는 2005년 '한국 경찰을 국제형사재판소 수사관으로 채용하고 싶다'는 국제형사재판소의 요청에 따라 경찰청이 실시한 선발전형에서 국제형사재판소 수사관으로 최종 선발됐습니다. 지금은 국제사회에서 소외받는 나라와 그 나라 사람들을 위해 일하고 있습니다.

3 표창원(1966~)

범죄심리학자로서 경찰대학 교수로 근무하다 그만두고, 방송인, 저술가, 국회의원으로 활동하였습니다.

표창원은 1989년 경찰대학을 졸업한 후 경찰관에 임용되었고, 1991년부터 1999년까지는 형사로 근무하였습니다. 경찰관으로 재직 중이던 1998년 광운대학교와 한국외국어대학교에서 강의를 했고, 경찰관에서 퇴직한 이후에는 경찰대학, 연세대학교, 아주대학교, 경기대학교 등에서 강의를 했습니다. 2001년 경찰대학 조교수가 되었고, 2012년 경찰대학 정교수가 되었습니다.

그러던 중 2012년 12월 대통령 선거 기간 중 국가정보원 여론 조작 사건에 대한 견해를 표명하는 과정에서 '경찰대의 정치적 중립성을 침해할 수 있다.'는 이유로 경찰대학 교수직을 사퇴했습니다.

신문사에 칼럼을 쓰거나 방송에 출연하기도 하고, 여러 곳에서 초청받아 범죄심리학 연구와 범죄동기 분석 등에 대한 강연을 하였습니다. 틈틈이 책을 쓰기도 하고, 2014년에는 '표창원 범죄과학연구소' 소장이 되어 그 해 8월에 제1회 'CSI/Profiling 체험전'을 개최하였습니다. 이 체험전은 우리나라 최초의 범죄 수사 체험 프로그램입니다. 이후 2016년 국회의원으로 당선되어 정치 활동을 하기도 했습니다.

4 또 하나의 경찰, 경찰견(탐지견)

경찰견(탐지견)은 경찰의 업무를 돕게 할 목적으로 키워서 훈련한 개를 말합니다. 냄새를 맡아 숨겨 놓은 물건을 찾아내는 역할을 하는데, 주로 마약과 같은 불법적인 물건을 찾아냅니다. 경찰견으로 훈련시키는 개는 주로 셰퍼드나 도베르만 종으로, 이들 개는 충성심이 강하고 침착하며 겁이 없다고 합니다.

경찰견은 제1차 세계대전 때 처음으로 등장했습니다. 그 후로 경찰견은 뛰어난 후각을 이용해 범인을 추적하고 마약이나 폭탄을 찾아내는 일에 주로 동원되고 있습니다. 요즘은 기존의 탐색 업무 외에도 물에 빠진 사람을 구하는 등 다양한 영역으로 활동 범위를 넓히고 있습니다.

5 국립과학수사연구원(국과수)

국립과학수사연구원(이하 국과수)은 1955년에 설립된 이래 범죄 수사 증거물에 대한 과학적 감정을 하고 연구 활동을 하고 있습니다. 이를 통해 사건을 해결하고 범인을 잡을 수 있도록 돕는 일을 합니다. 날이 갈수록 범죄 수법이 교묘해지고 있어서 국과수의 역할은 과학수사에서 핵심적인 역할을 담당하고 있습니다.

국과수 연구원들이 하는 일은 다음과 같습니다.

법의학과 죽은 원인이 불확실한 시신을 부검해 사망 원인을 밝혀냅니다.

범죄심리과 심리학과 범죄 심리를 연구해 범죄 수사에 활용합니다.

문서영상과 필적, 문서, 휴대폰, 컴퓨터, 사진, 비디오와 같은 다양한 매체를 분석하고 감정합니다.

약독물과 사람의 몸에 영향을 주는 모든 화학물질에 대해 연구합니다.

마약분석과 마약을 비롯한 불법 약물에 대해 연구합니다.

화학분석과 범죄 현장에서 발견되는 각종 화학 물질을 연구합니다.

물리분석과 물리적 · 공학적 지식을 기반으로 다양한 사건을 조사합니다.

교통공학과 교통사고 현장을 조사하고 사고 현장에서 수집한 각종 증거물을 분석해 사고 원인을 찾습니다.

유전자감식센터 각종 증거물에서 유전자를 검사하고 관련된 정보를 관리합니다.

6 위급할 때 이용할 수 있는 SOS 국민안심 서비스

최근 들어 경찰청에서는 시민들에게 자기 위치 알림 서비스라고도 불리는 '원터치 SOS 서비스'와 '스마트폰 112앱 서비스'를 제공하고 있습니다. 이를 이용하면 위급한 상황에 처한 가입자의 위치 정보를 자동으로 파악해 경찰이 신속하게 구조할 수 있습니다.

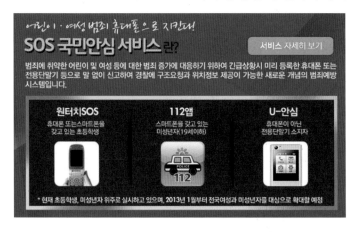

원터치 SOS는 가입자가 112에 전화를 거는 순간 현재 위치가 상황실에 표시돼 위치를 물어보는 번거로운 절차 없이 최대한 빨리 경찰이 출동할 수 있게 해 줍니다. 112는 단축번호 1만 누르면 바로 연결되게 되어 있습니다.

12 이 직업을 가진 사람에게 듣는다

경찰 나상미

우연히 경찰이 되었지만, 현재 경찰청 채용 홍보원정대 소속으로
많은 청춘들에게 경찰의 꿈을 심어준 나상미 경찰!
경찰인 그녀가 어떻게 청춘들의 라이프 코치와 동기부여 강사로 활동하게 되었을까?

Q1. 청소년기 시절을 어떻게 보냈는지 궁금합니다.

저는 비교적 순탄한 청소년 시절을 보냈고, 중·고등학교 시절에는 거의 모범생에 가까웠습니다. 학교에서는 선생님의 지시나 규칙을 잘 지키는 학생이었지만, 공부를 아주 잘하지는 않았습니다. 고집이 좀 있는 편이어서 제가

좋아하고 잘하는 과목 위주로 공부했고, 제가 하고 싶은 공부를 위해서 원하는 대학의 원하는 학과에 진학했습니다.

지금 생각해 보면 겉으로는 규칙과 지시를 잘 따르는 모범생이었지만, 내면에는 일탈을 꿈꾸기도 했고, 또 하고 싶은 일만 하는 고집도 가지고 있었던 것 같습니다. 다른 친구들이

수능 공부를 할 때 저는 좋아하는 독일어 공부에 집중했습니다. 비교적 말이 없는 편이었지만, 할 말은 꼭 하며 지냈습니다. 평범해 보이지만 마냥 평범하지만은 않은 학생이었던 것 같습니다.

Q2 경찰을 직업으로 선택하게 된 배경을 말씀해 주세요.

원래 제 꿈은 대학교수였습니다. 고등학교 때 제2외국어로 독일어를 배우면서, 독일어 관련 대학교수를 꿈꾸게 되었습니다. 그래서 수능 공부 대신 독일어를 공부했고, 여러 대회에 출전해서 입상도 했습니다. 대학도 독일어과에 진학해서 연수도 다녀오고, 유학을 준비했습니다. 그런데 유학 준비 중에 아버지가 갑자기 퇴직을 하셨습니다. 아버지의 건강 악화와 경제적 상황 때문에 유학 대신 취직을 선택해야 했고, 자연스럽게 대학교수의 꿈도 포기하게 되었습니다.

하루는 우연히 학교에 들렀다가 게시판을 지나치게 되었습니다. 평소에는 한번도 눈여겨본 적이 없는 게시판인데, 이상하게 그날은 게시판이 눈에 들어왔습니다. 게시판에는 아주 촌스럽고 오래된 포스터가 한 장 있었습니다. 바로 '순경 채용 공고' 포스터였습니다. 얼마나 촌스러웠는지 지금도 그 포스터를 생각하면 웃음이 나옵니다. 그런데 그 오래되고 촌스러운 포스터에 이상하게 끌렸습니다. 경찰이라는 직업에 대해서는 한번도 생각해 본 적이 없었는데, 집으로 가는 내내 스스로에게 정말 경찰이 되고 싶은지 수없이 물었습니다. 혼자 묻고 답하면서 경찰이라는 직업에 대해 확신이 들어서 도전하게 되었습니다.

Q3 경찰이 되기 위해서는 어떤 시험을 치러야 하며, 얼마나 공부하셨나요?

경찰이 되려면 크게 네 가지 관문을 통과해야 합니다. 경찰 시험은 필기시험, 신체·체력 검사, 적성·인성 검사, 면접시험의 순서로 진행됩니다. 필기시험은 한국사와 영어가 필수 과목이고, 형법, 형사소송법, 경찰학개론과 국어·수학·사회·과학 중에서 세 과목을 선택해서 시험을 봐야 합니다. 그런데 이것은 일반적인 순경 채용에 해당되고, 입직 경로에 따라 시험 과목은 달라집니다.

저는 8개월 정도 공부를 했습니다. 경찰 시험은 일 년에 두 번 정도 있는데, 저는 처음 본 시험에선 떨어졌고, 두 번째 시험에서 합격했습니다. 학원도 제대로 다니지 않고, 대학도 휴학하지 않고 혼자서 시험 준비를 했습니다. 대신 마음을 독하게 먹고, 열심히 공부했기 때문 비교적 빠른 시간 안에 합격한 것 같습니다.

Q4 경찰 시험에 붙은 후에는 따로 훈련을 받은 다음에 배치되나요?

아무리 우수한 인재를 선발했어도 현장에 바로 투입할 수 없는 직업이 바로 경찰입니다. 경찰은 각종 법률을 집행해야 하고, 다양한 상황을 접하기 때문에 현장 경험과 법률의 집행 능력 등을 따로 교육해서 익히게 한 다음 배치합니다.

경찰 채용시험에 최종 합격하면 경찰대학교

합격자는 경찰대학교로, 경찰간부후보생 합격자는 경찰교육원으로, 순경 공채 및 101단 공채, 각종 특채 합격자는 중앙경찰학교로 입교합니다. 각각의 교육기관에서 현장 실무를 위한 교육, 무도, 사격 실습, 교양과목 등을 교육받게 되며, 경찰관으로서 꼭 갖춰야 하는 직업의식 및 국가관도 함양하게 됩니다. 경찰대학교는 4년, 경찰교육원은 1년, 중앙경찰학교는 34주의 교육 기간을 갖는데, 모든 교육은 합숙을 원칙으로 하고, 주말엔 외박이 허용됩니다.

Q5 배치된 이후에 처음 하는 일은 주로 어떤 일인가요?

현장을 알지 못하면 경찰의 업무를 할 수 없기 때문에 처음에는 현장 경찰관으로 배치됩니다. 현장 경찰관은 우리가 쉽게 말하는 지역경찰, 즉 지구대와 파출소에서 근무하는 경찰입니다.

국민들 가장 가까운 곳에서 근무하면서 국민들을 돕고, 대부분의 경찰들에게 가장 힘든 밤의 무법자들, 즉 주취자 대응과 각종 사건사고의 초동조치 업무를 하게 됩니다. 각종 민원 서비스는 물론이고 여러 가지 유형의 새로운 사건사고를 겪게 되지요. 이렇게 차근차근 업무를 배우면서 진정한 경찰로 성장하게 됩니다.

Q6 여성 경찰의 비율은 어느 정도인가요? 그리고 여성 경찰은 주로 어떤 일을 하는지 궁금합니다.

현재 전체 경찰에서 여성 경찰은 6~7% 정도 되는데 앞으로 10%까지 증원할 예정입니다. 여성 경찰이 하는 일은 남성 경찰과 같습니다. 이 업무는 여자가 하고, 저 업무는 남자가 해야 한다는 규정 같은 것은 없습니다. 하지만 여성이 남성보다 체력적으로 약하므로 현장에서 근무할 때 남성보다 힘들어 하는 것은 사실입니다. 물론 평소 운동으로 체력을 키우고, 활동적인 성향을 지닌 여경들은 외근 업무에도 큰 무리가 없겠지요.

그런가 하면 여성이 지닌 장점을 이용하여 여성 경찰이 일할 수 있는 분야도 많습니다. 요즘 여성 및 아동, 청소년 범죄의 분야에서는 부드러운 성향을 지닌 여성 경찰의 업무 능력이 더 뛰어나다는 평가를 받고 있습니다. 그래서 민원 업무, 여성 · 아동 · 청소년 관련 업무, 조사 업무에서 일하는 여경의 숫자가 많습니다. 하지만 처음부터 이런 분야에서 근무를 하는 것은 아니고, 처음 임용 후 얼마 동안은 현장 근무를 하다가 자신의 능력과 적성에 따라 지원하게 됩니다.

Q7 경찰은 승진이 어떻게 이뤄지고, 남녀 간에 차이가 있는지 궁금합니다.

경찰의 승진제도는 시험승진, 심사승진, 특별승진 이렇게 세 가지로 구분됩니다. 시험승진은 일정 소요 연수가 지나면 시험을 통해 승진하고, 심사승진은 인사고과를 바탕으로 하는 승진입니다. 특별승진은 주위의 이목을 끌었던 사건을 해결하거나 행정발전에 큰 기여를 한 유공자에게 주어지는 승진입니다. 물론 남녀 구분 없이 승진하지만, 심사승진은 여경의 비율이 적은 만큼 여경이 승진할 수 있는 인원은 적습니다. 물론 자신의 업무를 잘하고 기본적인 근태 관리를 잘하면 똑같은 여건에서 경쟁할 수 있습니다.

Q8 지금 소속된 곳과 주요 업무를 말씀해 주세요.

현재 저는 강원지방경찰청 철원경찰서 김화파출소에 근무하고 있습니다. 각종 민원, 기획, 예산, 행정 업무를 맡고 있고, 경찰청 채용홍보원정대 소속으로 각종 공직박람회, 채용박람회, 직업설명회에 참석하여 우수인재 채용을 위한 설명 강사로 활동하고 있습니다.

2013년에 경찰청에서는 우수인재 채용을 위한 시책으로 경찰채용 홍보원정대를 운영하기 시작했습니다. 저는 현재 1년 가까이 홍보원정대 소속으로 일하고 있습니다. 물론 발령을 통한 활동은 아니었고, 제 업무를 하면서 부가적으로 해야 하는 일입니다. 홍보원정대 소속으로 행정자치부에서 실시하는 공직박람회와 각 학교에서 실시하는 직업설명회, 그리고 여러 교육기관에서 요청하는 여러 분야의 강사로도 활동하고 있습니다.

Q9 경찰이라는 본업 외에 라이프코치와 동기부여 강사로도 활동 중이고 책도 쓰셨는데, 많은 일을 하게 된 계기와 다양한 역할을 수행하는 데 어려움은 없는지도 궁금합니다.

저는 사람들로부터 이야기 듣는 것을 좋아하고, 고민이나 문제가 있는 사람들에게 솔직하게 조언해 주는 편입니다. 다른 사람들이 이해하기 쉽게 말하는 편이고, 제 안에는 항상

긍정적 에너지가 넘치기 때문에 사람들로부터 함께 있으면 유쾌하다는 말을 많이 듣습니다.

이러한 저의 장점들을 모아서 주변에 좋은 영향력을 끼치고 싶었습니다. 막연하게 강의나 책을 통해서 사람들에게 도움을 주고 싶다고 생각했는데, 어느새 생각이 현실이 되었습니다.

제가 쓴 책들이 차례차례 빛을 보게 되었고, 학교 및 교육기관과 여러 사회단체에서 제게 강의와 멘토링 활동을 요청해 왔습니다. 그래서 지금은 수험생들이나 꿈을 찾길 원하는 청춘들의 라이프코치가 되어 주거나, 삶의 긍정에너지를 찾도록 도와주는 동기부여 강사가 되어 활동하고 있습니다.

경찰과 워킹맘 외에 멘토, 강사, 작가로 활동하는 저를 보면서 경찰 업무에 너무 소홀한 것 아니냐며 오해하는 사람이 많습니다. 하지만 저의 본업인 경찰 업무에 소홀하지 않도록 최선을 다하고 있습니다. 퇴근 후에 잠자는 시간을 줄여서 책을 쓰거나 강의안을 만들어 멘토링을 합니다. 잠자는 시간을 조금 줄인 것 외엔 크게 불편하거나 힘든 일은 없는데, 사람들의 오해가 안타깝습니다. 그리고 실제로 저는 굉장히 털털한 성격인데, 단지 책을 쓰거나 강의를 다닌다고 해서 거만할 거라고 여기는 주변의 편견도 조금 힘듭니다.

Q10 경찰에게는 어떤 적성이나 성격이 요구될까요?

경찰에게 어울리는 적성이나 성격은 따로 없습니다. 그러나 많은 사람들을 만나야 하므

로 원만한 성격, 아무래도 활동성이 많은 직업이기 때문에 활달함, 그리고 조사 업무를 위해 꼼꼼한 성격 등 모든 성격이 요구될 수 있습니다. 경찰의 업무 분야는 수없이 많기 때문에 본인의 적성과 성격에 최대한 맞는 부서를 찾아서 일하면 됩니다.

Q11 경찰로서 스스로를 업그레이드하기 위해 평소 신경 쓰거나 노력하는 점이 있나요?

한때는 저도 안정된 공무원으로서 정년까지 편하게 지내 보자는 생각을 갖고 있었습니다. 그런데 이렇게 10년 넘게 생활하다 보니 제 자신이 조금도 발전하지 못했다는 것을 알게 되었습니다. 20년 이상 남은 경찰 생활을 지난 10년처럼 보내야 한다고 생각하니 답답했습니다. 그래서 앞으로 경찰관으로서 어떻게 살아갈지에 대해 스스로에게 많은 질문을 던졌습니다.

물론 저는 제 업무에 관해서는 늘 프로였습니다. 하지만 일을 잘하는 것만으로는 제 욕심이 채워지지 않았고, 배움에 대한 갈증도 해소되지 않았습니다. 늘 새로운 것에 목말라 있었기 때문에 제게는 새로운 일에 대한 도전이 필요했습니다.

그래서 제가 할 수 있는 한도 내에서 경찰로서 얻을 수 있는 기회를 붙잡기 위해 노력했습니다. 모든 이에게 주어진 특진의 기회를 잡고, 경찰채용 홍보원정대원의 기회도 잡았습니다. 또한 경찰관 생활을 하면서 느꼈던 일을 엮어서 책도 냈습니다. 안정된 직장에서의 편한 삶 대신에 바쁘지만 신나고, 동시에 긴장된 삶을 택한 것이지요.

지금 저는 책 쓰는 경찰관으로서 작가가 되었고, 동시에 경찰을 꿈꾸는 이들에게 멘토링을 해주는 멘토도 되었습니다. 각종 설명회에서 많은 청춘들에게 솔직하게 경찰을 알렸고, 그들이 경찰의 꿈을 갖거나 꿈을 더 다지는 데 도움을 줬습니다. 여러 교육기관에서 강의를 하면서 저는 한층 더 프로가 되었고, 스스로가 업그레이드되었다고 생각합니다.

Q12 사람들이 경찰에 대해 흔히 하는 오해는 뭘까요?

경찰은 법을 집행하는 사람들이기 때문에 딱딱하고 인정이 없다거나, 약자에게 강하고 강자에게 약하다고 생각하시는 분들이 많은데, 그건 편견이라고 생각합니다. 대부분의 경찰은 따뜻한 마음을 가지고 있고, 시민들에게 최대한 도움을 주기 위해 노력하고 있습니다.

그리고 경찰 조직은 답답하고 융통성도 없고, 발전이 없는 곳이라고 생각하는 분들도 있는데, 이것 또한 오해입니다. 경찰에는 발전할 수 있는 기회가 무궁무진하고, 그 기회는 모든 경찰들에게 주어집니다.

Q13 본인이 느끼는 경찰의 매력은 어떤 것인가요?

무엇보다 여러 분야의 업무를 할 수 있다는 것이 매력입니다. 경찰은 수많은 분야에서 일할 수 있고, 그 중에서 자신의 적성에 맞는 분야를 선택할 수 있습니다. 또한 국민과 가장 가까운 곳에서 국민을 위해 일할 수 있고, 법을 집행하는 사람으로서 죄를 지은 사람을 처벌하고 이와 동시에 피해자를 보호할 수 있다는 점이 가장 큰 매력입니다.

Q14 경찰로서 가장 큰 보람을 느낄 때는 언제인가요?

처음 경찰이 되었을 때 형편이 어려운 사람들과 어르신들에게 많은 도움을 드렸습니다. 당연히 해야 할 일이었지만, 사회적 약자들에게 미약하게나마 도움을 드릴 수 있다는 것이 참으로 보람되었습니다. 최근에는 제가 경찰이 되려는 학생들에게 꿈이 되고 있다는 것에 가장 큰 보람을 느낍니다. 제가 경찰로서 열심히 일하는 모습이 누군가의 꿈이 된다는 사실에 큰 보람을 느낍니다.

Q15 경찰을 하면서 가장 힘든 때는 언제였나요?

경찰은 특별한 직업의식이 없다면 항상 힘든 직업입니다. 경찰은 법을 집행해야 하는데, 공권력이 무시당하는 일이 비일비재하고 그에 따른 후유증도 큽니다. 저를 포함해 많은 경찰이 술에 취한 사람들에게 모욕을 당하거나 폭행을 당했을 때 가장 힘들어합니다. 술에 취하지 않았지만 고의적으로 경찰을 무시하고 체면을 실추시키는 사람도 있습니다. 또 자신의 권력이나 지위를 믿고 경찰을 무시하는 사람도 있는데, 이렇게 존엄성을 무시당할 때가 가장 힘듭니다.

Q16 여성 경찰의 전망은 어떻다고 생각하세요?

여성 경찰은 향후 10%까지 증원할 계획으로 알고 있습니다. 경찰은 남성성이 강한 직업이기 때문에 여성이 경찰로 일한다는 것은 쉬운 일이 아닙니다. 체력적인 한계와 소수이기 때문에 소외당하거나 차별받을 수도 있습니다. 하지만 경찰 내부에서 점차 남녀 평등의식이 확산되는 추세이고, 맡은 업무에서 프로가 된다면 남녀 구분 없이 자신의 능력을 충분히 발휘할 수 있습니다.

경찰 내부에서도 여성 경찰관의 역할이 더 확대될 가능성이 높습니다. 현재 대두되고 있는 여성, 아동, 청소년 범죄뿐만 아니라, 세밀하고 섬세함을 필요로 하는 조사 업무에도 여성은 탁월한 능력을 발휘할 수 있습니다. 또한 여성 경찰은 강한 경찰의 이미지 뒤에 숨은 부드러운 이미지를 표현할 수 있습니다. 따라서 그와 관련한 부서도 생겨나고, 여경을 필요로 하는 업무가 더 많아질 것으로 전망됩니다.

Q17 경찰로서 앞으로의 계획과 비전을 말씀해 주세요.

저는 앞으로도 지금처럼 경찰의 업무를 충실히 이행하고, 프로가 되기 위해 항상 노력하고 공부할 것입니다. 그리고 책 쓰는 경찰로서의 지금 제 모습도 계속 유지해 나가려고 합니다. 경찰이 꿈인 청춘들과 아직 꿈을 찾지 못하고 있는 청춘들에게 경찰을 알리고 꿈을 찾는 것을 도와주고 싶습니다. 책을 통해 많은 사람들에게 경찰의 긍정적인 이미지를 알리고 싶습니다.

경찰의 업무를 충실히 하고, 책과 강의를 통한 선한 메신저가 되는 것이 최종적인 목표입니다. 그러나 이것은 저만을 위한 비전이 아닙니다. 제가 더 잘 되기 위해서가 아니라, 결과적으로 더 많은 사람들에게 도움을 주기 위해서 계속 성장하고 싶습니다.

Q18 경찰을 꿈꾸는 청소년들에게 조언 부탁드립니다.

앞에서 말했듯이 제 청소년 시절의 꿈은 경찰이 아니었습니다. 경찰이 되기는커녕 그 어떤 곳에도 취직할 생각이 없었습니다. 그러나 아버지의 퇴직으로 독일어 교수가 되기 위한 유학을 포기하게 되었습니다. 태어나서 처음 가졌던 간절한 꿈을 포기하고, 돈을 벌기 위해 여러 아르바이트를 하면서 힘들게 생활했지요. 그러다 우연히 보게 된 경찰채용 홍보 포스터에 마음이 끌려서 경찰을 꿈꾸게 되었습니다. 하지만 그때까지만 해도 경찰이 제 진정한 꿈은 아니었습니다.

하지만 경찰이 되기 위해 열심히 공부하면서 제 마음속에 경찰이 자리 잡게 되었습니다. 순찰차가 지나가는 것만 봐도 가슴이 설렜습니다. 저는 단순히 노력해서가 아니라, 죽을 만큼 열심히 노력해서 꿈을 이뤘습니다. 지금 작은 시골에서 경찰로 근무하고 있지만, 누군가의 꿈으로서 일하고 있습니다.

처음부터 가슴이 뛰지 않는다고 꿈이 아닌 것은 아닙니다. 꿈을 위해 가슴을 뛰게 하는 것은 본인의 몫입니다. 간혹 경찰이 되고 싶은데 힘들고 체력이 약하다면서 포기하는 학생들을 봤습니다. 시작도 안 해 보고 포기하는 것은 옳지 않다고 생각합니다. 일단 시작해서 가슴에 열정의 씨앗이 꿈틀거리는 것이 느껴진다면 물도 주고 거름도 줘야 합니다. 아무리 비옥한 땅이라도 물과 거름이 있어야 묘목이 잘 자랄 수 있습니다. 물과 거름은 바로 여러분의 열정입니다. 경찰에 대한 꿈이 있다면, 포기하지 말고 열정을 가지고 계속 노력하길 바랍니다.

사회복지사
사회형

S

Educator

Police

SOCIAL WORKER

Nurse

Stewardess

SOCIAL WORKER

사회복지사(사회형)

우리 사회에서 어려운 처지에 놓인 사람을 사회적 약자라고 합니다. 사회적 약자에는 장애인, 노인, 소년·소녀 가장, 미혼모, 조손 가정, 한부모 가정, 노숙인, 외국인 노동자 등이 있습니다. 이들 사회적 약자들은 경제적 어려움에 놓여 있는 경우가 많고, 사회적 편견으로 차별받는 경우도 있습니다. 그래서 보통 사람들에 비해 하루하루 살아가기가 힘에 겹습니다. 사회복지사들은 이렇게 어려움에 처한 사람들을 돕습니다.

01 사회복지사 이야기

1 사회복지사란?

사회복지사는 혼자 사는 노인이나 생활이 어려운 가정에 반찬을 전달해 주는 일, 생활보호 대상자들에게 생필품을 보조하거나 국가 보조금을 받게 하는 일, 병원 치료가 필요한 사람들에게 실제적인 도움을 주고 의료비를 지원하는 일, 신체적 장애를 가진 사람에게 전동휠체어를 후원하는 일 등을 합니다. 이처럼 사회복지사는 경제적 · 육체적 · 정신적으로 힘든 사람들에게 도움을 주고 상담을 해 줍니다.

또한 사회복지사는 도움을 받는 사람들이 스스로의 힘으로 살아갈 수 있는 힘을 기르도록 이끄는 일도 합니다. 일방적으로 남의 도움만 받다 보면 무기력해지고 자존감이 저하되어 삶의 의욕을 잃게 됩니다. 그렇지만 힘이 들어도 스스로의 노력으로 자신의 문제를 해결할 수 있다면 자신감이 생기고 삶에 활력이 생기게 됩니다. 따라서 사회복지사 업무의 최종 목적은 도움을 받던 사람들이 스스로 생활해 나갈 수 있도록 자립하는 데 있습니다.

2 사회복지사가 하는 일

1) 사회복지 프로그램의 개발 및 운영

사회복지사는 사회복지 프로그램을 기획하고 개발하여 운영합니다. 또한 프로그램을 운영하면서 그 효과를 평가하고, 문제점이 발견되면 그것을 해결하기 위해 관련 자료를 수집, 분석하여 대안을 제시합니다. 이런 과정을 거치면서 프로그램을 좋은 방향으로 개선해 나갑니다.

2) 사회복지 대상자에 대한 상담과 지원

사회복지사는 여러 가지 자료를 수집하고 분석하여 장애인이나 소년 · 소녀 가장, 빈곤 노인 등 어려움에 처해 있는 복지 대상자를 가려냅니다. 그리고 이들 대상자를 만나 상담을 하면서 그 사람들이 구체적으로 어떤 어려움에 처해 있는지 파악합니다. 그런 다음 이들에게 어떠한 복지 혜택을 주어야 좋을지 판단하여 적합한 복지 서비스를 연계해 줍니다.

3) 도움이 필요한 사람과 도움을 줄 수 있는 사람을 연결

어려운 사람을 돕는 일은 많은 사람이 참여할수록 힘이 됩니다. 사회복지사의 중요한 업무 중 하나는 복지 대상자와 이들을 도와줄 자원봉사자나 후원자를 연결시켜 주는 일입니다. 그러기 위해 도움이 필요한 사람들과의 상담을 통해 어떤 도움이 필요한지 파악한 후 자원봉사자나 후원자와 연결해 지속적인 도움을 받을 수 있게 합니다.

예를 들어 지역사회복지관에 근무하는 사회복지사의 경우 자신이 맡은 지역에 혼자서 식사 준비를 할 수 없는 장애인이 있다면 그 지역에 거주하는 자원봉사자 중에서 요리를 잘하는 사람을 연결하여 문제를 해결해 줍니다. 또한 학교에서 활동하는 사회복지사는 학생과 교사 또는 학교를 연결하는 다리가 되어 줍니다. 병원에서 활동하는 사회복지사는 환자와 의료진, 환자와 다른 환자, 환자와 후원자 사이의 다리가 되어 주고, 치료비가 부족한 환자를 위해 모금도 합니다. 또 사이버 공간에서 네티즌들에게 사회복지 단체를 소개하여 모금을 할 수 있게 도와주기도 합니다.

이렇듯 지역, 학교, 병원, 사이버 공간 등 가리지 않고 도움이 필요한 사람과 도움을 줄 수 있는 사람을 연결해 주면 사회 전체적으로 함께하는 문화, 행복한 문화를 형성해 나갈 수 있는 등 여러 가지 좋은 점이 많습니다.

4) 자원봉사자나 후원자의 모집과 관리

사회복지사는 기관별로 사회복지 자원봉사자를 모집하여 교육을 시킵니다. 자원봉사는 마음만으로 되는 건 아니고, 휠체어 사용 방법이나 장애인이나 독거노인을 대할 때 어떤 태도를 취해야 하는지 등 기술적인 면도 알고 있어야 효과적으로 봉사할 수 있기 때문입니다. 교육이 끝나면 자원봉사자들을 적절하게 배치하고 지도, 감독을 합니다. 그리고 봉사 활동이 끝나면 평가를 합니다.

그 밖에 후원 단체의 후원금과 후원 물품을 맡아 관리하고, 이를 나눠 주는 일도 합니다.

5) 한 분야를 전문적으로 맡아서 담당

사회복지사는 대부분 장애인이나 노인 등이 머무는 생활시설이나 복지기관에서 일을 하며, 특별히 한 분야만 전문적으로 담당합니다. 보호가 필요한 아동을 전문적으로 상담하고 보호하는 일 또는 입양되는 아동을 위탁할 수 있는 가정을 찾아 연결하는 일, 미혼모를 돌보는 일, 청소년의 고민과 문제를 상담하여 해결해 주는 일, 노인복지에 관한 일 등 특정 분야를 담당해 전문적으로 공부하며 경력을 쌓습니다.

3 사회복지사가 일하는 곳

사회복지사는 주로 사회복지관, 지역아동센터, 청소년지원센터, 노인복지관, 장애인복지관 등의 사회복지 이용 시설과 장애인재활시설, 아동양육시설, 모·부자복지시설, 노인요양시설 등의 사회복지 생활시설에서 일합니다. 그 밖에 보건복지부를 비롯한 각 지방자치단체 등 공적 사회복지 영역, 종합병원이나 정신병원 등 보건의료 영역에서 일하고 있습니다. 최근에는 사회복지에 대한 관심과 요구가 커지면서 법무부 산하의 교정시설이나 학교, 기업체 등에서 일하는 사회복지사도 점차 늘고 있습니다.

4 사회복지사가 되려면

사회복지사로 일하려면 사회복지사 자격증이 필요한데, 자격증에는 1급, 2급, 3급이 있습니다.

4년제 대학교에서 사회복지학을 전공했거나 사회복지사 2급 자격증을 가진 사람은 사회복지사 1급 시험을 볼 자격이 생깁니다. 그리고 전문대학에서 사회복지학을 공부했거나 사회복지사 3급 자격증을 가진 사람 중 3년 이상 실무 경험이 있는 사람은 사회복지사 2급 시험을 볼 수 있습니다. 또 고등학교를 졸업하고 3년간 실무 경험과 보건복지부 장관이 정한 교육기관에서 24주간 교육을 받는 등의 자격을 갖추면 사회복지사 3급 시험을 볼 수 있습니다.

1급 자격증이 있으면 2급이나 3급 소지자에 비해 취업을 쉽게 할 수 있고, 더 좋은 조건에서 일할 수 있습니다.

5 사회복지사의 종류

민간기관에서 일하는 사회복지사 아동이나 장애인, 노인 등이 생활하는 시설에서 일을 하거나, 지역사회복지관에서 일하면서 지역 내 저소득 계층의 심리적·경제적인 문제를 해결하기 위해 노력합니다.

사회복지 공무원 복지 업무를 전문적으로 담당하는 공무원으로 보건복지부와 각 지방자치단체에 속해서 활동합니다. 복지 정책을 마련하고, 생활보호 대상자를 조사하여 보호 방법을 결정합니다.

의료기관에서 일하는 사회복지사 종합병원, 지역사회 정신보건센터, 요양시설 등에 근무하면서 환자의 치료와 재활, 사회 복귀를 위한 상담 및 지도 업무를 합니다. 환자가 병원에 머무는 기간뿐만 아니라 퇴원 후 정상적인 사회생활을 할 수 있도록 도와줍니다. '의료 사회복지사'라고 합니다.

Tip

사회복지사가 되려면 다른 사람을 도와주려는 봉사정신과 힘들어도 끝까지 업무를 완수하려는 책임감이 있어야 합니다. 또한 다른 사람의 어려움을 상담하거나 도와줘야 하므로 배려와 이해심이 필수이며, 원만한 대인관계를 유지할 수 있는 의사소통능력이 요구됩니다. 무엇보다도 사회복지사 자신이 정서적으로나 심리적으로 안정되고 성숙한 인격을 지니고 있어야 합니다.

정신질환자를 관리하는 사회복지사 종합병원의 정신과나 정신보건센터, 복귀시설에서 정신질환자들이 질병을 치료하고, 치료 후 사회에 나가 다른 이들과 어울려 살아갈 수 있도록 생활 훈련과 직업 훈련을 합니다. 또한 환자의 가족에게도 교육과 지도, 상담을 해 줍니다. '정신보건 사회복지사'라고 합니다.

학교에서 활동하는 사회복지사 학교생활에 적응하지 못하는 학생들이 학교생활을 잘 해나갈 수 있도록 상담을 하고 그들에게 자신감을 심어줍니다. 또한 친구들, 교사, 부모가 학생의 어려움을 이해하고 우호적으로 배려할 수 있도록 분위기를 조성하고 조언을 합니다. '학교 사회복지사'라고 합니다.

기업에 소속되어 있는 사회복지사 특정 기업의 직원으로 소속되어 일합니다. 그 기업에서 일하는 직원들의 사회 공헌 활동을 주선하고, 기업의 사회 공헌 활동을 설계하고 제안하는 일을 합니다.

근로자의 복지를 위해 일하는 사회복지사 작업장이나 기업체에서 근로자들의 복지 문제를 개선하기 위해 노력합니다. '산업 사회복지사'라고 합니다.

범죄인을 위한 사회복지사 법무부 산하의 교정 시설에서 범죄인 또는 비행 청소년을 대상으로 상담과 교화를 하며, 사회 적응 훈련과 그에 관한 프로그램을 만듭니다. '교정 사회복지사'라고 합니다.

군인들을 위한 사회복지사 군대 내에서 군인들의 상담과 제대 후 사회 복귀를 돕기 위한 복지 업무를 담당합니다.

6 직업 전망

삶의 질이 향상되면서 복지 수준에 대한 국민의 기대치가 계속 높아지고 있어 국가적으로 복지 정책이 확대되고 있습니다. 더구나 우리나라는 세계적으로 유례가 없을 정도로 빠르게 고령화 사회로 접어들고 있는 탓에 노인 복지 분야의 사회복지사의 수요가 가파르게 증가할 것으로 보입니다. 또한 최근 기업의 사회 공헌 활동 및 자원봉사 활동의 관리나 각 지역별 자원봉사센터의 자원봉사자 교육 및 관리도 사회복지사들이 담당하고 있습니다.

이렇듯 사회복지 관련 분야가 다양화되고 세분화되고 있는 만큼 앞으로 사회복지사의 채용도 더 늘어나고 발전 잠재력도 크다고 할 수 있습니다. 하지만 아직까지는 다른 직종에 비해 급여나 복리 후생 수준이 업무량에 비해 낮은 편입니다. 그래도 점차 향상되어 가는 추세이고, 요양센터처럼 의료와 사회복지가 함께 이루어지는 공간이 늘어남에 따라 미래에는 공무원급의 처우를 받을 것으로 기대됩니다.

02 사회복지사의 종류

사회복지사가 하는 일은 무척 다양하고, 일하는 곳도 각양각색입니다. 일하는 환경에 따라 하는 일이 조금씩 다릅니다. 하지만 어려운 처지에 놓인 사람을 돕는다는 것과 그들에게 제공하는 기본적인 서비스는 모두 같습니다. 지금부터 근무 환경에 따라 사회복지사가 어떤 일을 하는지 자세히 살펴보겠습니다.

1 민간기관 사회복지사

아동이나 장애인, 노인을 대상으로 하는 생활시설에서 돌봄 서비스, 상담, 후원 업무 등을 합니다. 또는 지역 내 사회복지관을 중심으로 활동하면서 저소득 계층의 경제적인 문제를 해결해 주고자 노력하고, 더 나아가 마음의 상처도 치료해 줍니다.

아동 담당 사회복지사의 경우 부모의 보살핌을 받지 못하는 아이들에게 부모를 대신해 학습과 놀이를 지도합니다. 아이가 아플 때는 병원으로 데려가고, 마음의 상처를 받은 아이들은 상담을 통해 상처를 극복하도록 도와줍니다.

장애인 사회복지사의 경우 장애인을 돌보는 일뿐만 아니라 장애인의 가족에게까지 도움을 줍니다. 신체적인 장애를 가진 사람은 물론 정신적인 장애를 가진 사람들을 위해 상담과 교육을 하고, 물리 치료, 언어 치료, 재활 치료를 받을 수 있도록 도와줍니다. 필요하면 장애인의 가정을 방문해 직접 돌보거나 자원봉사자들이 방문하여 돌볼 수 있게 합니다. 또 직업 교육을 통해 이들이 치료 후 일할 수 있는 직장을 알선하기도 합니다.

노인 사회복지사의 경우 복지관을 찾아온 노인들에게 시설을 안내해 주고 상담을 합니다. 그리고 취업을 원하는 노인들에게 일자리를 알선해 주기도 합니다.

그 밖에 미혼모, 노숙자, 외국인 노동자, 가정폭력 여성 등을 상담하고 돌봐주는 사회복지사들도 해당 기관에서 일하고 있습니다.

2 사회복지 공무원

복지 업무를 전문적으로 담당하는 공무원으로 보건복지부나 각 지방자치단체의 사회복지과에서 일합니다. 주로 하는 일은 복지정책을 마련하고 생활보호 대상자 등 복지 수급권자를 파악하여 그들의 기초생활을 보장하기 위해 노력합니다. 더 나아가 주민센터 등을 통해 지역 주민들의 복지 서비스를 위해서도 노력합니다.

3 의료 사회복지사

종합병원, 지역사회 정신보건센터, 요양시설 등에서 근무하는 사회복지사를 말합니다. 의사가 환자의 몸을 치료해 준다면 의료 사회복지사는 환자가 정신건강을 유지할 수 있도록 도움을 주고, 퇴원 후에는 원만한 사회생활을 할 수 있도록 여러 가지 도움을 줍니다.

의료 사회복지사가 하는 일을 구체적으로 살펴보면, 병원이나 진료소에서 임상 치료팀의 일원으로 활동하면서 환자의 주변 환경 및 심리적 · 사회적 · 경제적 문제 등을 해결하기 위해 노력하면서 환자의 회복을 도와줍니다. 환자 스스로 의지를 가지고 질병을 이겨낼 수 있게 거드는 심리적 지원을 하기도 하고, 치료가 끝나 퇴원 후에도 일상으로 돌아가 잘 지낼 수 있게 환자와 그 가족의 적응을 돕습니다. 아울러 사회 · 경제적 부담으로 질병 치료에 어려움을 겪는 이들을 후원금이나 관련 재단 주선, 관련 기관 연계 등 여러 방법으로 지원합니다. 경우에 따라서는 환자를 돕는 자원봉사자를 모집하기도 하고, 환자들을 대상으로 하는 집단 치료 · 교육 활동을 계획하기도 하며, 환자나 그 가족의 자조 모임을 만들기도 합니다.

4 정신보건 사회복지사

종합병원의 정신건강의학과, 정신보건센터, 사회복귀 시설 등에서 정신질환자를 돕는 일을 합니다. 환자가 정신질환을 치료하고, 사회에

> **Tip**
>
> 사회복지 공무원은 대상 및 활동 영역에 따라 사회복지 전문요원, 아동복지 지도원, 노인복지 지도원, 장애인복지 상담원, 모자복지 상담원, 보육 지도원, 여성복지 상담원 등으로 분류하고 있습니다.

> **Tip**
>
> 의료 사회복지사가 되려면 사회복지사 1급 자격증 소지자가 대한의료사회복지사협회에서 지정한 수련 병원에서 1년간 수련 과정을 거치거나 1년 이상 실무 경력을 쌓고 자격시험에 통과해야 합니다. 이렇게 어려운 과정을 통해 자격증을 얻기 때문에 전문성을 인정받고 있습니다.

111

정신보건 사회복지사가 되려면 사회복지사 1급 자격증 소지자가 지정된 수련 기관에서 1년 이상 수련을 마쳐야 합니다. 수련 과정은 이론 교육 150시간, 실습 830시간, 학술 활동 20시간 등 총 1,000시간의 교육을 받아야 합니다. 이처럼 정신보건 사회복지사는 정신보건 분야의 전문적인 지식과 기술을 쌓아야만 될 수 있으므로 전문성을 인정받고 있습니다.

학교 사회복지사가 되려면 사회복지사 1급 자격증이 있어야 하며, 사회복지 교육과정 중 학교사회복지론을 공부하고 아동복지론이나 청소년복지론 또는 교육학 관련 교과목 중 한 과목 이상을 이수해야 합니다. 그리고 한국학교사회복지사협회에서 인정하는 실습을 최소 6개월(240시간) 동안 받고 필기시험과 면접시험을 통과해야 합니다. 이렇듯 어려운 과정을 통해 자격을 얻게 되므로 학교 사회복지사는 그 전문성을 인정받고 있습니다.

복귀할 수 있도록 도와줍니다.

정신보건 사회복지사가 하는 일을 구체적으로 살펴보면, 먼저 환자와 그 가족을 상담한 후에 환자가 어떠한 심리적 · 사회적 어려움을 겪는지 파악하여 치료 방법을 결정합니다. 그리하여 개별 치료나 집단 활동 치료 등을 통해 환자가 병을 이겨낼 수 있도록 도와줍니다. 환자의 병세가 호전되면 퇴원 계획을 세우고, 퇴원한 후에도 환자가 정상적인 사회의 구성원으로서 생활할 수 있도록 지역사회와 연결시켜 줍니다. 또한 퇴원 후에 어떻게 생활할지 환자와 그 가족에게 조언을 해 줍니다.

정신보건 사회복지사는 환자의 치료뿐만 아니라 정신질환자에 대한 일반 사람들의 편견을 해소하기 위한 프로그램을 계획하고, 정신질환 예방 활동 및 정신보건에 관한 조사 연구를 수행하기도 합니다.

최근에는 정신질환자뿐만 아니라 난치병 환자와 그 가족들을 상담하여 정서적 안정을 유지할 수 있도록 돕는 등 활동 영역이 넓어지고 있습니다. 또한 죽음을 앞둔 환자나 그 가족을 대상으로 죽음 이후 장기 기증이나 신약 개발을 위한 임상실험에 참여할 수 있도록 설득하기도 합니다.

그 밖에도 정신보건 사회복지사는 종합사회복지관이나 노숙인 관련 기관 등에서 우울증이나 알코올 의존증 등의 어려움을 겪는 사람들을 돌보는 일도 하고, 더 나아가 질병 예방, 건강 증진 등 보건의료 분야의 정책과 시설에 관하여 자문하고 참여하기도 하는 등 다양한 영역에서 활동하고 있습니다.

5 학교 사회복지사

학교생활에 적응하지 못하고 방황하는 학생들을 도와서 학교생활을 잘 해나갈 수 있게 도와주는 일을 합니다.

학교 사회복지사가 하는 일을 구체적으로 살펴보면, 먼저 문제 학생과의 개별 상담을 통해 수업 능력, 성적 문제, 친구 관계, 선생님과의 관계 등에서 불편함을 느끼거나 괴로워하는 것이 무엇인지 파악합니다. 이때 학생의 문제를 학생 개인의 문제로만 인식하지 않고, 학교(교사, 동료 학생)라는 환경과의 상호작용의 결과로 해석합니다. 이러한 관점은 학생의 어려움을 이해하고 우호적으로 배려할 수 있게 합니다.

문제 해결 방법으로는 학생들끼리 서로 친밀한 관계를 맺도록 동아리 활동이나 캠프와 같은 또래집단 활동을 계획하기도 하고, 교사가 학생을 잘 이해할 수 있게 교사 연수를 계획하여 진행하기도 합니다. 때로는 교사와 함께 학생의 집을 방문하기도 합니다. 그 외에 부모 상담과 지역사회의 다양한 기관 및 여러 전문가들과 연계하여 학생을 지원합니다.

현재 일부 지방자치단체에서는 학교 사회복지사의 필요성을 인식하고 각 학교에 학교 사회복지사를 배치하고 있습니다. 또한 이런 분위기는 점차 다른 지역으로 확대될 것으로 보입니다.

6 기업 사회복지사

한 기업의 직원으로 소속되어 사회복지 활동을 하는 사람입니다. 최근 들어 기업의 사회 공헌 활동이 활발해지면서 이를 수행할 전문 인력으로 사회복지사를 채용하는 경우가 늘고 있습니다. 기업 내의 사회복지사들은 작게는 그 기업에서 일하는 직원의 사회 공헌 활동을 주선하고, 크게는 그 기업의 사회 공헌 활동을 설계하고 제안하는 일을 합니다.

직원의 사회 공헌 활동을 주선하는 경우에는 여러 활동을 계획하여 참가 직원을 모집하거나, 부서별 혹은 모임이 구성되어 있는 직원들에게 다양한 활동을 안내합니다. 직원들의 자발적인 자원봉사와 기부에 적극 동참하도록 공감대를 마련하는 일을 합니다.

또 기업의 사회 공헌 활동을 설계하고 제안하는 일로는 특정 기금을 만들어 단체나 개인 등을 지원하는 방식이 대표적입니다. 임직원들의 기부금을 모아 기업 특성을 반영한 사회 공헌 프로그램으로 연계하여 직접 기획·운영하는 경우도 있습니다.

그렇지만 기업에서 일하다 보면 기업의 실적이나 경영 전략에 따라 업무가 좌우되기 때문에 사회복지사가 독자적으로 사업을 진행해 가기에는 한계가 있습니다. 반면 기업의 활동은 전 사회적으로 영향력이 크

> **Tip**
>
> 최근 들어 기업들은 자신들만의 독특한 사회 사업을 진행하고 있습니다. 예를 들어 에너지 관련 기업은 독거노인이나 소년·소녀 가장이 사는 집에 있는 오래된 보일러나 형광등을 에너지 효율이 높은 보일러나 절전형 형광등으로 교체해 주는 일 등을 합니다. 또는 기업이 사회적 기업을 지원하는 경우도 있는데, 이런 일을 구상하고 진행하는 일 역시 사회복지사가 합니다.

113

기 때문에 기부나 복지 기금 모금 등 많은 국민들이 사회복지 활동에 좀 더 적극적으로 참여하는 데 긍정적인 영향을 주기도 합니다.

7 산업 사회복지사

작업장이나 기업체에서 근로자의 복지 문제를 개선하기 위해 노력합니다. 이들 산업 사회복지사들은 산업과 관련된 복지 관련 전문 지식을 활용해 근로자들이 문제를 해결해 나가도록 도와줍니다.

요즘처럼 기업의 사회적 책임이 강조되고 있는 추세 속에서 기업들은 앞으로 산업 사회복지사의 고용을 늘려 나갈 것으로 보입니다.

8 교정 사회복지사

법무부 산하의 교정 시설, 즉 교도소나 소년원에서 일합니다. 범죄인 또는 비행 청소년을 상담하여 이들이 스스로의 잘못을 진심으로 깨닫도록 하여 다시는 범죄를 저지르지 않도록 합니다. 또한 형기를 마치고 사회에 나가 직업도 가지면서 다른 사람들과 어울려 살 수 있도록 사회 적응 훈련과 직업 훈련 등에 관한 프로그램을 만들어서 시행합니다.

그렇지만 범죄인이나 비행 청소년을 상대하는 일이니만큼 어려움도 많습니다. 소년원에서 소년범들의 잘못을 지적했다가 입에 담지 못할 욕설을 듣기도 하고, 이들의 거친 행동에 당황하기도 합니다. 그렇지만 이들을 진심으로 이해해 주고 다독여 주다 보면 마음을 열고, 교육을 통해 출소한 후에 건강한 사회인으로 살아가는 경우도 많다고 합니다.

교정 사회복지사는 보호직 공무원으로, 국가시험에 합격해야 될 수 있습니다.

03 역사, 책, 영화 속에서 만나는 사회복지사

1 우리 역사 속 사회복지 이야기

　우리 역사에서 최초의 사회복지 제도를 꼽으라면 고구려의 진대법을 들 수 있습니다. 진대법은 고구려의 고국천왕이 을파소 등을 기용하여 실시한 빈민구제법으로, 지난 가을에 수확한 곡식이 다 떨어진 봄에 백성들에게 쌀을 빌려 주었다가 가을에 추수한 후에 갚게 하는 제도입니다. 진대법은 고려의 의창제도, 조선의 환곡제도로 이어집니다.

　또한 구제기관으로 고려 시대에 설치된 (동서)대비원이 있습니다. 대비원에서는 배고프고 헐벗은 백성들, 병들어 갈 데 없는 백성들에게 옷을 입히고, 밥을 먹여 주고, 치료해 주었다는 기록이 있습니다. 조선 시대에도 고려 시대의 대비원 제도를 계승하여 한양 안에 거주하는 병들고 의지할 곳이 없는 백성들에게 죽이나 밥과 국 등 먹을거리를 제공하고, 필요한 약재를 주었으며, 옷과 이부자리를 제공했습니다. 그리고 만일 죽은 이가 생기면 잘 묻어 주었습니다.

2 유럽에서 시작된 현대적인 사회복지제도

　현대적인 개념의 사회복지제도는 유럽에서 시작되었습니다.

　산업혁명 이후 영국의 농촌지역에서 인클로저 운동이 일어나 일자리를 잃은 농민들이 도시로 대거 몰려들었습니다. 공장에 취직하려고 도시로 이주해 온 사람들은 대부분 낮은 임금과 위험한 환경에서 일했습니다. 그래서 재해를 당해 장애인이 되었을 경우 엄청난 고통에 직면할 수밖에 없었지요. 임금이 매우 적었기 때문에 위험 상황이나 노후를 대비한 저축이 불가능했을 뿐만 아니라, 노인이나 궁핍한 이웃을 돕는 것은 더더욱 불가능했습니다.

19세기 후반에 이르러서야 의무적인 사회복지제도인 사회보험이 생겼습니다. 정부에서 의무적인 사회복지제도를 시행하기 전에는 지역사회에서 돈을 모으거나, 일부 종교 단체에서 돈이나 물건을 모아 극빈자들을 도왔습니다. 많은 극빈자가 자선단체에 의존하거나 가난한 사람들을 모아 수용하던 기관인 구빈원에서 비참하게 살았습니다.

1883년 독일은 세계 최초로 의료보험법을 제정했고, 곧이어 산재보험법, 노령보험법, 장애보험법을 제정했습니다. 그리고 20세기 초에 거의 모든 유럽 국가들이 독일에서 제정한 법과 비슷한 사회복지법을 제정했습니다. 또한 20세기 중반까지 남아프리카공화국, 일본, 말레이시아, 싱가포르 등도 비슷한 법을 제정했습니다.

미국은 유럽 국가들보다 사회복지제도가 늦게 제정되었습니다. 1930년대 대공황 기간에 미국의 정치·경제 지도자들은 경제적 어려움을 근로자들이 해결할 수 없다는 사실을 깨닫고, 1935년에 처음으로 포괄적인 사회복지제도를 만들었습니다.

오늘날에는 거의 모든 나라에서 사회복지제도를 실시하고 있습니다.

3 우리나라의 사회복지제도-4대 보험

1) 국민연금

정부가 직접 운영하는 공적 연금 제도로, 국민 개개인이 소득 활동을 할 때 납부한 보험료를 기반으로 하여 나이가 들거나, 갑작스런 사고나 질병으로 사망 또는 장애를 입어 소득 활동이 중단된 경우 본인이나 유족에게 연금을 지급함으로써 기본 생활을 유지할 수 있도록 하는 제도입니다.

국민연금은 법적으로 가입이 의무화되어 있으므로 개인 보험에 비해 관리 운영비가 적게 들고, 관리 운영비의 상당 부분이 국고에서 지원되므로 개인 보험처럼 영업 이익을 추구하지 않습니다.

현행 국민연금제도는 부담과 급여의 수준이 일정 기간 불완전 균형을 이루는 수정 적립 방식을 채택해 운용되고 있습니다. 즉 연봉이 많은 사람은 낸 것에 비해 상대적으로 적게 받고, 연봉이 적은 사람은 낸 것에 비해 상대적으로 많은 액수를 받게 되는 구조입니다. 이렇게 하면 빈부 격차를 조금은 해소할 수 있는 효과가 있습니다.

2) 건강보험

건강보험은 국민의 질병과 부상에 대한 예방, 진단, 치료, 재활과 출산·사망 및 건강증진에 대한 보험 서비스를 제공하여 국민건강을 증진시키기 위한 사회복지제도입니다. 국민들이 매월 보험료를 내면 그것을 차곡차곡 쌓아두었다가 질병 등 치료할 일이 생겼을 때 진료비의 일부를 납부해 주는 제도입니다.

건강보험은 정부가 법에 의해 시행하는 제도로, 대상이 되는 사람은 누구나 의무적으로 가입해야 합니다. 전 국민의 97%가 가입되어 있으며, 나머지 3%는 국가로부터 보호를 받는 의료 급여 대상자입니다.

건강보험 가입 대상자는 '직장 가입자'와 '지역 가입자'로 나누어지는데, 가입자의 58%가 직장 가입자입니다. 직장 가입자는 근로자, 기업가, 공무원 등입니다. 나머지 42%는 지역 가입자로, 직장 가입자를 제외한 자영업자나 농민, 어민 등입니다.

질병 등의 치료를 위해 병원에 입원할 경우 진료비의 80%를 건강보험에서 지원해 주고, 외래진료의 경우에는 병원에 따라 50~80%를 지원해 줍니다. 또한 분만이나 사망의 경우에도 그 비용을 보조해 주는데, 출산비와 장제비(장례비용)가 현금으로 지급됩니다.

3) 고용보험

근로자가 실직한 경우에 생활 안정을 위하여 일정 기간 동안 급여를 지급하는 실업급여사업과 함께 구직자에 대한 직업능력 개발·향상 및 적극적인 취업 알선을 통한 재취업의 촉진과 실업 예방을 위하여 고용안정사업 및 직업능력개발사업 등의 실시를 목적으로 하는 사회보험의 하나입니다.

고용보험은 우리나라가 두 차례의 외환 위기와 금융 위기를 거치면서 상당수의 실업자가 발생하는 등 사회적 위기에 직면하였을 때 위기를 극복하는 데 크게 기여했습니다.

4) 산재보험

공업화가 진전되면서 급격히 증가하는 산업 재해 근로자를 보호하기 위하여 1964년에 도입된 우리나라 최초의 사회보험제도입니다. 산재보험은 산재근로자와 그 가족의 생활을 보장하기 위하여 국가가 책임을 지는 의무보험으로 원래 사용자의 근로기준법상 재해보상책임을 보장하기 위하여 국가가 사업주로부터 소정의 보험료를 징수하여 그 기금(재원)으로 사업주를 대신하여 산재근로자에게 보상해 주는 제도입니다.

4 관련 책

1) 〈사회복지사가 말하는 사회복지사〉 김세진 외 지음. 부키. 2013

이 책은 복지가 화두인 우리 시대에 주목받는 직업으로 꼽히는 사회복지사의 실상에 대해 22명의 사회복지사들이 솔직하게 털어놓은 내용을 담고 있습니다. 다양한 분야에서 활동하는 사회복지사들이 자신들의 일상을 생생히 보여 주고 있지요. 우리 가까이 존재하는 주민센터, 장애인·노인·아동을 수용하고 있는 시설, 종합사회복지관, 병원, 정신보건센터, 학교, 교도소나 소년원, 국회, 기업 재단, 협동조합, 국제 구호 단체에서 활동하는 사회복지사들이 필진으로 참여해 직업의 애환과 보람을 가감 없이 드러내고 있습니다.

특히 우리 사회를 병과 병뚜껑에 비유해 사회복지사는 병뚜껑을 직접 따 주는 것이 아니라 그 사람이 힘을 키워 병뚜껑을 딸 수 있도록 함께 방법을 고민하고, 누구든 쉽게 열 수 있도록 병뚜껑의 구조, 사회 구조를 바꿀 수 있도록 노력하는 사람이라는 내용이 인상적입니다. 또한 사회복지사는 '천사'나 '슈퍼맨'이 아니라 하나의 직업인이라는 점도 강조하고 있습니다.

이 책을 통해 사회복지사는 복지관에서만 일하는 것이 아니라 병원,

학교, 국회, 국제기구 등 다양한 분야에서 활동하고 있음을 알 수 있습니다. 그리하여 사회복지사를 꿈꾸는 청소년은 물론 사회복지사란 무엇인지 알고 싶은 일반인들, 사회복지학을 전공하는 대학생, 더 나아가 실무 현장에서 일하는 사회복지사들에게도 도움이 될 수 있는 책입니다.

2) 〈사회복지사 · PR 매니저〉 와이즈멘토 지음. 주니어김영사. 2013

이 책은 사회복지관을 비롯해 시청이나 구청, 주민센터 등에서 어려운 사람들을 도와주는 일을 하는 사회복지사라는 직업에 대해 쉽고 자세하게 설명하고 있습니다.

사회복지사는 도움의 방법을 제안하고 지원하는 전문가로서 도움이 필요한 사람들을 찾아내어 그들의 이야기를 듣고 필요한 지원을 결정하며, 도움이 필요한 사람과 도움을 주는 사람을 연결해 주는 징검다리 역할을 합니다. 그리고 사회복지 프로그램을 기획하고 진행하는 등 사회복지사가 하는 일을 구체적으로 살펴볼 수 있습니다. 더 나아가 사회복지사의 좋은 점과 힘든 점, 사회복지사가 일하는 곳, 사회복지사가 되기 위해 필요한 능력과 과정 등을 자세히 알려주고 있어서 사회복지사가 되고자 하거나 궁금해 하는 어린이와 청소년이 읽어 보면 많은 도움이 될 수 있습니다. 또한 학생들의 진로 지도를 하는 교사나 학부모에게도 유익한 책입니다.

3) 〈하루를 살아도 나는 사회복지사다〉 도래샘 지음. 인간과복지. 2010

이 책은 2006년 4개의 지역사회복지관이 네트워크를 구성하여 만든 결과물입니다. 급변하는 사회환경 속에서 지역 주민과 소통하면서 그들의 좋은 이웃으로 살아가는 사회복지사 12명의 이야기를 담고 있습니다.

눈물과 웃음 속에서 헌신적으로 일해 온 사회복지사들의 이야기를 통해 사회복지사라는 직업에 대해 좀 더 가까이 다가갈 수 있으며, 미래의 직업으로 사회복지사를 꿈꾸는 청소년들에게 아름다운 가치를 심어줄 수 있습니다.

5 관련 영화

1) 〈아이 엠 샘〉

2002년 미국에서 개봉된 영화로 지적 장애를 가진 아빠와 그 딸의 순수한 사랑이 감동적으로 펼쳐집니다.

지적 장애로 7살의 지능밖에 갖지 못한 샘은 버스정류장 옆 커피전문점에서 일합니다. 어느 날 급히 가게를 나온 샘은 병원으로 향하고, 레베카와의 사이에서 태어난 자신의 딸과 첫 대면을 합니다. 그러나 병원문을 나서자 레베카는 샘과 딸을 두고 사라져 버립니다.

혼자 남겨진 샘은 좋아하는 가수 비틀스의 노래에서 따온 루시 다이아몬드를 딸의 이름으로 짓고 둘만의 생활을 시작합니다. 딸 루시는 외출공포증으로 집안에서 피아노만 연주하는 이웃집 애니와 샘과 같은 장애를 갖고 있으면서도 언제나 밝은 친구 이프티와 로버트 같은 주변의 따뜻하고 친절한 사람들의 도움으로 밝고 건강하게 자랍니다. 수요일에는 레스토랑에, 목요일에는 비디오 나이트에, 금요일에는 노래방에 함께 다니는 것이 이들 부녀의 작은 행복입니다. 남들이 보기에는 정상적이지 못하지만 그들만의 즐거운 시간을 함께하며 행복한 가정을 이룹니다.

그런데 영리한 루시는 7살이 되면서 자신이 아빠의 지능을 추월해 버리고 있다는 사실을 알고는 일부러 학교 수업을 게을리하게 되고, 이로 인해 사회복지기관에서 샘의 가정을 방문합니다. 그리고 샘이 아빠로서 양육 능력이 없다는 결론을 내리고 루시를 샘에게서 격리시키기로 결정합니다.

루시는 양육시설로 옮겨지고, 샘은 주 2회의 면회만을 허락받게 됩니다. 세상에서 가장 사랑하는 딸과의 행복한 날들을 빼앗기고 실의에 빠진 샘은 법정에서 싸워 루시를 되찾을 결심을 굳히고, 승승장구하는 엘리트 변호사 리타 해리슨을 찾아갑니다. 정력적이고 자아도취적인 리타 해리슨은 동료들에게 자신의 능력을 과시하기 위해 무료로 샘의 변호를 맡겠다고 공언하고, 도저히 어울릴 것 같지 않은 샘과 연대를 맺게 됩니다. 그러나 아무리 생각해도 샘에게는 불리한 재판으로 그가 양육권을 인정받을 가능성은 낮습니다. 샘이 훌륭한 아빠라는 것을 인정해 줄 샘의 친구들 역시 지적 장애인들로서 재판에서는 증언조차 불가능합니다. 결국 음악 대학을 수석으로 졸업한, 유일하게 법정에 설 수 있는 애니가 힘들게 외출 공포증을 극복하고 법정 증언대에 서게 됩니다. 그러나 그녀 역시 상대측 변호사의 추궁을 받으면서 제대로 답변을 하지 못하고 맙니다.

그 후 루시는 샘의 집 근처의 좋은 환경의 부부에게 입양되고, 그때부터 밤마다 잠옷 차림으로 샘을 찾아와 함께 잠을 잡니다. 루시의 양엄마는 샘과 루시가 진정으로 사랑하고 있으며, 샘이 부모의 자격을 충분히 갖추고 있다는 것을 알아보고는 루시를 다시 샘에게 보냅니다.

이 영화는 지적 장애인이라도 자식에 대한 사랑은 여느 부모에 뒤지지 않는다는 것을 보여 주고 있습니다. 우리나라에서도 많은 사랑을 받았던 영화입니다.

2) 〈카드로 만든 집〉

1993년 미국에서 개봉된 영화로 자폐를 가진 아이의 특징이 잘 묘사되어 있으며, 그 딸을 사랑하고 이해하려는 어머니의 노력이 깊이 느껴지는 영화입니다.

건축가인 루스는 고고학자인 남편 알렉스를 따라 외국의 유적지에 가서 몇 년째 살다가, 남편이 갑자기 사고로 죽자 아이 둘을 데리고 노스캐롤라이나의 집으로 돌아옵니다.

그녀의 6살 난 딸 샐리는 외국의 유적지를 떠나기 전에 친하게 지내던 마야인 현자 쎄넬로부터 아버지는 죽은 것이 아니라 달나라로 간 것이며, 명상을 통해 아버지를 볼 수도, 얘기를 들을 수도 있다는 가르침을 받습니다. 샐리는 아버지에 대한 그리움으로 그 가르침을 일종의 신앙처럼 받아들여, 그 이후 일체 말도 안 하고, 주변엔 신경도 안 쓰며, 익숙했던 물건의 위치만 바뀌어도 비명을 질러댑니다. 게다가 달에 가까이 가려는 일념으로 높은 나무나 지붕에 자꾸 올라가서 사람들을 놀라게 하지만 다행히 높은 곳에서 떨어지는 불상사는 일어

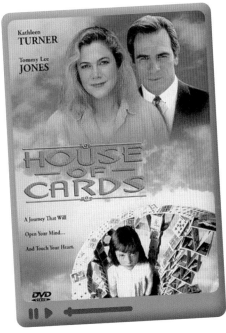

나지 않습니다. 급기야 샐리가 신축 공사장의 기중기 꼭대기로 올라가는 사건까지 일어나자, 루스는 사회복지부로부터 아동방치죄라는 죄목으로 정신과 의사인 비얼랜드의 보호 아래 샐리를 치료하라는 판결을 받습니다.

아이의 행동을 단순히 새로운 환경에 의한 문화적 충격으로 해석하려는 어머니와 자폐증에서 그와 비슷한 증상을 보아온 정신과 의사는 서로 대립하게 됩니다. 이런 와중에 스스로 현실 도피 속에 빠져버린 샐리는 의사 표현의 한 방법으로 어린 아이의 솜씨라고는 볼 수 없는 과학적 구도의 탑을 카드로 쌓아올리고 그 안에서 새처럼 날려는 시늉을 합니다.

그 모습을 발견한 루스는 너무도 놀라워 감탄하는 한편, 그것을 통해 딸이 뭔가 메시지를 전하려는 것이라고 느낍니다. 그래서 딸과 자기의 두 세계를 이어주는 어떤 매개체를 통하면 딸이 안정을 찾을 수 있을 것이라 생각하고, 컴퓨터그래픽으로 연구 끝에 샐리가 만든 것과 똑같은 목조탑을 만들어 샐리의 손을 잡고 꼭대기로 올라갑니다. 거기서 두 사람은 하나의 공통된 환상의 세계를 경험하게 됩니다. 루스는 아버지가 외롭게 혼자 가 있는 달나라로 가려는 샐리의 마음을 읽게 되고, 샐리는 엄마의 눈을 통해 아버지가 추락하여 사망하던 장면을 기억해 냄으로써 마침내 달에 가려던 환상에서 깨어나 현실로 돌아옵니다.

3) 〈처음 만나는 자유〉

2000년 미국에서 개봉된 영화로 정신요양원에서 벌어지는 다양한 이야기를 담고 있습니다.

17세의 수잔나 케이슨은 다량의 수면제를 복용하여 응급실에 실려온 후 자살미수로 판정받아 정신과 의사의 상담을 받게 됩니다. 수잔나는 자신의 자살 기도를 계속 부인하지만 '인격경계 혼란장애'라는 병명으로 '클레이 무어' 정신요양원에 입원하게 됩니다.

수잔나는 요양원에서 다양한 사람들을 만나게 됩니다. 수잔나를 환자답지 않게 대해 주는 유일한 간호사 발레리, 일명 Daddy's Girl이라 불리는 데이지, 얼굴 화상으로 흉한 외모를 갖게 된 폴리, 그리고 떠남과 돌아옴을 반복하며 끝내 요양원을 떠나지 못하는 리사 등 각각 아픈

상처를 갖고 있는 사람들입니다. 수잔나는 이들 중에서 리사와 묘한 동질감을 느끼며 함께 요양원을 탈출하기도 합니다. 리사는 아이스크림 가게에서 모욕감을 느낀 수잔나 대신 독설을 퍼부어 주기도 하는 등 강한 면모를 보여 수잔나는 리사에게 의지하게 됩니다. 하지만 리사가 내뱉은 독설에 충격을 받은 데이지가 자살하게 되고, 아무렇지 않게 죽은 데이지에게서 돈을 빼가는 리사를 보며 수잔나는 공포감을 느끼게 됩니다. 그러다가 수잔나는 병원을 뛰쳐나가고 마약에 찌들려 붙들려 오기를 8년 동안 반복해 온 리사 역시 나약한 존재라는 것을 깨닫고 리사에 대한 의존성을 버리게 됩니다.

대신 수잔나는 자기를 믿어주고 자신의 얘기에 귀 기울여주는 간호사 발레리를 통해 조금씩 자신의 내면세계를 이해하게 됩니다. 발레리에게 자신의 기분과 감정을 솔직하게 이야기하는 과정에서 자신의 내면을 볼 수 있는 눈이 생긴 것입니다. 그리고 마침내 퇴원을 하게 됩니다.

수잔나가 요양원에서 보낸 1년 동안은 어쩌면 허비했다고 볼 수 있지만 그녀에게는 무척 소중한 시간이었고, 그 시간을 통해 진정한 어른으로 성장했습니다.

이 영화에 등장하는 간호사 발레리의 모습은 간호사뿐만 아니라 사회복지사들이 지녀야 할 기본자세를 잘 나타내 주고 있어 사회복지사가 되고자 하는 청소년들에게 롤 모델이 될 수 있을 것입니다.

04 사회복지사는 무슨 일을 할까?

사회복지사의 하루 일과는 근무 환경이나 전문 분야에 따라 조금씩 다르지만 도움이 필요한 사람들을 상담하고, 현장에서 도움을 주고, 자원봉사자나 후원자와 연결해 주고, 사회복지 프로그램을 만드는 등 기본적인 업무는 비슷합니다.

지금부터 사회복지사의 손길을 가장 많이 필요로 하는 노인과 장애인 담당 사회복지사의 하루 일과를 살펴보겠습니다.

1 노인종합복지관에서 일하는 사회복지사의 하루

노인종합복지관에서는 노인들을 위해 여러 가지 업무를 하고 있습니다. 먼저 처음 찾아온 노인들에게 시설을 안내하고 상담을 합니다. 상담 결과 취업을 원하는 노인들에게는 일자리를 알선해 주고, 노인들이 불편해 하는 사항을 해결해 줍니다. 이 밖에도 노인들의 욕구나 만족도를 파악하여 복지관의 사업 방향을 정하거나 프로그램을 개발하는 데참고하기도 합니다.

 출근하여 사무실 청소나 환경 정리를 합니다. 간부 회의가 있는 날에는 회의 준비를 합니다.

 간부 회의가 있는 날에는 회의에 참석하고, 아니면 업무를 준비합니다. 간부 회의는 일반적으로 일주일에 한 번씩 열리는데, 이 회의에서는 업무의 효율성을 높이기 위해 어떻게 해야 할지 논의하거나 앞으로 복지관이 나아갈 방향을 결정하기도 합니다.

 팀장 회의에 참석합니다. 팀장 회의는 간부 회의가 있는 날을 제외하고는 거의 매일 있습니다. 팀장 회의는 복지관의 팀장들이 모여 팀별로 협조 사항을 나누고, 앞으로의 사업에 대해 논의합니다.

이 밖에도 각 팀별 자체 회의, 팀 간의 연계사업 회의, 행사 관련 회의,

출판 관련 회의, 사례 관련 회의 등 다양한 회의들이 있습니다.

 그 날 잡혀 있는 행사를 진행합니다. 예를 들어 한의사가 복지관을 방문하여 재능 기부를 하기로 예정되어 있다면, 진료를 받을 노인들의 순서를 정해 주고, 진료를 잘 받을 수 있도록 한의사를 보조합니다. 아니면 노인들을 상담하거나 민원 등의 업무를 처리합니다.

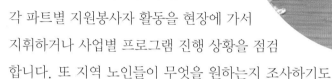

 노인들에게 점심을 배식하고, 사회복지사들도 점심식사를 합니다.

각 파트별 지원봉사자 활동을 현장에 가서 지휘하거나 사업별 프로그램 진행 상황을 점검합니다. 또 지역 노인들이 무엇을 원하는지 조사하기도 합니다. 예를 들어 컴퓨터나 스마트폰 사용 방법을 배우고 싶다는 등 노인들에게 무엇이 필요하고 무엇을 바라는지 파악하는 것입니다. 그리고 이런 조사를 바탕으로 새로운 프로그램을 기획하고 구상합니다.

 하루 동안 있었던 일을 기록으로 남기는 기록지나 일지 등을 작성한 후에 퇴근합니다. 사회복지 업무는 모든 행사 하나하나를 기록으로 남겨야 합니다. 많은 부분이 자원봉사자나 후원자들의 도움으로 이루어지기 때문에 이들에게 진행 사항을 투명하게 공개하는 것이 원칙입니다. 또한 앞으로 더 나은 방향으로 나아가기 위해서라도 기록을 남기는 일은 꼭 필요합니다. 다음 날 회의가 많다면 퇴근을 미루고 회의에 필요한 서류를 준비해야 합니다.

이런저런 일로 사회복지사들은 제 시간에 퇴근하지 못하는 경우가 많습니다. 사람을 대하는 일이기 때문에 여러 가지 돌발 상황이 발생하는 경우도 잦고, 관계기관 및 관공서에서 갑자기 발생하는 긴급한 행정 업무로 인해 야근하는 경우도 있습니다.

2 장애인복지관에서 일하는 사회복지사의 하루

장애인 담당 사회복지사들은 장애인과 그 가족을 위해 일합니다. 몸과 마음이 불편한 장애인들을 위해 상담과 교육을 하고, 물리 치료·언어 치료·재활 치료를 받을 수 있도록 도와줍니다. 또 직업 교육을 통해 일할 곳을 알선해 주기도 하고, 필요하다면 가정 방문 봉사도 합니다.

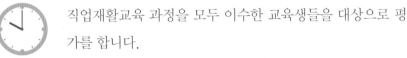

9시 이전에 출근하여 업무를 시작합니다. 직업재활센터에 가입한 장애인들을 대상으로 직업재활훈련을 위한 각종 검사를 합니다. 검사를 하는 까닭은 본인의 적성에 맞아서 잠재력을 발휘할 수 있는 직업을 추천하기 위함도 있고, 효율적인 훈련 방식을 제시하기 위해서입니다.

직업재활교육 과정을 모두 이수한 교육생들을 대상으로 평가를 합니다.

장애인들에게 점심식사를 배식하고, 사회복지사들도 식사를 합니다.

오전에 평가 과정을 끝낸 교육생들을 대상으로 사회적응 훈련을 실시합니다. 언젠가는 사회에 진출해야 할 교육생들에게 사회적응 훈련은 매우 중요한 과정입니다.

뇌졸중, 척수 손상 등 중추 신경계가 손상된 장애인이 물리 치료를 할 수 있도록 도와줍니다. 간혹 재활의학과 의사들이 재능 기부로 방문하여 직접 치료해 주기도 합니다.

복지관에서 행하는 여러 가지 행사에 참여하거나 행사가 잘 이루어질 수 있도록 도움을 줍니다. 자원봉사자들과 함께 장애인들이 사는 집을 방문하여 집안일을 대신해 주거나 장애인들의 외출을 도와주기도 합니다.

또는 자원봉사자들과 함께 장애인들의 머리를 손질하거나 목욕을 시켜 주기도 합니다. 그 밖에 장애 아동들의 학습을 지원하기도 하고, 장애인들이 집 안에서 할 수 있는 부업을 알선해 주기도 합니다. 더 나아가 장애인들이 사는 환경이 열악하다면 주택을 개선해 주는 사업까지 이끕니다.

복지관에서는 자원봉사자들의 도움을 받아 김치를 담그는 등 반찬을 만듭니다. 주로 저녁식사 때 먹을 음식과 다음 날 먹을 밑반찬을 만들지요. 이때 만든 음식들은 복지관 내에 거주하는 장애인에게 주기도 하고, 자기 집에서 머무는 장애인들에게 배달해 주기도 합니다. 이런 모든 일은 자원봉사자들의 도움으로 이루어집니다.

 퇴근을 하거나 야근 담당자는 남아서 야근을 합니다. 야근을 할 때는 사업체 보조금 관련 자료를 작성하는 등 그 동안 밀린 문서 작업을 많이 합니다.

05 사회복지사가 되기 위해 필요한 능력

1 봉사정신과 책임감이 필요합니다

사회복지사는 어려운 사람을 도와주는 일을 하므로 기본적으로 남을 위해 일할 수 있는 봉사정신이 있어야 합니다. 타인을 이해하고 도와주려는 마음이 필요합니다.

또한 사회복지사 업무가 현장에 나가 힘든 노동을 하는 경우도 있고, 어려움에 처한 사람들을 상대해야 하므로 정신적인 스트레스도 많은 편입니다. 이런 힘든 과정을 이겨내고 사회복지사 일을 계속하려면 책임감도 필요합니다.

평소 장애인, 저소득 계층, 한부모 가정 등과 같은 사회의 다양한 계층에 대해 관심을 갖고, 여러 가지 사회문제를 바라볼 줄 하는 시각을 키운다면 많은 도움이 될 것입니다.

2 다른 사람의 말에 귀 기울일 줄 알아야 합니다

사회복지사는 다양한 부류의 사람, 특히 경제적으로나 정신적으로 어려운 사람들을 만나 상담하고 필요한 부분을 도와줘야 합니다. 상담자가 무엇을 원하는지 파악하려면 상담자의 말에 귀를 기울여야 합니

127

다. 그러자면 인간에 대한 기본적인 애정이 있어야 하고, 늘 경청의 자세를 갖추어야 합니다. 그리고 사회복지사 자신부터 정서적으로나 심리적으로 안정되고 성숙한 인격을 갖추어야 합니다.

3 사람들과 잘 어울리는 성격이어야 합니다

사회복지사는 다양한 사람들을 만납니다. 도움이 필요한 사람뿐만 아니라 도움을 주는 자원봉사자나 후원자를 만나기도 합니다. 또한 동료 사회복지사들과도 늘 함께합니다. 이렇게 많은 사람들과 어울려 일을 하자면 사람들과 잘 어울릴 수 있는 원만한 성격이어야 합니다. 거기다 의사소통 능력도 필요합니다.

4 체력이 좋아야 합니다

사회복지사의 업무는 봉사 현장에 나가 자원봉사자들과 함께 움직이는 경우가 많습니다. 도시락을 배달하는 일, 가사 일을 도와주는 일, 집을 수리하는 일 등 도움이 필요한 곳에는 어디든 달려가야 합니다. 봄이나 가을은 좀 낫지만 한여름이나 한겨울에 밖에 나가 일하려면 힘이 많이 듭니다. 그러므로 튼튼한 체력이 꼭 필요합니다.

5 문서 작성 능력이 필요합니다

사회복지기관의 사업 예산 대부분은 정부나 지자체 같은 공공 기관 또는 일반 시민의 후원금으로 운영하다 보니 투명성을 생명처럼 여깁니다. 그래서 적은 비용을 지출해도 어떤 목적으로, 어떻게 사용했는지 꼼꼼하게 챙기고 서류로 자세히 설명해야 합니다. 그만큼 서류 작업이 많으며 통계 관련 업무를 수행해야 하므로 문서 작성 프로그램, 데이터 활용 프로그램, 통계 프로그램 등과 같은 컴퓨터 활용 기술을 익혀 두면 좋습니다.

그 밖에 풍선아트, 레크리에이션 등의 자격증이 있으면 업무에 도움이 됩니다.

06 사회복지사의 장단점

1 장점

1) 자부심과 보람이 큽니다

사회복지사는 늘 약자 곁에서 그들에게 관심을 기울이고 이웃과 지역, 우리 사회가 어떻게 하면 더 나아질지를 고민하는 직업이므로 그 어떤 직업보다도 자부심과 보람을 느낄 수 있습니다.

장애인들이 재활프로그램에 참여하면서 상태가 점점 호전되는 것을 보면 뿌듯함을 느끼고, 직업 재활훈련을 마친 젊은이들이 취업까지 하여 감사 인사를 하러 찾아오면 더없는 보람을 느끼게 됩니다. 아니면 어렵게 지내던 아주머니를 도왔는데 창업까지 하여 자영업자로 우뚝 섰을 때, 자신이 기획한 프로그램에 참여한 사람들로부터 좋은 평가를 받았을 때 등 사회복지사를 하다 보면 보람과 긍지를 느낄 만한 일들이 많습니다.

2) 오랫동안 일할 수 있습니다

보통 일반 기업체에서는 30대 후반부터 정리해고니 명예퇴직이니 하여 고용 불안에 떨지만, 복지 기관에서 근무하는 사회복지사들은 공무원들처럼 근무 연수에 따라 보수가 올라가고 정년까지 일할 수 있습니다. 또한 육체적인 노동이 필요한 현장 근무 역시 연차가 올라가면서 차츰 줄어들므로 직업적인 면에서 상당히 안정적이라 할 수 있습니다.

3) 전망이 밝습니다

삶의 질이 향상되면서 복지 수준에 대한 국민의 기대치가 계속 높아지고 있어 국가적으로 복지 정책이 확대되고 있습니다. 또한 사회복지 관련 직업이 다양화되고 세분화되고 있는 만큼 사회복지사의 채용도 점차 늘어나고 있는 추세입니다. 요즘처럼 청년 실업이 문제가 되고 있는 상황에서 사회복지사의 직업 전망은 상대적으로 밝다고 할 수 있습니다.

2 단점

1) 업무량이 많습니다

사회복지사의 업무량은 기관마다 다르긴 하지만 도움이 필요한 사람이 많기 때문에 한 명의 사회복지사가 담당해야 할 인원이 많습니다. 또한 한 사람의 사회복지사가 여러 개의 사업을 맡아 기획부터 진행, 사후 평가까지 모두 담당하는 경우가 많습니다.

특히 24시간 사회복지사를 필요로 하는 사회복지 생활시설에서 일하는 사회복지사들은 주로 2교대 근무를 하며, 하루 12시간씩 일을 합니다. 그리고 사회복지 이용시설의 경우 주민을 대상으로 저녁에 진행하는 프로그램이 있는 등 야간근무와 초과근무가 잦은 편입니다. 사회복지 공무원의 경우 정부의 복지 사업 확대에 비해 이를 실행할 인력은 충원되지 않아 업무가 감당할 수 없는 수준으로 늘어났다고 합니다.

사회복지기관의 경우 사업 예산의 대부분을 정부나 지자체 같은 공공 기관 또는 일반 시민의 후원금으로 운영하다 보니 투명성을 생명처럼 여깁니다. 그래서 적은 비용을 지출해도 어떤 목적으로, 어떻게 사용했는지 꼼꼼하게 챙기고 서류로 남겨야 합니다. 낮에는 여러 가지 일을 하느라 바쁘고, 서류 작성은 업무가 끝난 후에 이루어지다 보니 야근을 하는 경우가 다반사입니다.

2) 현장 근무 시 육체적인 노동을 해야 합니다

사회복지사들은 사무실에서 주로 근무하지만 복지 대상자들의 현황을 파악하기 위해 출장을 나가 직접 대상자를 방문하는 일도 잦습니다. 또한 자원봉사자들과 함께 김장봉사, 세탁봉사, 연탄배달 등 각종 행사도 진행해야 하는데, 이때는 사회복지사도 자원봉사자들과 함께 일을 거들어야 합니다. 그리고 노인을 상대로 일하는 사회복지사들의 경우 돌보던 노인이 돌아가셨다는 말을 듣곤 하는데 그때는 몹시 마음이 아픕니다.

3) 하는 일에 비해 임금이 낮습니다

보건복지부에서 2015년 기준으로 사회복지사의 임금을 제시한 것에 따르면 사회복지사 초임의 경우 약 160여만 원 내외로 다른 직종에 비해 낮은 편입니다. 이 때문에 한국사회복지사협회에서는 사회복지사의 임금과 처우 개선을 위해 꾸준히 운동을 펼치고 있습니다.

4) 사회적 인식이 낮습니다

사회복지사가 전문적인 직업임에도 불구하고 사람들은 희생과 봉사만 떠올리는 경향이 있습니다. 그래서 다른 전문 직종에 비해 사회복지사의 임금이 낮은 것을 당연하게 여기는 사람들도 많습니다. 하지만 사회복지사도 사람이므로 희생과 봉사만으로 살기는 힘듭니다.

또한 사회복지사는 신체적인 장애가 있거나 어려운 상황에 처한 사람들을 상대하므로 감정이 상하지 않도록 말을 조심하는 등 세세한 부분까지 신경을 써야 합니다. 일이 힘들고 임금도 낮은 만큼 사명감이나 봉사정신 없이는 지속하기가 힘든 직업입니다.

07 사회복지사가 되기 위한 과정

1 중 · 고등학교 시절

사회복지사가 되려면 대학교의 사회복지학과에 진학해야 유리하므로 중 · 고등학교 시절에는 기본적으로 공부를 열심히 해야 합니다.

그리고 기회가 되는 대로 봉사 활동에 적극적으로 참여합니다. 학교에서 정해 주는 봉사 시간을 채우는 데 그치지 말고 방학이나 휴일을 이용해 정기적으로 기관을 찾아가 봉사 활동을 하는 것이 좋습니다.

또한 사회복지사로서 일을 잘하려면 세상 돌아가는 것도 잘 알고 있어야 하므로 책을 많이 읽고, 텔레비전 뉴스나 신문을 열심히 봐야 합니다. 거기다 사회복지 관련 분야의 책을 읽으면 좋습니다.

2 대학교 시절

대학에서 사회복지학이나 사회사업학과를 전공하면 사회복지의 기초이론과 방법론 및 각 분야를 전반적으로 배우게 되므로 향후 업무를 수행하는 데 많은 도움이 됩니다. 구체적으로 사회복지개론, 사회복지실천 방법론, 노인복지론, 아동복지론, 장애인복지론, 가족복지론 등의 과목이 포함되며, 학기 중이나 방학 중에 사회복지 현장실습도 하게 됩니다.

전공 공부 외에도 사회복지사 관련 동아리에 들어가 활동하면서 이론적인 공부도 더 하고, 자원봉사를 통해서 다양한 현장 경험을 해 보는 것이 좋습니다. 아동, 노인, 장애인 등의 다양한 시설에서 자원봉사를 하다 보면 자신에게 보다 적합한 분야를 정하는 데도 도움이 됩니다.

3 자격증 취득

사회복지사 자격증에는 1급, 2급, 3급이 있습니다. 각 급수마다 따는 방법이 다르고, 급수에 따라 취업의 조건과 기회도 달라집니다.

고등학교를 졸업하고 4년제 대학에서 사회복지학과, 사회사업학과 등을 졸업하면 사회복지사 2급 자격이 주어집니다. 그리고 2급 소지자에 한해 국가에서 시행하는 1급 시험에 응시할 수 있는 자격이 주어집니다. 만약 사회복지학과를 졸업하지 않은 사람이 2급 자격증을 따고 싶다면 대학원의 사회복지학과에 입학하거나 대학교의 사회복지학과 3학년으로 편입하여 졸업하면 됩니다.

전문대학에서 사회복지학을 공부했거나 사회복지사 3급 자격증을 가진 사람 중 3년 이상 실무 경험이 있는 사람은 사회복지사 2급 시험을 볼 수 있습니다. 또 고등학교를 졸업하고 3년간 실무 경험과 보건복지부 장관이 정한 교육기관에서 24주간 교육을 받는 등의 자격을 갖추면 사회복지사 3급 시험을 볼 수 있습니다. 사회복지 공무원이 되려면 공무원 시험을 쳐야 하는데, 사회복지사 자격증(3급 이상)이 있어야 응시가 가능합니다.

4 취업

사회복지사가 일할 수 있는 영역은 무척 넓습니다. 가장 보편적인 길은 사회복지관이나 노인복지관, 장애인복지관에서 사회복지사로 일하는 길입니다. 아니면 지역아동센터나 공동생활가정, 노인복지센터에서 일하거나 이런 곳을 직접 설립할 수도 있습니다. 노인장기요양보험 지정 기관에서 일하거나 이런 곳을 직접 설립하는 방법, 영유아·아동·노인·장애인·여성·가족 복지 운동 등을 실천하는 길도 있습니다.

그리고 병원에서 의료 사회복지사로 일할 수도 있고, 정신병원과 요양원에서 정신보건 사회복지사로 일하는 길도 있습니다. 학교에서 학교사회 복지사나 지역사회 교육전문가로 일하는 방법도 있으며, 공무원 시험을 봐서 사회복지 공무원으로 일할 수도 있습니다. 사회복지학에 대해 계속적으로 공부하고 연구하고 싶다면 사회복지 연구기관에서 연구원으로 일하거나 석사와 박사를 취득하여 대학의 사회복지학 교수가 되는 길도 있습니다.

> **Tip**
>
> 사회복지사가 하는 일은 현장에 따라 조금씩 다를 수 있지만 어느 현장에서 일하든 기본적으로 도움이 필요한 사람들을 만나 이야기를 듣고, 그들을 위한 사업을 기획·운영하는 일을 합니다. 한마디로 우리 사회를 사람들이 살 만한 곳으로 만드는 일입니다.

5 사회복지 공무원이 되는 방법

사회복지 공무원은 국가직과 지방직으로 나뉩니다. 국가직은 보건복지부와 같은 정부 중앙 부처나 산하기관에서 일하는 공무원이고, 지방직은 일선 주민센터나 구청, 시청 혹은 시청 산하기관에서 일하는 공무원을 말합니다.

지방직은 지역에서 필요한 인원만큼 공고하여 채용합니다. 시험 공고

> **Tip**
>
> 사회복지 공무원의 채용 공고는 중앙 기구인 보건복지부의 경우 매년 4~5월, 지방자치단체의 경우에는 지자체별로 2~12월 사이에 납니다.

일 혹은 그 해의 1월 1일부터 시험일까지 그 지역에 거주했어야 응시가 가능합니다(서울시는 제외). 7급과 9급이 있으나 현재 거의 9급 채용만 이뤄지고 있습니다. 9급 시험에 응시하려면 만 18세 이상으로 사회복지사 3급 이상의 자격증이 있어야 하며, 시험 과목은 국어, 영어, 한국사는 필수과목이고, 나머지 2과목은 선택과목으로 총 5과목입니다.

국가직 공무원(5급)은 만 20세 이상으로 거주 지역에 상관없이 누구나 지원할 수 있습니다. 1차 필기시험은 언어논리영역, 자료해석영역, 상황판단영역, 영어(영어능력검정시험으로 대체), 한국사(한국사능력검정시험으로 대체) 5과목이며, 2차 필기시험은 사회복지학, 사회학, 행정학, 경제학 4과목이 필수이고, 조사방법론, 사회심리학, 사회문제론, 사회법, 사회정책, 행정학 중 1과목을 선택하여 치릅니다.

08 사회복지사의 마인드맵

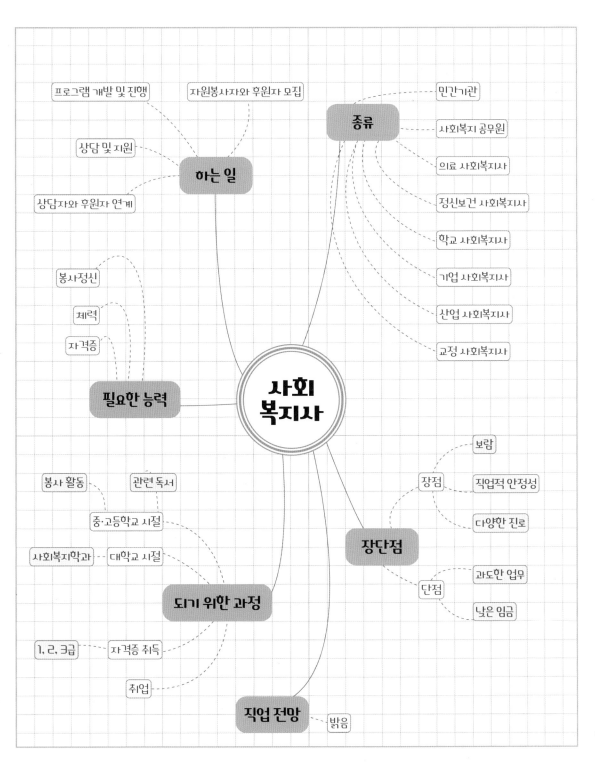

- 하는 일
  - 프로그램 개발 및 진행
  - 자원봉사자와 후원자 모집
  - 상담 및 지원
  - 상담자와 후원자 연계

- 종류
  - 민간기관
  - 사회복지 공무원
  - 의료 사회복지사
  - 정신보건 사회복지사
  - 학교 사회복지사
  - 기업 사회복지사
  - 산업 사회복지사
  - 교정 사회복지사

- 필요한 능력
  - 봉사정신
  - 체력
  - 자격증

사회복지사

- 되기 위한 과정
  - 봉사 활동
  - 관련 독서
  - 중·고등학교 시절
  - 사회복지학과
  - 대학교 시절
  - 1, 2, 3급
  - 자격증 취득
  - 취업

- 장단점
  - 장점
    - 보람
    - 직업적 안정성
    - 다양한 진로
  - 단점
    - 과도한 업무
    - 낮은 임금

- 직업 전망
  - 밝음

135

09 사회복지사와 관련하여 도움받을 곳

사회복지사에 관한 정보나 직업 체험은 다른 직업에 비해 쉽게 접할 수 있습니다. 우선 학교에서 진행하는 모든 봉사 활동이 사회복지사 직업 체험이라 할 수 있습니다. 또한 집 주변에 위치한 주민센터나 노인정 등을 찾아가 봉사 활동을 하고 싶다면 언제든 가능합니다. 봉사 활동을 하면서 함께하는 사회복지사분들께 직업에 대한 정보도 얻을 수 있고요. 아니면 양로원이나 고아원, 장애인 시설, 장애인들이 다니는 특수학교를 찾아가 봉사 활동을 할 수도 있습니다. 정기적으로 봉사하다 보면 사회복지사로서 자신의 분야를 정하는 데도 도움이 됩니다.

1 직업 정보를 얻을 수 있는 기관

●한국사회복지사협회(https://www.welfare.net) 사회복지에 관한 전문지식과 기술을 개발·보급하고, 사회복지사의 자질 향상을 위한 교육 훈련 및 사회복지사의 복지 증진을 목적으로 하는 사회복지사들의 단체입니다. 사회복지사의 자격 시험, 취업 정보, 복지 정보 등을 얻을 수 있습니다.

●고용노동부 워크넷(https://www.work.go.kr) 한국고용정보원에서 운영하는 사이트로 무료로 직업 심리 검사를 이용할 수 있습니다. 직업 정보 검색, 직업·진로 자료실, 학과 정보 검색 등의 정보를 제공하며 직업·학과 동영상, 이색 직업, 테마별 직업 여행, 직업인 인터뷰 자료를 볼 수 있습니다. 온라인 진로 상담 서비스도 제공합니다.

●진로정보망 커리어넷(https://www.career.go.kr) 한국직업능력개발원이 운영하는 사이트로 초등학생부터 성인, 교사에 이르기까지 대상별로 진로 및 직업 정보를 제공하며 온라인 상담도 할 수 있습니다. 심리 검사를 무료로 이용할 수 있으며, 학생들이 만든 UCC 자료도 무료로 제공하고 있습니다.

2 직업 체험 프로그램

●코리아잡스쿨(http://www.kojobs.co.kr) 학생들이 직업 체험 프로그램에 참가하여 접하기 어려운 직업을 미리 탐색할 수 있고, 직업 세계에 대한 이해를 넓힐 수 있습니다. 또한 특정 직업에 대한 편견을 버리고 건전한 직업관을 형성할 수 있으며, 사회에 첫발을 내딛는 것에 대한 막연한 두려움에서 벗어나 자신감을 가질 수 있습니다.

현재 138개 특성화고, 마이스터고 컨설팅 및 평가, 27개 대학에 취업 캠프를 운영하고 있습니다.

●교육부 어린이 홈페이지(http://kids.moe.go.kr) 아이들이 궁금해 할 만한 다양한 직업에 대해 가나다순으로 알기 쉽게 설명되어 있습니다. 직업에 대한 기본 정보를 알고 나서 교육부에서 주관하는 창의적 체험 활동에 참여하면 효과가 더욱 클 것입니다.

●서울시립 청소년 직업 체험 센터(https://www.haja.net)

서울시 영등포구에 있습니다. 일명 '하자센터'라고 부르며 연세대학교가 서울시로부터 수탁 운영하고 있습니다. 현재의 배움이 일을 통해 어떻게 구현되는가에 대해 고민하는 기회를 가짐으로써 청소년들이 미래 자신의 일자리에 대한 관심을 발견하게 하고, 자신이 일하려는 분야로 어떤 배움의 과정을 거쳐 진입할 수 있을지에 대해 흥미를 견지하며 임할 수 있도록 일, 놀이, 학습이 하나로 통합되는 과정으로 행사를 진행합니다.

10 유명한 사회복지사

1 테레사 수녀(1910~1997)

테레사 수녀는 1928년 아일랜드에서 수녀가 된 뒤 1948년 인도에서 '사랑의 선교 수녀회'를 창설하여 평생을 가난하고 병든 사람들을 위해 살았습니다.

가톨릭을 믿는 집안에서 태어난 테레사 수녀는 어릴 때부터 신앙심이 돈독한 생활을 했으며, 1928년 아일랜드의 로레토 수녀회에 입회하여 테레사라는 영세명을 받았습니다. 기초교육과 영어를 익힌 뒤 1929년 1월 선교를 위해 인도 서벵골 주의 캘커타(지금의 콜카타)에 도착했습니다. 다르질링에서 수련기를 거쳐 1931년 로레토 수녀회에서 운영하는 캘커타의 세인트메리 학교에 부임하여 여학생들에게 지식과 교리를 가르쳤습니다. 1946년 캘커타에서 다르질링으로 가던 도중 가난한 사람들을 위해 봉사하라는 하느님의 목소리를 듣고 2년간의 청원 끝에 가톨릭 교단으로부터 수녀회 외부 거주를 허락받았습니다.

1948년 8월 수녀회를 떠나 기초 간호학을 속성으로 수료한 뒤 '사랑의 선교 수녀회'를 창설하고 캘커타의 빈민가에서 고통받는 사람들을 돌보기 시작하였습니다. 사랑의 선교 수녀회는 1950년 교황청의 정식 인가를 받은 뒤 1965년에는 교황청 직속 수녀회로 격상되었습니다.

1951년 현지인들과 동화하기 위해 인도로 귀화하였고, 1952년 캘커타의 힌두교 사원에 '임종자의 집'이라는 첫 공동체 공간을 마련하였습니다. 1953년 사랑의 선교 수녀회 본원을 세우고, 1963년에는 '사랑의 선교 수사회'라는 남성 수도회를 창설하였습니다.

1965년 교황청에서 사랑의 선교 수녀회의 활동을 높이 평가하고 전 세계의 모든 지역에서 활동할 수 있도록 허락함에 따라 같은 해 7월 베네수엘라에 첫 분원을 설립한 것을 시작으로 아프리카와 유럽, 미국 등지에 분원을 설립하였으며, 각지에 나병과 결핵, 에이즈 환자를 위한 요양원과 무료 거처, 무료 급식소, 고아원, 학교 등을 세워 봉사 활동을 확대하였습니다. 이러한 공로를 인정받아 1979년 노벨평화상을 수상하였습니다.

테레사 수녀는 만년에 심장질환을 앓다가 1997년 9월 5일 캘커타의 본원에서 숨을 거두었습니다. 장례식은 인도의 국장으로 거행되었습니다. 그녀는 수녀복 대신 인도에서 가장 가난하고 미천한 여성들이 입는 흰색 사리를 입고 고통받으며 죽어가는 사람들, 버려진 아이들, 노인들을 위해 평생 헌신하여 마더 테레사로 불리며 성인으로 추앙받고 있습니다.

2 이태석(1962~2010)

부산에서 출생한 이태석은 1987년 인제대학교 의과대학을 졸업했습니다. 1990년 군의관으로 군 복무를 마친 후 1991년 가톨릭 사제(신부)가 되었습니다. 1997년 이탈리아 로마로 유학한 뒤에 2001년 서울에서 사제서품을 받은 뒤 아프리카 수단 톤즈로 떠났습니다.

아프리카에서도 가장 오지로 불리는 수단의 남부 톤즈는 오랫동안의 내전으로 폐허가 되었고, 주민들은 살길을 찾아 흩어져 황폐화된 지역이었습니다.

이태석 신부는 이곳에서 가톨릭 선교 활동을 펼쳤으며, 말라리아와 콜레라로 죽어 가는 주민들과 나병 환자들을 치료하기 위해 흙담과 짚으로 지붕을 엮어 병원을 세웠습니다. 또한 병원까지 찾아오지 못하는 주민들을 위해 척박한 오지 마을을 순회하며 진료를 하였습니다.

그의 병원이 점차 알려지자 많은 환자들이 모여들었고, 원주민과 함께 벽돌을 만들어 병원 건물을 직접 지었습니다. 또한 매번 주민들이 오염된 톤즈 강물을 마시고 콜레라가 창궐하자 톤즈의 여러 곳에 우물을 파서 식수난을 해결했습니다. 하루 한 끼를 겨우 먹는 열악한 생활을 개선하기 위해 농경지를 일구고, 학교를 세워 원주민 계몽에 나섰습니다.

처음 초등 교육으로 시작한 학교는 중학교와 고등학교 과정을 차례로 개설하였고, 톤즈에 부지를 마련하여 학교 건물을 신축했습니다. 음악을 좋아했던 이태석은

전쟁으로 상처받은 원주민을 치료하는 데 음악이 효과적이라는 사실을 알게 되어 치료의 목적으로 음악을 가르쳤는데, 예상을 뛰어넘는 인기를 얻자 학생들을 선발하여 브라스밴드를 구성하였습니다. 그의 밴드는 수단 남부에서 유명세를 탔으며, 정부 행사에도 초청되어 연주할 정도였습니다. 2005년 그의 헌신적인 공로가 인정되어 제7회 인제인성대상을 수상했습니다.

하지만 이태석 신부는 미처 자신의 건강을 돌보지 못했습니다. 2008년 10월 톤즈 현지에서 이태석 신부와 함께 봉사 활동을 하던 의사에 의해 혈흔이 발견되어, 그해 11월 휴가차 입국하였을 때 순천향대병원에서 종합 건강검진을 받고 대장암 4기 판정을 받았습니다. 그의 암은 이미 간으로 전이되어 있었습니다. 그는 아프리카에 머무는 동안 항생제를 투약하지 않았기 때문에 자신의 몸은 항암 치료에 잘 반응할 것이라며 완치에 대한 희망을 가졌고 또 그렇게 되기를 기도했습니다. 서울 대림동 살레시오 수도원에 머물며 투병 생활을 했으며, 수도원은 자신이 머물기에 가장 편안한 곳이라고 했습니다. 항암 치료가 끝나고 며칠간 양평에 머물면서 단식과 생식으로 건강을 회복하려 했지만 증세가 나빠졌고, 결국 2010년 1월 14일 48세의 나이로 세상을 떠났습니다.

3 국경없는 의사회

전쟁, 굶주림, 질병, 자연재해 등으로 의료 기술이 필요한 곳이라면 어디든지 달려가서 도움을 주는 '국경없는 의사회'는 1971년 파리에서 결성되었습니다. 1968년 나이지리아 내전에 파견된 프랑스의 청년 의사들이 기아로 숨져가는 현지인들의 참상을 목격한 것이 단체 결성의 계기가 되었으며, 1970년 방글라데시의 대홍수에 자원봉사로 구호 활동에 참여했던 의사들과 뜻을 합쳐 1971년에 만들어졌습니다.

'국경없는 의사회'라는 이름에서 알 수 있듯이 이 단체는 내전이 일어난 지역이나 자연재해가 일어나 의료의 손길이 필요한 곳이라면 어디든지 가리지 않고 달려갑니다. 오직 인류에 헌신한다는 사명감 하나로 국경과 이념, 종교, 인종의 벽을 넘어 활동합니다. 특히 1995년 10월에는 NGO로는 유일하게 북한에 들어가 기근과 전염병으로 신음하던 북한 주민들에게 의약품과 의료장비 등을 지원했으며, 지금도 탈북자들을 돕고 있습니다.

국경없는 의사회는 인류를 위해 일한 공로를 인정받아 1999년에는 노벨평화상을 수상하였습니다. 현재 벨기에 브뤼셀에 본부를 두고 있으며, 세계 45개국에서 모인 3,000여 명의 자원봉사자로 구성돼 있습니다. 또한 미국과 독일, 일본, 스페인, 네덜란드, 스위스, 룩셈부르크 등 모두 20개국에 지부를 두고 있으며, 전 세계 300만 명의 독지가들로부터 기부금을 받아 독자적인 재정을 꾸리고 있습니다.

4 국제 해비타트

전 세계에 흩어져 있는 무주택 서민들의 주거 문제를 해결할 목적으로 미국의 변호사인 밀러드와 그의 아내 풀러가 설립한 단체로, 해비타트의 사전적 의미는 '거주지'로 보금자리를 뜻합니다. 밀러드 부부는 20대 후반에 이미 많은 재산을 모았으나, 인류를 위해 참다운 삶을 살기로 결심하고 1965년 전 재산을

팔아 가난한 사람들에게 나누어 준 뒤, 1973년 아프리카 자이르(현 콩고민주공화국)로 건너가 가난한 흑인들을 위해 집을 지어주기 시작하였습니다. 이어 1976년 오늘날의 모습을 갖춘 국제 해비타트를 창설해 개인·교회·기업 및 각종 사회단체와 힘을 합쳐 가난한 이웃을 도와 그들의 가정에 희망의 보금자리를 제공하기 시작하면서 국제적인 운동으로 자리 잡았습니다.

이 운동의 특징은 설계에서부터 막일까지 모두 자원봉사를 통해 이루어지며, 각 기업들의 재료 지원을 받아 학생에서부터 노인에 이르기까지 직접 땀방울을 흘리며 저렴하고 안락하며 단순한 집을 짓는 데 있습니다. 건축비는 일반 건축비의 60% 정도이며, 지어진 집들은 무주택 가정에 무이자·비영리 원칙으로 저가 판매됩니다. 해비타트에 입주하는 가정은 건축 원가의 5% 정도를 선금으로 지불할 능력이 있어야 하고, 집이 다 지어질 때까지 현장에서 함께 일하며, 자신의 집이나 다른 이들의 집을 짓는 데 최소한 500시간 이상 노동으로 동참해야 합니다.

또한 건축 원가를 15년 이상의 장기간 무이자로 상환하면 됩니다.

현재 세계 곳곳에서 24분을 주기로 해비타트 주택이 1채씩 지어지고 있으며, 2011년 아프리카 케냐에서 50만 번째 해비타트 주택이 건축되었습니다. 2011년 기준 95개 국가에서 2,000개가 넘는 해비타트 지회가 활동하고 있습니다.

우리나라의 해비타트 운동은 1980년 후반에 시작되었으며, 1992년 한국해비타트운동본부(한국 사랑의 집짓기 운동연합회)가 공식 발족되었습니다. 초창기에는 외국인 자원봉사자들이 국내에 와서 많은 활동을 했지만 지금은 오히려 국내 봉사자들이 동남아 등으로 나가는 사례가 더 많습니다. 현재 한국해비타트는 국내에 10개 지회를 두고 있습니다.

5 월드비전

6·25전쟁 중에 전쟁고아를 위해 만들어진 단체로, 굶주림에 시달리는 제3세계 국민들에게 식량을 배급하고 스스로 살아갈 수 있도록 도와주는 활동을 합니다. 국적, 인종, 이념, 종교, 성별 등에 상관없이 도움을 필요로 하는 곳이면 어디든지 달려가 도움의 손길을 전하는 '차별 없는 구호 단체'입니다. 전 세계 47개 나라, 288개 사업장에서 식수 개발·재난 구호·영양 급식 사업 등 지역개발 사업을 하고 있습니다.

6 굿네이버스

우리나라에서 설립된 단체로, 가난하고 소외된 지구촌 이웃들을 위해 1991년에 만들어졌습니다. 소외받은 사람들의 인권을 존중하고, 그들이 희망을 갖고 살아갈 수 있도록 도와주는 활동을 합니다. 굿네이버스의 활동 목표는 굶주림 없는 세상, 더불어 사는 세상을 만드는 것입니다. 2015년 현재 전 세계 37개 나라에서 전문 사회복지사업과 국제구호 개발사업을 실시하고 있습니다.

11 이 직업을 가진 사람에게 듣는다

사회복지사 남궁명

일방적이고 일시적인 도움이 아니라
한 사람의 내면을 변화시키고 근본적인 도움을 주기를 원하는 남궁명 사회복지사를 만나서
그녀가 꿈꾸는 모두가 행복한 복지에 대해 들어본다.

Q1 사회복지사를 선택하게 된 배경이 궁금합니다.

대학에 진학할 당시에는 심리상담을 전공할 계획이었습니다. 하지만 대학교 1학년 여름방학 때 아프가니스탄으로 해외 봉사를 가면서 꿈이 달라졌습니다. 학교에 가기는커녕 기본적인 생리욕구도 해결하지 못하는 어린이들을

보고 도와주고 싶은 생각이 들었습니다. 돌아와서 여러 가지를 알아본 결과 현장에 가장 빨리 나갈 수 있는 방법은 사회복지사란 걸 알게 되었지요. 원래는 NGO 단체에 들어가서 제3세계의 나라에 가서 일하고 싶었지만, 여러 가지 사정으로 사회복지관에서 일하게 되었습니다. 하지만 원래 생각했던 것과 비슷한 일을

143

하고 있기 때문에 지금의 일이 소중하고 만족스럽습니다.

Q2 사회복지사의 주요 업무를 말씀해 주세요.

사회복지사는 사람들이 인간적인 삶을 영위하고 신체적·육체적·정신적·심리적으로 행복하게 살 수 있도록 도와주는 일을 합니다. 즉, 사람들이 보다 나은 삶을 살도록 돕는 사람이지요.

사회복지사의 주요 업무는 어떤 부서에서 일하느냐에 따라 달라집니다. 일반적으로 사회복지관의 복지사는 저소득 계층의 생계 지원을 위해 여러 가지 서비스를 제공하는 일을 합니다. 그분들에게 필요한 물건과 서비스를 연계해 주는 것이 가장 중요한 업무입니다.

사회복지 공무원이 나라가 정한 법에 따라 저소득층을 돕는 일을 한다면, 사회복지사는 도움이 필요한 분들을 찾아내서 서비스를 연계해 주거나, 행사나 프로그램을 통해 그분들을 돕는 일을 합니다.

Q3 사회복지사들은 구체적으로 어떤 일을 하는지 궁금합니다.

종합사회복지관은 속한 지역에 따라 중점사업이나 특화사업이 달라지고, 예산은 분기별로 신청해서 예산안에서 사업을 실시하는데, 종합사회복지관들은 재가 복지라고 해서 공통적으로 경로식당을 운영합니다.

노인을 대상으로 하는 활동은 거동이 불편한 노인들에게 도시락을 배달하거나 철마다 김장

지원을 합니다. 노인들에게도 문화가 필요하기 때문에 나들이 계획을 짜서 야외로 모시고 나가기도 하고, 일상적인 이미용 서비스도 제공합니다. 건강과 관련해서는 의료지원 프로그램을 운영하고, 문화 프로그램으로는 노래교실, 체조나 기체조, 한글교육을 실시합니다.

어린이를 대상으로는 장학 사업을 진행하거나 장학금을 지원해 줍니다. 또 잘못된 식습관이나 군것질로 비만이 된 아이들을 위해서는 교육과 운동을 병행하는 경우가 많습니다. 아이들이 올바른 영양 상태를 유지하는 데 도움을 주기 위해 부모를 교육시키기도 하고, 전문 강사를 초빙하여 리듬 줄넘기 등의 운동도 가르쳐 줍니다.

새터민을 대상으로는 남한 문화에 잘 적응하도록 돕는 프로그램을 실시하거나 특수한 트라우마가 있는 사람들을 치료하는 프로그램도 운영합니다. 새터민의 인식재건사업을 위해 북한 음식을 만들어서 주변 사람들에게 나눠주는 행사도 기획합니다.

Q4 사회복지사의 하루 일과는 어떻게 되나요?

근무하는 곳에 따라 업무 내용이 달라집니다. 기본적으로 행정업무도 담당하지만, 사회복지사에게 중요한 일은 서비스가 필요한 사람들을 만나서 그들의 상황과 필요한 것들을 파악하는 일입니다. 이러한 업무를 '사정'이라고 하지요.

사회복지사들은 사정 후에 필요한 서비스를 복지관에서 직접 계획하거나 아니면 다른 단

체와 연결해 줍니다. 근무시간에 사정 일을 하기 때문에 행정업무는 근무 외 시간에 처리하는 경우가 많아서 야근이 잦습니다.

Q5 사회복지사에게 중요한 자질은 무엇일까요?

성품적인 면에서는 경청이 중요합니다. 단순히 듣는 게 아니라, 들으면서 이 사람은 어떤 사람이고 지금 이 사람에게 필요한 것은 무엇인지를 파악하는 적극적인 듣기가 필요하지요. 또 사람을 상대하는 일이기 때문에 사람 만나는 걸 좋아해야 합니다. 하지만 가장 중요한 건 역시 어려운 처지에 있는 사람을 돕고자 하는 마음입니다. 도우려는 마음이 없다면 사회복지사 업무를 결코 잘할 수 없습니다.

능력적인 면에서는 기획력과 창의력이 중요합니다. 이 두 가지 능력은 사회복지사가 공모 사업을 따낼 때에도 필요하지만, 각 사업을 진행할 때도 매우 중요합니다. 똑같은 예산을 줘도 기획력과 창의력에 따라 전혀 다른 효과를 거둘 수 있기 때문입니다.

사회복지사는 매년 보수교육을 받아야 합니다. 법정 교육 시간이 정해져 있는데, 본인이 필요한 과목을 선택할 수 있습니다. 예를 들어 후원 담당자라면 기업의 펀딩을 잘 받는 방법이나 후원을 잘 모으는 방법 등의 교육을 받으면 됩니다.

Q6 사회복지사 일을 하면서 기억에 남는 에피소드가 있나요?

제가 지금 일하는 복지관은 1970년대에 지은 영구 복지 아파트촌 근처에 있습니다. 경제적으로 굉장히 힘든 분들이 많이 사는 곳이지요. 복지관에서 일하다 보면 매일 뭔가를 달라고 요구하거나 술을 마시고 칼을 들고 찾아오는 분들도 있습니다. 저도 사람이기 때문에 그런 분들을 보면 불쌍한 마음이 드는 게 아니라 짜증이 나고 '과연 저런 사람도 변할 수 있을까?' 하는 의문이 들었습니다. '어차피 변하는 건 불가능해 보이는데, 그냥 필요한 것만 주자.'라는 안일한 생각도 들었지요.

그런데 복지관에서 인문학교육 프로그램을 실시하게 되었습니다. 당장 먹고살기도 힘든 저소득층에게 무슨 인문학 교육이냐는 우려가 많았지만, 프로그램은 효과가 있었습니다. 이런 인문학 교육은 스스로의 존재나 삶에 대해 통찰해 볼 수 있는 좋은 기회가 되거든요. 같이 교육받고, 같은 프로그램에 참여하면서 그분들도 변하고 저도 변하게 되었습니다.

Q7 사회복지사로서 보람을 느낄 때는 언제인가요?

제가 계획한 사업에 대해 주민들의 반응도 좋고 상사에게 칭찬받을 때 보람을 느낍니다. 하지만 가장 기뻤을 때는 주민들의 변화된 모습을 목격했을 때입니다.

서울시가 계획한 사업 중에 마을 공동체 사업이 있습니다. 기존의 사회 복지 행사가 그렇듯이 항상 사회복지사가 주도적으로 담당하고, 주민들은 사회복지사에게 전적으로 의존하고 서비스를 받기만 했습니다. 그런데 최근의 마을 행사는 달랐습니다. 이전과는 달리 주민들이 자체적으로 준비해서 행사를 진행하고, 그 이익은 마을을 위해 쓰도록 했지요.

비록 작은 변화지만 더 이상 일방적으로 도움을 주고받는 관계가 아닌 거지요. '저분들과 우리가 이제 파트너로 함께 일할 수 있겠구나' 하는 마음에 굉장히 뿌듯하고 감사했습니다.

Q8 사회복지사로서 힘든 점은 무엇인가요?

우리나라에서는 사회복지나 사회복지사에 대한 인식이 매우 낮습니다. 사회복지사를 전문직으로 여기지 않고, 단순히 어려운 사람을 돕고 봉사하는 사람으로 생각합니다. 그래서 누구나 쉽게 할 수 있는 일이라 생각하는데, 실제로는 그렇지 않습니다. 사회복지 일은 창의력을 갖춘 고급 인력들이 해야 하는 일입니다.

그리고 정작 사회복지사에 대한 복지가 너무 열악합니다. 노동량과 강도에 비해 급여가 너무 적고 근무시간은 너무 길지요. 사회복지사는 행정업무만 담당하는 것이 아니라, 도움이 필요한 분들을 직접 만나서 상담해야 합니다. 그리고 그에 따르는 행정적인 업무는 업무 외 시간에 감당해야 하므로 야근이 많을 수밖에 없습니다.

예를 들어 마을 행사를 준비할 때는 근무 시간에 사람들을 만나서 준비하고, 계획서나 결과 보고는 업무 외적인 시간에 해야 합니다. 대한민국에서 사회복지사만 유난히 일이 많아서가 아니라, 사회복지사의 수가 절대적으로 부족한 것이 사회복지사의 근무 상황을 열악하게 만드는 것입니다. 사실 인력만 부족한 것이 아니라 예산도 부족합니다. 어려운 사람을 도와주기 위한 예산도 중요하지만, 사회복지사의 인력을 확충하고 월급을 인상하기 위한 예산 확보도 필요합니다.

이러한 인력과 예산 부족 때문에 정작 사회복지사의 복지는 전혀 지켜지지 않고, 많은 사회복지사들이 중간에 그만 두는 경우가 생깁니다. 기관 입장에서는 일을 시킬 만하면 그만둬 버리니 사업의 연속성이 떨어져서 늘 단회성에 머물게 됩니다. 매년 사업을 벌이지만, 발전도 없고 전문성도 없고 주민들에게 그다지 도움이 되지 않습니다. 주민들의 입장에서도 사회복지사와 친해질 만하면 떠나 버리니 불만이 많습니다. 사회복지사의 처우가 개선되어야 사회복지 사업도 발전하고 주민들도 양질의 서비스를 받을 수 있을 텐데 현실이 받쳐주지 않으니 여러 모로 안타깝습니다.

Q9 다른 나라와 비교하여 우리나라의 복지 정책은 어떤가요?

흔히 복지 선진국이라 일컫는 스웨덴, 노르웨이, 덴마크, 핀란드 같은 나라와 비교하면 차이가 많이 납니다. 그런데 이런 나라들은 국민들이 월급의 50% 이상을 세금으로 냅니다. 세금을 많이 내도 그만큼 자신들에게 돌아오는 것이 많기 때문에 국민들도 불만이 없습니다.

개인적으로 복지 선진 국가들에게 가장 부러운 제도는 육아휴직 제도입니다. 덴마크의 경우 육아 휴가로 2년을 쉴 수 있게 되어 있습니다. 이에 비해 우리나라는 육아휴직 제도가 너무 미흡합니다. 결혼한 여성들은 아이를 낳으면 가정에 소홀해지거나 직장을 그만두거나,

둘 중 하나를 선택할 수밖에 없습니다. 이러한 이유로 한국의 출산율이 현저히 낮고, 20~30년 후면 아이들의 수보다 부양해야 할 노인들이 더 많아질 거라는 예상이 나오고 있습니다. 만약 제가 복지부장관이 된다면 육아휴직 제도나 출산에 대한 복지정책을 확대하고 싶습니다. 아이를 많이 낳아야 국가가 유지될 수 있기 때문에 정말 중요하다고 생각합니다.

반면 우리나라는 건강보험제도는 잘 되어 있습니다. 비교적 싼 가격으로 일반적인 치료를 받을 수 있으니까요. 미국은 의료보험제도가 미흡해서 유학생들이 아프면 걱정을 많이 한다고 합니다.

Q10 사회복지사는 우리 사회에서 어떤 역할을 하고, 또 어떤 점에서 꼭 필요하다고 생각하시나요?

국민기초수급자들은 정부의 지원을 받습니다. 하지만 바로 위의 차상위 계층은 정부의 지원을 못 받는 복지 사각지대에 놓여 있습니다. 그래서 이들은 기초수급자보다 더 어려운 삶을 살고 있습니다. 하지만 정부에서는 이들에게 법적인 도움을 줄 수 없기 때문에 사회복지사들이 이들을 찾아내서 도움을 줘야 합니다.

또 앞에서도 말씀드렸듯이 사회복지사는 단순히 어려운 사람들에게 일방적인 도움을 주는 사람이 아닙니다. 물론 1차적으로는 저소득층들의 먹고사는 기본적인 문제가 해결될 수 있도록 도와줘야 합니다. 그리고 최종적으로는 그들이 스스로 자립할 수 있도록 도와주는 것이 목표가 되어야 합니다. 결국 사람을

변화시키는 것을 목표로 하고 있습니다. 이것은 힘든 일이지만 가능성이 전혀 없는 건 아닙니다. 저는 이 부분을 위해서 예산과 노력이 더 투자돼야 한다고 생각합니다.

Q11 사회복지사업이 예전에 비해 달라진 점이 있나요?

전보다 기업의 참여가 많아졌고 자원봉사자의 수도 많이 늘었습니다. 반가운 일이지요. 기업의 지원이나 자원봉사자들은 저희 일에 큰 도움이 됩니다.

최근 사회 분위기가 기업의 사회 공헌을 강조하고 있습니다. 옛날에는 저희가 기업에 이런 사업을 하고 싶은데 후원해 달라고 연락했는데, 요즘엔 반대로 기업에서 이런 사업을 하고 싶은데 함께 하자고 연락이 오는 일이 많아졌습니다.

또 자원봉사자의 수가 많이 늘어서 예산을 절약할 수 있게 되었습니다. 저희는 인력이 절대적으로 부족하기 때문에 자원봉사자가 없으면 인력을 고용해야 합니다. 하지만 예산 절약보다 더 감사한 것은 재능이 뛰어난 자원봉사자들 덕분에 양질의 프로그램을 진행할 수 있게 되었다는 점입니다.

그럼에도 인력은 여전히 부족합니다. 사회복지사의 수가 절대적으로 부족하기 때문에 서비스가 좋아지는 데는 한계가 있습니다. 일단 많이 뽑아야 전문적인 서비스가 가능합니다.

요즘 거의 모든 대학에 사회복지학과가 있고, 매년 많은 사회복지사가 배출되지만 뽑지 않으면 소용이 없습니다. 기업이나 자원봉사

자의 참여도 좋지만, 가능하면 정부에서 많은 수의 사회복지사를 뽑아서 양질의 서비스를 제공할 수 있었으면 좋겠습니다.

Q12 사회복지사로서 앞으로의 꿈을 말씀해 주세요.

우선은 사회복지사를 계속하면서 많은 지식과 경험을 쌓고 싶습니다. 그러다 나중에는 주민 커뮤니티 역할을 하는 카페를 차리고 싶습니다. 주민들의 소모임도 지원하고, 아이들을 유치원이나 학교에 보낸 엄마들이 책을 읽거나 바리스타반, 퀼트 모임 또는 육아 품앗이를 나눌 수 있는 공간을 마련하는 것이 제 꿈입니다. 카페를 통해서 수익을 추구하지만, 그 수익을 마을에 환원하고 싶습니다.

Q13 사회복지사를 꿈꾸는 청소년들에게 조언 한마디 해주세요.

사회복지사를 꿈꾼다면 기회가 있을 때마다 지속적으로 봉사 활동을 하는 것이 좋습니다. 다양한 분야보다는 한 분야에서 6개월 이상 하면서 어떤 분야가 적성에 맞는지 천천히 알아보는 것이 좋습니다.

모든 직업이 그렇지만 사회복지사는 특히나 직업적인 소명이 확실해야 합니다. 이 일은 돈을 많이 버는 일이 아니라서 소명 없이는 할 수 없기 때문입니다. 하지만 이 일에는 돈으로는 환산할 수 없는 기쁨이 있습니다. 꿈이 있다면 도전하길 바랍니다.

사회복지사
사회형

SOCIAL
WORKER

간호사
사회형

S

Educator

Police

Social Worker

NURSE

Stewardess

NURSE

간호사(사회형)

예전에는 중·고등학교 여학생 중 간호사가 되고 싶어 하는 학생들이 많았습니다. 하얀 원피스에 하얀 캡을 쓰고 아픈 사람을 도와준다는 백의의 천사 이미지 때문이었지요. 지금도 옛날만큼은 아니지만 간호사는 여전히 여학생들에게 인기 있는 직업입니다. 요즘에도 인기가 있는 까닭은 예전처럼 막연한 동경이나 이미지 때문이 아니라, 대학의 간호학과를 졸업하면 취업이 잘 되고, 사회적인 대우와 보수도 좋으며, 나이 들어서도 계속할 수 있는 전문성을 갖춘 직업이기 때문입니다.

01 간호사 이야기

1 간호사란?

간호사는 의사를 도와 병에 걸린 사람들을 치료하고, 빨리 회복할 수 있도록 돌봐주는 일을 합니다. 의사의 처방에 따라 환자에게 주사를 놓기도 하고, 환자 일지를 정리하고, 의료 기기를 소독하는 일도 합니다.

간호사들은 대부분 병원에서 근무하는데, 개인병원이냐 종합병원이냐에 따라 하는 일이 조금씩 차이가 납니다. 개인병원에서는 환자의 접수를 받고 어디가 불편해서 왔는지 물어본 후에 차트에 기록합니다. 환자가 의사의 진료를 받고 나오면 처방전을 주고, 검사할 것이 있으면 검사할 내용을 설명해 주면서 검사를 받을 수 있도록 도와줍니다.

종합병원에서 근무하는 간호사들의 업무는 훨씬 다양합니다. 주로 입원 환자들을 돌보는 일을 하는데, 의사의 처방에 따라 환자에게 링거 (수액주사)를 놓거나 먹는 약을 주고, 환자의 체온과 맥박, 혈압을 재고 소변 검사를 한 후에 차트에 기록하여 의사가 볼 수 있도록 합니다. 또 의료 기구와 물품이 제대로 있는지 점검하는 일, 컴퓨터로 환자의 병력을 관리하는 일, 환자와 보호자의 마음을 안정시킬 수 있도록 치료 과정과 치료법을 친절하게 설명해 주고 주의사항을 알려 주는 일 등을 합

Tip

종합병원에 근무하는 간호사는 환자의 바이탈 사인을 확인하는 일이 무엇보다도 중요합니다. 바이탈 사인이란 체온, 맥박, 호흡, 혈압 등 환자의 생명 상태를 알려 주는 신호들로 활력 징후라고도 합니다. 간호사는 이 4가지 바이탈 사인을 확인하고 이상이 있을 때 즉시 의사에게 알려야 합니다.

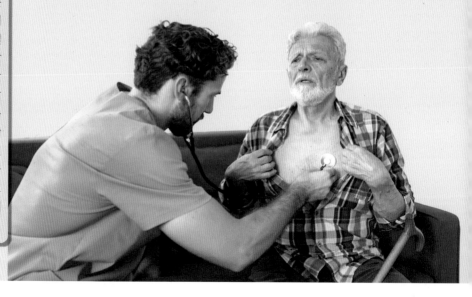

니다. 그리고 의사의 수술 준비를 돕거나 수술에 함께 참여하기도 하며, 의사가 없을 때 응급 환자가 생긴 경우에는 응급 처치를 하기도 합니다.

2 간호사가 지녀야 할 자세

간호사는 의사와 협력하여 환자의 건강과 생명을 다루는 일을 하므로 도덕성과 책임감, 성실함을 갖춰야 합니다. 무엇보다도 몸이 아픈 환자를 돌보는 일을 하기 때문에 기본적으로 따뜻한 마음과 배려심을 가져야 합니다. 병원을 찾은 환자들 대부분은 몸과 마음이 약해져 있습니다. 이럴 때 간호사는 환자와 보호자에게 친절한 태도로 치료 과정을 설명해 주고, 궁금증을 해결해 주는 등 마음의 안정을 찾을 수 있도록 도와줘야 합니다.

환자들은 의사보다 간호사와 함께 보내는 시간이 많기 때문에 간호사를 보다 친근하고 편안하게 생각합니다. 그래서 자신들의 고통이나 몸 상태, 원하는 것 등을 간호사에게 많이 이야기합니다. 간호사는 이런 환자의 상태를 의사에게 전달하고, 치료를 위해 개선할 점을 건의하는 일도 합니다.

3 간호사가 되려면

간호사가 되려면 4년제 대학 간호학과나 3년제 간호전문대학의 간호학과에 입학해야 합니다. 그런데 간호학과의 경쟁률이 매우 치열하므로 중·고등학교 시절에 공부를 열심히 해야 합니다.

간호학과를 졸업한 뒤에는 간호사 국가시험을 봐야 합니다. 간호사 국가시험의 합격률은 90%를 넘기 때문에 간호학과를 졸업한 경우 대다수가 합격한다고 볼 수 있습니다. 시험에 합격하면 전문 간호사 자격증이 나옵니다.

간호사 자격증을 취득하면 종합병원이나 대학병원, 개인병원 등에 취업할 수 있고, 결핵요양소나 정신병원 등과 같은 전문병원에도 취업

Tip

간호사는 근무하는 장소에 따라 근무 조건이 매우 다양합니다. 보건소나 기업 등의 의무실에서 일하면 대부분 9시에 출근하고 6시에 퇴근합니다. 그러나 종합병원이나 대학병원같이 규모가 큰 병원에서는 환자를 24시간 동안 돌봐야 하기 때문에 3교대로 근무하며, 일요일이나 공휴일에도 근무할 때가 있습니다.

Tip

각 분야의 전문 간호사 자격을 취득하려면 해당 분야에서 3년 이상 근무하며 경험을 쌓고 지정된 교육기관(대학원 수준)에서 전문 간호사 과정을 이수해야 합니다. 특히 종합병원의 수술실, 심장병동, 중환자실에 근무하기 위해서는 특수 훈련을 받아야 합니다.

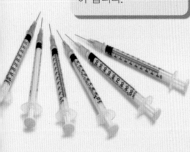

할 수 있습니다. 아니면 보건소나 학교의 보건실, 회사의 사업장 등에서 일할 수도 있습니다. 또 간호사 면허를 따고 1년간 조산 실습 과정을 마치고 조산사 국가 면허 시험에 합격하면, 임산부와 신생아를 돌보는 조산사가 될 수도 있습니다.

또한 2000년부터는 전문 간호사 제도가 시행되고 있습니다. 가정, 노인, 마취, 수술, 아동, 응급, 보건, 산업 등의 정해진 분야에 대해 더욱 깊은 지식과 기술을 공부하여 전문 간호사 자격을 취득할 수 있게 된 것입니다. 전문 간호사가 되면 전문성을 인정받아 좀 더 좋은 대우를 받으며 일할 수 있습니다.

4 근무 환경

간호사가 일하는 곳은 다양한데, 전체 간호사의 70%는 개인병원이나 종합병원 등 병원에서 근무합니다.

그 밖에 대학교에서 교육과 관련된 과목을 이수한 간호사는 학교 보건실의 보건 교사가 될 수 있습니다. 그리고 보건소, 소방서, 경찰서, 산업현장 등 환자가 생길 수 있는 곳은 어디라도 간호사가 필요합니다.

또 의사가 없는 농어촌 벽지 또는 오지의 보건진료소에 근무하기도 하는데, 이때 간호사는 진료소장이 되어 지역 주민의 기본적인 건강관리를 담당합니다. 프리랜서로 일하는 간호사는 가정에 직접 방문해서 환자를 돌보기도 하며, 간호사 자격증이 있으면, 일정 경력을 쌓은 후 산후조리원이나 어린이집을 창업할 수도 있습니다.

5 간호사와 간호조무사의 차이

사람들은 가운을 입고 의사를 도우면 모두 간호사인 줄 알지만 간호사와 간호조무사는 엄연히 구분되어 있습니다. 간호사는 국가에서 인정한 정규간호교육과정을 이수하고 간호사 면허를 취득한 전문적인 간호업무를 담당하는 사람으로서 주사를 놓고 약을 투여하고 병실의 모든 업무를 책임지는 일을 합니다.

이에 비해 간호조무사는 의사나 간호사의 지시에 따라 간단한 간호업무를 수행합니다. 간호사의 일상 업무를 돕는 한편, 입원 환자들의 침상을 정리하고, 환자의 차트 등을 찾아 간호사에게 전달하는 일도 합니다. 간호조무사들은 병원 이외에 양로원이나 장애인 보호시설에서 일하기도 하고, 도움이 필요한 노인들을 찾아가 돌보기도 합니다. 고등학교를 졸업한 사람이라면 누구나 국가에서 실시하는 간호조무사 자격시험을 칠 수 있습니다.

6 직업 전망

현재도 그렇지만 앞으로도 간호사의 직업 전망은 밝다고 할 수 있습니다. 국민소득이 증가하면서 국민들의 건강에 대한 관심도 나날이 높아져 가고 있는 데 비해 현재 우리나라 간호사 수는 수요에 비해 매우 부족한 실정입니다. 정부에서는 의료의 질을 높이기 위해 병상 수 대비 간호사 수의 비율을 높이려고 많은 노력을 기울이고 있습니다. 우리나라는 현재 OECD 국가 중 인구 대비 간호사 비율이 매우 낮은 편이어서 간호사 인력에 대한 수요는 계속 늘어날 것으로 보입니다.

또한 노인 인구가 늘면서 노인 전문 간호사의 수요가 폭발적으로 증가하고 있습니다. 나이가 들면 몸이

자주 아파서 매일같이 병원을 찾거나 요양원 등에서 머물게 됩니다. 앞으로 요양시설 등의 노인 관련 시설이 증가할 것으로 보여 간호사의 취업 전망은 매우 밝다고 할 수 있습니다.

그리고 미국, 캐나다, 호주, 노르웨이, 유럽 등 선진국뿐만 아니라 중동 지역에서는 간호사 부족 현상이 심화되고 있어서 좀 더 나은 근무조건을 위해 해외로 진출할 기회 역시 다른 직종에 비해 많은 편입니다.

7 늘어나는 남성 간호사들

간호사라는 직업을 연상하면 여성들을 흔히 떠올릴 것입니다. 그런데 요즘에는 남성 간호사도 심심찮게 볼 수 있습니다. 특히 종합병원의 중환자실, 수술실, 응급실, 회복실 등에서 환자의 이동을 쉽게 하려면 여성 간호사보다는 상대적으로 힘이 센 남성 간호사의 역할이 필요합니다. 이런 면에서 남성 간호사의 수는 점점 늘어나고 있으며, 현재 우리나라 병원에서 일하는 남성 간호사는 약 5,000명 정도라고 합니다.

02 전문 간호사

지금까지는 간호사가 하는 일이 의사의 진료를 돕고 환자를 돌보는 일이 주를 이루었습니다. 그런데 최근 들어서 대형병원 위주로 마취, 종양, 응급, 임상, 정신 등 전문 분야에서 활동하는 전문 간호사(Advanced Practice Nurse, APN)의 수가 늘어나고 있습니다.

전문 간호사 제도는 2000년부터 시행되고 있습니다. 전문 간호사로 활동하려면 우선 보건복지부 장관이 인증하는 전문 간호사 자격증을 따야 합니다.

자격증을 딴 후에는 해당 의료기관이나 지역 사회에서 높은 수준의 전문가적 간호를 2~3년 수행해야 합니다. 풍부한 임상 경험은 병의 문제점을 쉽게 파악할 수 있게 해주므로 꼭 필요한 과정입니다.

전문 간호사는 환자를 돌보는 일뿐만 아니라 환자와 환자의 가족, 일반 간호사, 간호 학생, 다른 보건의료 인력 등을 교육하고, 실무 교육 프로그램 개발 등에 참여하기도 합니다. 현재 의료법에서 인정하고 있는 전문 간호사 분야는 가정, 감염관리, 노인, 마취, 보건, 산업, 아동, 응급, 임상, 정신, 종양, 중환자, 호스피스 등 총 13종류입니다.

지금부터 전문 간호사가 하는 일을 영역별로 알아보겠습니다.

> **Tip**
>
> 전문 간호사 자격을 취득하려면 해당 분야에서 3년 이상 근무하며 경험을 쌓고 지정된 교육기관(대학원 수준)에서 전문 간호사 과정을 이수해야 합니다. 그러고 나서 보건복지부 장관이 인증하는 전문 간호사 자격시험을 봐서 합격하면 전문 간호사 자격증이 나옵니다.

1 가정 전문 간호사

환자가 병원을 방문할 수 없는 상황일 때 환자의 집을 찾아가서 환자의 특성과 요구에 맞춰 전문적인 간호 또는 주치의가 의뢰한 치료적 간호를 수행합니다. 환자 집에 도착하면 가장 먼저 환자 상태를 체크하고 몇 가지 검사를 합니다. 더불어 환자의 건강 상태와 정서 상태, 가치관을 파악합니다. 그리고 가족 중 환자를 주로 간호하는 사람이 누구인지 알고, 환자와 가족들이 원하는 간호의 정도를 파악합니다. 이를 토대로 어떤 간호를 할 것인지 계획을 세우고, 집에서 할 수 있는 최선의 방법을 동원하여 환자를 치료합니다. 간호를 하는 틈틈이 환자와 가족들의 반응을 살피고, 스스로 간호 목표의 달성 정도를 평가합니다.

그 밖에 가정 전문 간호사가 하는 일은 환자와 그 가족들, 일반 간호사, 교육 과정생, 지역사회 주민과 보건 의료인을 대상으로 간호에 대해 교육하기도 합니다.

2 감염관리 전문 간호사

감염관리 전문 간호사들은 병원 내에서의 감염을 예방하고 관리하는 일을 합니다. 예를 들어 의사나 간호사들이 손을 제대로 씻는지, 기구를 제대로 소독하는지, 감염 환자를 적절히 격리하는지 등을 관찰하고 감염 예방 방법을 교육하는 등 감염 전파 예방과 관련한 일을 합니다. 만일 매스컴에서 내시경 소독이 잘 안 되고 있다는 보도가 나오면 자신이 근무하는 병원 내시경의 세척과 소독 과정을 꼼꼼하게 검사하고, 높은 수준의 소독이 가능한 소독제를 선택하여 만일의 경우를 대비합니다.

또 감염 예방 지침을 만드는데, 이때는 아주 자세한 규정을 두고 있습니다. 예를 들어 손을 씻는다고 하면 5분마다 씻는 게 좋은지, 수술 전에 씻는 게 좋은지, 비누로 씻는 게 좋은지, 소독제를 이용하는 게 좋은지 등 여러 방법 중 효과가 좋은 방법이 어떤 것인지를 확인해 관련 규정을 만듭니다.

그리고 병원 내에서 감염 문제가 발생했을 때는 철저한 조사를 통해 원인을 찾아내어 다시는 이러한 일이 일어나지 않도록 조치를 취합니다. 예를 들어 어떤 과에서 어떤 수술을 했더니 감염균이 발생하는 것 같다거나 검사실에서 그동안 안 나오던 균이 나왔다는 등의 보고를 받으면 역학 조사를 통해 원인을 찾아내서 조치를 취하는 것입니다.

감염관리 전문 간호사는 대학병원, 종합병원 등의 전담 부서에서 활동합니다. 과거에는 병원마다 자체적으로 감염관리 활동을 해왔으나 최근 2~3년 전부터 의료 관련 감염에 대한 사회적 관심이 늘고 있고, 국민들을 각종 감염 문제로부터 지켜내기 위해 국가적 차원에서 노력하고 있습니다. 질병관리본부에서도 각종 세미나와 자문 의뢰 등을 하면서 관심이 커지고 있습니다.

Tip

병원에는 다양한 병에 걸린 환자들이 있는 만큼 아무리 청결하게 관리하더라도 감염의 위험에 노출되어 있습니다. 간혹 건강했던 환자가 병원 내에서 다른 병균에 감염되어 건강이 나빠지는 경우도 있습니다. 특히 고령화 사회로 접어들고 장기 요양 시설이 늘면서 요양 시설에 입원하는 환자들을 통해 발생하는 의료 관련 감염이 문제가 되곤 합니다. 이럴 때 감염 관리 전문 간호사의 역할이 매우 커지고 있습니다.

3 노인 전문 간호사

최근 치매, 중풍, 뇌졸중, 관절염, 외상 및 중증 질환 등의 노인성 질환자를 전문적으로 관리하는 전문병원이나 요양원들이 많이 생기고 있습니다. 이런 기관에서 노인의 건강관리와 병세 호전을 위해 일하는 사람들이 노인 전문 간호사들입니다.

노인 전문 간호사는 노인 및 가족들과 상담을 하고 요구사항을 수렴하여 간호 계획을 세웁니다. 그리고 노인의 마음을 안정시키고 병세를 호전시키기 위하여 각종 재활 치료를 하며, 움직임이 부자유한 노인의 욕창을 예방하는 일도 합니다. 또한 치료오락프로그램을 진행하여 아픈 노인들의 스트레스를 완화시켜 주기도 합니다. 항시 노인의 건강 상태를 기록하고, 관련 의료기관의 의사에게 건강 상태 자료를 제출하여 정기적으로 건강 상태를 검토합니다. 그러다 노인의 건강에 이상이 생기면 병원에 의뢰하여 진료 및 건강 상태를 확인합니다. 노인이 다치거나 넘어지지 않도록 예방 활동을 하고, 불가피하게 발생한 사고에 대해서는 응급처치를 하고, 병원 후송 여부를 결정합니다. 그 밖에 시설 내의 구급약품을 관리하고 의무실을 운영·관리합니다.

복지기관이나 요양원에서 일하는 노인 전문 간호사의 경우 의사의 지시와 진료 계획에 맞춰진 병원 업무와는 달리 독자적인 간호 계획에 따라 업무를 진행할 수 있는 장점이 있으나, 책임을 져야 하는 부담이 있습니다. 따라서 계속적인 학습과 노력이 필요합니다.

최근에는 지방자치단체에서도 농촌지역의 노인 인구가 크게 늘면서 노인성 질환자도 급증하고 있고, 노인의 상당수가 경제력이 없다는 점을 고려하여 진료비가 상대적으로 싼 공립병원 및 기관을 늘리기 위하여 관련 시설의 설립을 추진하고 있습니다. 따라서 노인 전문 간호사의 직업적인 전망은 밝다고 할 수 있습니다.

Tip

고령화 시대에 접어들면서 노인 인구는 지속적으로 증가하고, 사회·경제적인 여건으로 인하여 자식들이 전적으로 노인 부양을 책임질 수는 없게 되었습니다. 따라서 집이나 관련 시설에서 노인을 모시는데, 이때 건강상의 문제를 해결할 수 있는 노인 전문 간호사 등 전문가의 도움이 필요합니다.

4 마취 전문 간호사

수술할 때는 마취를 합니다. 마취에는 깊은 잠을 자는 것처럼 환자의 의식이 전혀 없는 전신마취와 환자의 의식이 깨어 있는 상태에서 수술 부위만 하는 국소마취의 두 종류가 있습니다. 전신마취의 경우 잘못하면 환자가 호흡 곤란 증세를 일으키거나 심하면 깨어나지 못하고 식물인간이 되거나 사망하는 경우도 있으니 반드시 마취 전문 의사나 전문 간호사가 담당해야 합니다. 예전에는 마취 전문의가 주로 했으나 최근에는 마취 전문 간호사가 하기도 합니다.

마취는 마취 전문의나 수술을 담당한 외과의사의 감독 아래 이루어져야 하고, 수술이 이루어지는 동안에도 환자의 곁에서 상태를 지켜보아야 합니다. 수술이 끝나고 마취가 풀릴 때에 환자의 위험 증상을 관찰하고 예방하며 통증 완화를 위해 노력합니다.

마취는 할 때보다 마취에서 깨어날 때가 더욱 중요한데, 대부분의 불상사가 마취에서 깨어나지 못해 의식을 회복하지 못할 때 발생하기 때문입니다. 따라서 마취 전문 간호사는 환자가 완전히 의식을 회복할 때까지 긴장을 늦추면 안 됩니다.

5 보건 전문 간호사

전국에 있는 보건소에 근무하면서 지역 주민의 질병 예방과 건강 증진을 위해 노력하고 있습니다. 지역사회 주민과 기관을 대상으로 예방 접종을 하고, 질병 예방 교육과 보건 교육을 실시합니다. 주민들의 건강 증진을 위한 사업을 계획하여 실시한 다음 제공된 서비스에 대한 주민들의 만족도를 평가하기도 합니다. 또한 보건소의 약품 및 비품 등을 관리합니다.

6 산업 전문 간호사

사업장 내에 있는 건강관리실에 근무하면서 근로자들의 건강관리와 보건교육 등에 힘쓰고 있습니다. 예를 들어 구급약품이나 영양제 등을 필요한 근로자에게 나누어 주거나 금연운동 등 건강증진 사업을 계획하고 실행합니다. 근로자들이 보호 장구를 착용할 수 있도록 교육하고, 작업장에서 환자가 발생하면 그 원인을 파악하여 관련 부서에 보고하여 문제를 해결하도록 합니다. 작업장 환경이 근로자들에게 해롭다면 이것 역시 보고하여 개선하도록 요구합니다. 근로자 개인별 건강카드를 기록하고 유지하며, 근로자에게 필요한 의약품과 의료 장비 등을 구입하여 관리합니다.

7 아동 전문 간호사

신생아와 어린 환자들에게 필요한 간호를 해주는 일을 합니다. 다른 간호사와 마찬가지로 아이들에게 주사를 놓고, 붕대를 감고, 환자의 전체적인 상태를 살펴봅니다. 아기를 돌볼 때는 몸을 씻겨 주고, 분유를 먹이고, 달래거나 말을 겁니다. 소아청소년과 간호사는 부모에게도 중요한 역할을 합니다. 의사가 처방한 치료 내용을 부모에게 설명하고, 첫 아이일 때는 어떻게 돌봐야 하는지도 부모에게 가르쳐 줍니다. 또 걱정하지 말라고 다독여 주기도 합니다.

특히 엄마의 뱃속에서 10개월을 다 채우지 못하고 태어난 조산아를 돌보는 간호사는 아주 세심한 주의가 필요합니다. 조산아의 경우 적절한 치료를 받지 못하면 생명이 위태로워질 수 있기 때문입니다. 우유를 먹일 때에도 기술이 필요하고, 아기를 만질 때에도 조심해야 합니다. 혈관이 가는 아기의 팔에 주사도 놔야 합니다.

아동 전문 간호사가 되려면 종합병원의 소아청소년과나 산부인과에서 경험을 쌓다가 그 분야의 전문성을 키우고 싶으면 일정한 교육 과정을 이수한 뒤 시험을 봐서 통과해야 합니다.

8 응급 전문 간호사

어느 병동이나 마찬가지겠지만 응급실의 상황은 매우 급박하게 돌아갑니다. 환자들 중에는 친구들과 실랑이를 하다가 가벼운 상처를 입은 사람, 열이 높아 응급실을 찾은 아이 등 비교적 증상이 가벼운 환자도 있지만, 교통사고를 당해 피를 많이 흘리거나 뇌출혈로 쓰러져 목숨이 위태로운 환자도 있습니다.

응급 전문 간호사는 업무의 효율을 높이기 위해 응급 환자를 상태의 경중에 따라 세 종류로 분류합니다. 즉 증상이 비교적 가벼워 관찰이 필요한 환자, 증상이 좀 더 심하여 당장 치료와 간호가 필요한 환자, 마지막으로 목숨이 경각에 달린 위급한 환자들입니다. 각 환자의 상태에 따라 위 세척, 채혈, 응급장치 모니터링, 심폐소생술 및 각종 응급시술

Tip

응급 환자의 경우 초기에 어떻게 대응하느냐에 따라 환자의 목숨이 살기도 죽기도 합니다. 따라서 응급실에서 근무하는 간호사는 경험이 풍부하고 판단력이 뛰어나야 합니다. 이런 이유로 요즘에는 대형 병원의 응급실에 응급 전문 간호사가 있는 경우도 많습니다.

및 처치를 시행합니다.

그 밖에 응급 전문 간호사가 하는 일은 일반 간호사, 환자, 일반인 등을 대상으로 심폐소생술 등 응급처치에 대해 교육하고, 인공호흡기 등 응급 관련 기기를 관리합니다. 더 나아가 응급 체계의 운영과 행정에 대해 연구하기도 합니다.

9 임상 전문 간호사

병원에서는 간혹 임상 시험이 이루어지는데, 임상 시험은 새로운 약이나 식품, 의료기기, 새로운 시술법 등이 개발된 후에 안전성과 유효성을 알아보기 위해 환자들을 대상으로 실시하는 시험 또는 연구를 말합니다. 이미 동물 시험을 통해 안전성이 증명된 것들이지만 인체에 반응하는 과정을 정확히 판단하기 위한 시험으로, 임상 시험에 참여한 환자들은 그 부분에 대해서는 의료비를 면제받습니다.

임상 전문 간호사는 신약 개발과 관련하여 임상 시험에 참여하고 협력하는 일을 합니다. 임상 시험에 참여할 환자 및 일반인에 대한 검증 작업을 하고, 참여한 환자의 병력, 투약 경과 등의 자료를 관리합니다. 또한 임상 시험의 스케줄을 조정하고, 각종 검사의 예약 업무를 하며, 실험 보조원들을 교육합니다. 그리고 환자들에게 약을 먹는 방법을 설명하고 연구 책임자에게 정기적으로 보고합니다. 국제 임상 시험인 경우에는 외국 기관과 연락을 담당하며, 새로운 검사법이나 신약에 대한 정보를 위해 자료를 수집합니다.

10 정신 전문 간호사

현대 사회가 복잡해지고 경쟁이 치열해지면서 사람들의 스트레스 수치도 덩달아 높아지고 있습니다. 특히 학생들의 입시 경쟁, 청년들의 취업 경쟁, 장년층의 업무 스트레스와 불안한 일자리 등 현대인들은 다양한 스트레스 속에 살고 있습니다. 그리하여 선천적인 정신질환을 갖고 있지 않더라도 정신과를 찾아 치료를 받고 있는 사람들이 많습니다. 또한 정신과에 대한 인식 역시 예전과 달리 누구나 방문하여 상담을 받을 수 있는 곳으로 바뀌고 있습니다.

사람들의 수요에 맞춰 정신과를 전문으로 공부한 정신 전문 간호사도 생겨나고 있습니다. 이들은 여러 가지 기법을 이용하여 환자의 스트레스를 완화시켜 주고, 상태를 관리하고, 약물 및 심리 치료법을 이용하여 치료해 줍니다.

정신과 치료 방법으로는 인지행동 치료, 인간관계 훈련, 직업 재활, 정신 심리극, 잠재력 개발 훈련, 미술 치료법, 독서 치료법, 음악 치료법, 무용 치료법, 환경 치료법, 놀이 치료법 등 매우 다양합니다. 정신 전문 간호사는 이들 치료법 중 환자에게 적합한 것을 사용하여 치료해 줍니다. 그 밖에 정신장애자의 생활 훈련, 작업 훈련 및 개인·가족·집단치료를 수행하기도 합니다.

11 중환자 전문 간호사

목숨이 위태로운 중환자를 돌보는 일을 하기 때문에 노련한 경험이 필요하고, 중환자에게 적용하는 특수 간호 기술을 알고 있어야 합니다.

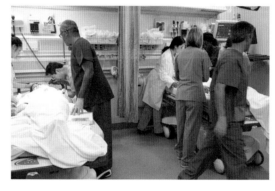

중환자 전문 간호사가 하는 일은 중환자에게 각종 검사를 시키고, 진단 결과를 해석하여 적정한 간호 계획을 수립합니다. 중환자 치료에 적용되는 약물을 관리하고, 중환자실이 감염되지 않도록 항시 청결을 유지해야 합니다. 중환자에게 발생할 수 있는 욕창, 동통, 피부 손상 등의 문제를 해결할 수 있어야 하고, 호흡 곤란 등의 응급 상황이 일어나면 위기에 대처하고 심폐소생술 및 심장재활 간호를 할 수 있어야 합니다.

무엇보다 힘들어하는 환자와 그 가족들에게 힘이 되어 주고, 그들이 잘 적응할 수 있도록 따뜻한 말로 격려해 주어야 합니다.

12 호스피스 전문 간호사

호스피스는 죽어 가는 사람의 육체적·정신적 고통을 줄여 주기 위해 세워진 병원 시설입니다. 호스피스 전문 간호사는 말기 환자의 처방에 따른 진단적 검사와 약물 치료법을 수행하고 그 효과와 부작용을 관

Tip

호스피스에 있는 환자
들은 대개 몇 주일 또
는 몇 개월 동안만 살
수 있다는 진단이 내려
진 후에 의사의 의뢰로
호스피스 치료에 들어
갑니다. 호스피스는 의
료 기관 내에서 받을
수도 있고, 통원 치료
또는 가정에서 제공받
을 수도 있습니다.

찰하고 그에 따른 적절한 조치를 합니다. 또 환자의 통증 및 증상을 완화시키고 안위를 도모하기 위해 비약물적 치료도 하고, 말기 환자에게 발생할 수 있는 합병증을 예방하기 위해 노력합니다.

죽음을 앞둔 환자가 편안한 죽음을 맞을 수 있도록 죽음이란 삶의 자연스러운 과정이라는 것을 환자에게 인식시키고, 이를 바탕으로 환자의 정신적·육체적 고통이 완화될 수 있도록 돕습니다. 또한 가족에게 임박한 임종의 징후와 가족이 해야 할 일에 대하여 알려 주며, 환자의 죽음 직후 가족과 함께 사후 처치를 실시합니다. 그리고 사별 가족이 사회활동이나 관심 분야의 활동에 참여하도록 돕습니다.

또한 자신의 경험을 바탕으로 다양한 현장에서 말기 환자 간호 프로그램을 개발하기 위한 연구도 합니다.

13 수술 전문 간호사

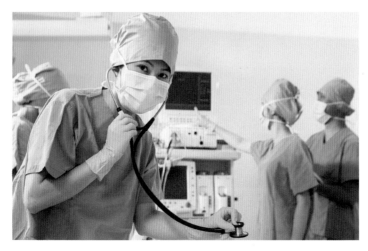

수술실에서 외과 전문의의 수술을 돕고 환자를 간호하는 일을 하며, 수술실과 수술 도구의 위생 상태를 책임집니다. 단 한 마리의 병균도 환자에게는 아주 위험한 감염을 일으킬 수 있으므로 의료진이 입을 수술복을 비롯하여 수술실로 들어가는 모든 도구를 철저하게 소독합니다.

수술 과정에서는 수술실에 들어온 환자를 수술대 위에 눕히고, 온도와 조명 등의 수술실 환경을 환자에게 맞춰 줍니다. 수술이 진행되는 동안에는 의사에게 필요한 수술 도구를 건네고, 의사가 붕대를 감거나 봉합할 때 도움을 줍니다. 수술이 끝나면 환자를 회복실로 데려가고, 환자의 몸과 정신 상태가 정상인지 확인합니다. 수술실에서는 환자의 목숨이 오고갈 수 있는 긴박한 상황이 많이 벌어지기 때문에 한 순간도 긴장을 늦춰서는 안 됩니다.

03 역사, 책, 영화 속에서 만나는 간호사

1 나이팅게일 선서

의사들에게 '히포크라테스 선서'가 있다면 간호사에게는 '나이팅게일 선서'가 있습니다. 현대 간호의 선구자인 나이팅게일을 기념하기 위하여 그의 이름으로 바쳐진 선서문입니다. 나이팅게일이 직접 지은 것은 아니고, 1893년 미국 디트로이트의 한 간호학교 졸업식에서 처음으로 사용되었습니다.

우리나라에서는 1988년부터 학교에 따라 가관식(간호대학 학생들이 임상 실습을 나가기 전에 머리에 쓰는 캡을 수여받는 의식)이나 핀 수여식(간호대학 졸업식에서 예비 간호사로서 각오를 다지며 핀을 수여받는 의식)에서 사용하고 있습니다.

2 우리나라 최초의 간호사 교육기관

우리나라 최초의 간호사 교육기관은 1903년 서울 정동에 보구여관이라는 부인병원에 세워진 간호부 양성소라고 할 수 있습니다. 보구여관은 '여성을 보호하고 구제한다'는 뜻이고, 간호부는 '환자를 보호하고 보살펴 주는 여자'라는 뜻입니다. 당시 간호부 양성소에 입학하려면 부모의 승낙과 의사의 건강진단서, 교회의 추천서 등이 필요했습니다. 또한 21~31세의 여성만 지원할 수 있었습니다.

1908년 11월 5일에 첫 졸업식이 열렸는데, 이때 졸업한 간호부가 김마다와 이그레이스라는 이름의 조선 여성입니다. 이들의 이름이 서양식인 까닭은 기독교에서 받은 세례명을 따랐기 때문입니다.

그 후, 1907년에 국가에서 정식으로 대한의원(옛 서울대학교 병원)에 간호부 양성소를 설립하여 간호교육이 실시되었습니다. 일제 강점기 내내 간호부로 불리다가 8·15 광복 후 간호원이라 불렸으며, 1987년 의료법이 개정되면서 간호사로 부르게 되었습니다.

나이팅게일 선서

- 나는 일생을 의롭게 살며 전문 간호직에 최선을 다할 것을 여러분 앞에 선서합니다.
- 나는 인간의 생명에 해로운 일은 어떤 상황에서도 하지 않겠습니다.
- 나는 간호의 수준을 높이기 위하여 전력을 다하겠으며, 간호하면서 알게 된 개인이나 가족의 사정은 비밀로 하겠습니다.
- 나는 성심으로 보건의료인과 협조하겠으며, 나의 간호를 받는 사람들의 안녕을 위하여 헌신하겠습니다.

3 관련 책

1) 〈간호사가 말하는 간호사〉 권혜림 외 지음. 부키. 2004

이 책은 전·현직 간호사 13명이 자신들이 현장에서 겪은 간호사들의 생활, 애환, 고충, 보람 등을 생동감 있게 들려주고 있습니다. 개인병원, 중소병원, 종합병원의 간호사는 중환자실, 수술실, 응급실, 일반 병동, 정신 병동에서 어떤 일을 하는지, 낮밤이 바뀌는 3교대 근무가 얼마나 힘든지, 간호사들에게는 함부로 대하면서 자신의 고통을 최우선으로 해소해 달라는 환자, 간호사를 아랫사람처럼 대하는 의사에 대한 애증과 서운함 등을 담고 있습니다. 또한 3년제 간호대학과 4년제 간호대학이 동시에 존재함으로써 겪는 간호사들끼리의 사소한 갈등에 대해서도 숨기지 않고 있습니다.

그 밖에 남자 간호사, 호스피스 간호사, 미국 간호사, 언더라이터(보험 관련 업무), 의료 소송 매니저, 항공 전문 간호사, 보건 교사 등 새롭거나 낯선 영역, 앞으로 개척해야 할 분야에 대한 정보를 제공해 주고 있습니다. 따라서 간호사가 되기를 원하는 청소년과 대학생, 진로 지도에 고심하는 학부모와 교사에게 많은 도움이 될 것입니다.

2) 〈간호사, 프로를 꿈꿔라!〉 도나 윌크 카르딜로 지음. 한언. 2005

이 책은 20년 경력의 베테랑 간호사이자 유명한 강연자이기도 한 저자가 밝히는 최고의 간호사가 되기 위해 알아야 할 모든 것을 담고 있습니다. 직장 생활 노하우에서부터 단계별 경력 관리까지 백의의 천사를 넘어 프로 간호사로 거듭나기 위한 실질적인 방법을 담고 있지요.

무엇보다도 간호사들에게 꼭 필요한 것은 의료 지식이나 임상 기술뿐만이 아니라고 말합니다. 환자와 보호자와의 잦은 부딪힘, 3교대 근무와 강도 높은 업무, 의사와의 미묘한 갈등, 동료들과의 첨예한 신경전 등 '병원'이라는 특수한 직장 생활에서 지치지 않기 위해서는 역할 모델, 장기적인 비전, 끊임없는 경력 관리와 자신에게 알맞은 스트레스 해소법 등이 있어야 하므로 자신만의 스트레스 관리법을 만들어 나가야 한다고 말합니다. 특히 간호사로서의 경력은 다양한 곳에서 환영받을 수 있으므로 네트워킹을 구축하고 제대로 관리하면 얼마든지 적성에 맞는 곳에서 즐겁게 일할 수 있다고 조언합니다.

또 책 뒷부분에는 '미국 간호사가 되는 길'도 실려 있습니다. 미국 간호사 면허증을 취득하는 방법에서부터 병원을 선택하고 면접에 임하는 방법 등을 콕콕 짚어주고 있습니다.

3) 〈나의 직업 간호사〉 동천기획연구실 지음. 동천출판. 2013

간호사가 어떤 직업이라는 것을 모르는 사람은 별로 없을 것입니다. 그러나 간호사가 어떤 일을 하는지 구체적으로 아는 사람은 그리 많지 않습니다. 그래서 많은 학생들이 간호사를 지망하고 공부하여 막상 간호사가 되었지만 그 길을 포기하는 사람도 적지 않습니다.

이 책은 간호사란 직업의 전망과 장단점을 상세하게 비교하여 설명해 주고, 간호사 자격증이나 간호사 경력을 활용하여 간호 이외에 가질 수 있는 직업도 함께 소개하고 있습니다. 즉 간호사의 직업 세계에 대한 정확하고 객관적인 정보를 담고 있어서 미리 간호사에 대한 적성 여부를 판단하는 데 많은 도움을 줍니다. 간호사를 꿈꾸는 청소년들에게 매우 유용한 책이라 할 수 있습니다.

4 관련 영화

1) 〈로렌조 오일〉

미국에서 실제로 있었던 이야기를 바탕으로 만들어진 영화로, 불치병에 걸린 아들을 살리기 위해 직접 특효약을 개발한 부부의 감동적인 내용을 담고 있습니다.

오돈 부부에게는 로렌조라는 5살 난 아들이 있는데, 로렌조는 원인도 치료법도 모르는 ALD라는 불치병에 걸리게 됩니다. 부신백질이여양증, 일명 로렌조 병이라 불리는 이 불치병은 염색체 유전자 이상으로 먼저 시각과 청력이 떨어지다가 머리가 아프거나 동작이 이상해지는 등 온몸의 기능이 점점 마비되어 죽음에 이르는 무서운 병입니다. 아들이 길어야 3년밖에 살지 못한다는 선고를 받고도 오돈 부부는 굴복하지 않습니다. 그 병과 관련된 서적과 논문을 찾아 읽고, ALD를 집중적으로 논의할 수 있는 전문 의사 모임도 만들어 병을 극복하기 위해 할 수 있는 모든 노력을 기울입니다. 결국 10년에 걸친 이들의 노력은 '로렌조 오일'이라는 치료약을 만들어 내는 결실을 거두고, 오돈 부부는 명예 의학 박사 학위를 받습니다.

불치병에 걸린 아들을 고치기 위한 부모의 눈물겨운 투쟁을 그린 이 영화는 1993년 아카데미 감독상·여우주연상·각본상 등 3개 부문에서 후보에 올랐습니다.

2) 〈닥터 모로의 DNA〉

인간과 동물의 유전자를 접합하여 우수한 생명체를 창조한다는 독특한 내용을 담고 있습니다.

비행기 추락 사고에서 유일하게 살아난 영국인 에드워드 더글러스는 미국 출신 신경외과의 몽고메리에게 구출되어 몽고메리 일행을 따라 낯선 열대 섬에 상륙합니다. 섬에는 노벨상을 수상한 유전학자 모로 박사가 살고 있었습니다. 더글러스는 섬을 돌아보던 중 이상한 마을을 발견합니다. 무기력하고 공포에 사로잡힌 신음소리가 들려오는 곳이었지요. 그곳에는 모로의 갖가지 유전 접합 실험으로 인해 생겨난 짐승도 사람도 아닌 끔찍한 외모의 BEAST MAN들이 살고 있었습니다. 모로는 동물과 사람의 생체 DNA를 합성해 완벽한 인류를 창조하려는 야심을 품고 있었습니다. 모로가 자신의 아이들이라 표현하는 BEAST MAN들은 몽고메리와 모로에 의해 장치된 고통의 프로그램을 몸속에 안고 신음하며 살고 있었습니다. 그러던 어느 날 돼지와 하이에나를 결합해 놓은 듯한 한 BEAST MAN이 우연히 자신의 몸속에 장치된 충격 전달 전자 칩을 제거한 뒤, 더 이상 고통이 재발하지 않는다는 사실을 깨닫게 되고, 이를 계기로 반란을 일으킵니다. 이 와중에 모로와 몽고메리가 죽고, 더글러스는 반란의 우두머리를 죽이고 섬을 떠나는 것으로 영화는 끝이 납니다.

인간의 끝없는 욕망이 다른 사람은 물론 자기 자신도 파멸시킨다는 메시지를 전달해 주는 영화입니다.

3) 〈더 월〉

1950년대, 1970년대, 1990년대에 같은 집에 살면서 각각 낙태라는 문제에 직면한 세 여자의 이야기를 담고 있으며, 원래 제목은 〈만약 이 벽(자궁)이 말을 한다면〉입니다. 막 숨쉬기 시작한 생명을 자궁벽에서 떼어내야 할 때 그 자궁의 주인인 여성은 치열한 자기 고뇌를 겪어야 할 뿐만 아니라 세상의 비난과도 마주해야 합니다.

1952년 클레어는 결혼한 지 1년도 안 돼 남편을 잃었는데, 옆에서 도움을 주던 시동생의 아이를 갖게 되어 낙태를 결심합니다. 그러나 열악한 시설 속에서 무면허 시술사로부터 불법 수술을 받던 중 수술이 잘못되어 고통 속에서 죽어 갑니다.

1972년 같은 집에서 바바라가 임신을 합니다. 이미 4명의 자식을 두고 뒤늦게 공부를 다시 시작했는데, 딸마저 대학 진학을 앞두고 있어서 경제적으로나 개인적으로나 아이를 더 키울 여유가 없는 상황입니다. 낙태를 할 것인지를 두고 고민을 하다가 결국 아이를 낳습니다.

1996년 같은 집에 친구와 함께 자취를 하고 있는 크리스틴은 아내가 있는 교수와 사랑에 빠져 아이를 가졌지만 교수는 자신의 가정을 버릴 수 없다고 합니다. 크리스틴은 수치심과 배신감으로 인해 아이를 지우겠다고 결심하고 낙태 수술을 받기 위해 병원으로 갑니다. 그런데 수술을 마치고 난 순간 낙태반대주의자들이 병원에 들이닥쳐 수술해 준 의사를 총으로 쏴 죽입니다.

이 영화는 낙태에 대해 찬성하지도 반대하지도 않는 시각을 유지하며 낙태를 택하는 여러 가지 상황과 수술 장면을 생생하게 보여 줍니다. 낙태 수술이란 어떤 것인지, 낙태를 한다는 것은 어떤 일인지를 깊이 생각해 볼 수 있는 영화입니다.

04 간호사는 무슨 일을 할까?

간호사의 근무 시간은 어떤 곳에서 일하느냐에 따라 나뉩니다. 보건소나 기업 등에서 일하는 간호사는 9시에 출근해서 6시에 퇴근합니다. 개인병원에 근무하는 간호사들 역시 9시에 출근하여 7시 무렵에 퇴근합니다.

그러나 입원실이나 응급실이 있는 큰 병원의 간호사는 환자를 24시간 동안 돌봐야 하므로 3교대로 근무하며, 일요일이나 공휴일에도 일해야 할 때가 있습니다. 3교대는 하루 8시간씩 교대로 근무하며, 근무 시간에 있었던 일과 환자의 상태를 다음 차례에 근무할 간호사에게 자세히 알려 주어야 합니다.

1 간호사의 3교대

3교대 근무 시간은 병원마다 차이가 있을 수 있으나 보통은 낮(DAY) 근무, 저녁(EVENING) 근무, 밤(NIGHT) 근무로 나뉩니다. 업무 시간에 따라 간호사가 해야 할 일이 조금씩 다른데 지금부터 살펴보기로 합니다.

Tip

새내기 간호사는 낮 근무부터 저녁 근무, 밤 근무 순으로 훈련을 받는다고 합니다.

 낮 근무 자신이 돌보는 환자들이 밤새 잘 지냈는지 돌아보고, 의사의 지시에 따라 주사나 약을 준비합니다. 그날의 수술 및 검사 예정인 환자를 준비시켜 수술실과 검사실로 보내며, 퇴원할 환자에게 퇴원 관리 사항을 교육합니다.

 저녁 근무 오후가 되면 입원실에 새로운 환자들이 들어옵니다. 오전 중에 퇴원을 하거나 다른 병실로 옮겨 비어 있는 침대로 들어오는 것입니다. 간호사는 새로 온 환자들이 병원 생활을 잘할 수 있도록 화장실과 샤워실 위치를 알려 주고, 간호사 호출기 사용법과 낙상 예방 등을 교육합니다. 또한 의료용품 소독, 물품 확인 등 치료에 필요한 준비를 하며, 다음 날 수술이 있는 환자가 있으면 수술이나 검사의 목적, 방법 등을 설명하고 금식이나 목욕 등 수술할 준비를 시킵니다.

밤 근무 의사의 지시에 따라 환자들을 돌봅니다. 환자가 잠든 사이에도 시간에 맞춰서 링거(수액)를 갈아 주거나 체온을 재고, 통증으로 괴로워하는 환자를 돌보며, 혹시 응급 상황이 발생하면 응급 처치를 한 후에 의사에게 연락합니다.

또한 담당 의사가 올바르게 약을 처방했는지, 검사에 필요한 물품이나 약품에 대한 지시가 맞는지도 확인합니다. 그 밖에 낮 근무, 저녁 근무 간호사가 투약이나 기타 처방을 잘 시행했는지 살펴보고, 검사 준비가 제대로 되었는지 등에 대해서도 꼼꼼히 검토합니다.

2 종합병원 간호사의 하루

종합병원의 입원실은 24시간 365일 쉴 새 없이 돌아가므로 자신의 업무 시간이 끝났다고 해서 일이 끝난 게 아닙니다. 환자들은 그대로 있기 때문입니다. 따라서 자신이 하던 일을 다음에 일할 근무자에게 인계해서 일이 어디서부터 어떻게 시작되어야 하는지를 알려 줘야 합니다. 그 외에도 종합병원의 간호사들이 하는 일은 무척 많습니다. 시간에 맞춰 예정된 검사와 시술, 수술을 진행시켜야 하고, 수시로 교육에 참석하고, 환자 보호자들과 상담하고, 후배들 교육도 해야 합니다.

지금부터 종합병원에 근무하는 간호사의 하루를 따라가 볼까요?

출근 및 인수인계, 투약 업무 시간은 오전 6시부터 시작되지만 인수인계를 위해 20~30분 전에 출근합니다. 밤 근무 간호사로부터 환자들의 상태와 문제점, 검사할 내용과 해결한 것들을 상세히 보고받습니다. 그리고 자신의 환자들을 둘러보며 인사를 나누고, 환자들이 아침식사를 마치면 약을 나눠 줍니다. 간호사의 업무는 톱니바퀴가 맞물려 굴러가듯 빈틈 없이 이루어져야 합니다. 담당 간호사는 바뀌지만 환자는 그대로이기 때문에 환자에게 불편함이 없도록 인수인계가 철저히 이루어져야 합니다. 마치 한 사람이 계속 일을 해온 것처럼 말입니다.

의사 회진 및 회의 담당 의사가 회진을 하기 전에 해당 환자의 특이사항이나 상황을 보고합니다. 의사의 회진이 끝나면 의사와 함께 하루 일정을 계획하고 지시를 받습니다. 즉 퇴원할 환자가 누구인지 확인하고, 수술이나 검사가 예정되어 있는 환자에게는 그에 맞는 준비를 하도록 알려줍니다.

그런데 환자를 돌보는 간호사들은 크게 두 가지 업무 방식으로 나누어집니다. 중간 규모의 병원으로 간호사 수가 그리 많지 않은 경우에는 담당 간호사가 환자의 모든 일을 주관합니다. 즉 바이탈 사인 측정부터 처방에 따른 투약, 수술이나 검사를 담당 간호사 혼자서 수행합니다. 따라서 자신이 돌보는 환자를 좀 더 책임감 있게 간호하게 되고, 환자와의 유대 관계도 돈독해서 가족적인 분위기입니다.

반면 입원 환자의 수가 많고 신입 간호사도 많은 대형병원에서는 체계적인 방식으로 일을 합니다. 즉, 의사 → 책임 간호사 → 신입 및 중간급 간호사 같은 상하 역할에 따라 맡은 일을 수행합니다.

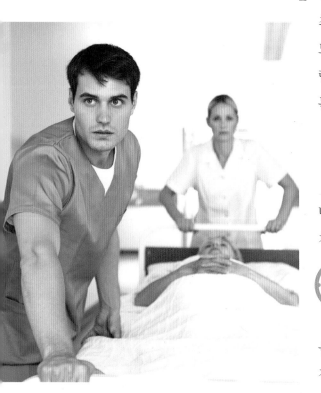

 환자의 검사와 수술 일정 확인 환자에게 주사를 놓거나 검사 받으러 가는 것을 도와주고, 수술한 환자들은 다시 한 번 의사의 지시를 확인하고 돌봅니다. 환자의 상태에 대해 최종적으로 책임을 지는 사람은 의사지만, 간호사에게도 의사의 처방을 확인할 의무가 있습니다. 의사도 사람인지라 간혹 과도한 업무로 인해 처방을 잘못 내리는 경우가 있기 때문입니다.

 의료 물품 신청과 의료 기기 관리 업무 내용을 확인하여 필요한 의료 물품을 신청하고 의료 기기를 관리합니다. 특히 검사나 수술에 사용되었던 의료 물품들은 철저히 분리하여 처리해야 합니다.

병실 순회 병실을 순회하면서 환자의 상태를 살펴봅니다. 환자들은 아무래도 의사보다는 간호사들을 더 편하게 생각하므로 마음속에 있는 이야기도 하고, 개선해야 할 병원의 문제점들도 지적해 주곤 합니다.

저녁 근무자에게 인수인계 후 퇴근 저녁 근무자가 출근하면 환자들의 상태 및 검사 내용을 인계하고 업무를 마무리합니다. 워낙 바빠서 인수인계를 끝내고 점심식사를 하는 경우가 많습니다.

05 간호사가 되기 위해 필요한 능력

1 따뜻한 마음과 봉사정신

간호사는 아픈 환자를 상대해야 하는 만큼 환자의 아픔에 대해 공감하고 가족처럼 보살펴 줄 수 있는 따뜻한 마음과 배려심이 필요합니다. 전문적인 의학 지식을 바탕으로 질병이나 치료 과정, 수술 등을 환자에게 친절하게 설명하고, 수술을 앞둔 환자가 마음의 안정감을  찾을 수 있도록 격려와 자신감을 불어넣어 줍니다. 또 항상 밝은 표정으로 병으로 고통스러워하고 불안해 하는 환자의 마음을 다독여 주어야 합니다. 환자들 중에는 말을 할 수 없는 아기부터 뇌졸중 환자, 중환자 등이 있어서 자기 표현을 못하는 경우도 있습니다. 이런 환자들의 마음까지 이해하고 도움을 주기 위해서는 배려심과 남을 위해 일할 수 있는 투철한 봉사정신이 꼭 필요합니다.

2 학창 시절의 좋은 성적

간호사는 취업률이 매우 높고, 사회적인 대우와 보수도 좋기 때문에 대학의 간호학과에 들어가려면 경쟁률이 매우 치열합니다. 따라서 간호사가 되려면 고등학교 때의 학교 성적이 좋아야 하고, 수능시험도 잘 봐야 합니다. 그러자면 중·고등학교 때부터 공부를 열심히 해야 합니다.

3 대범하면서도 꼼꼼한 태도

간호사는 한 마디로 궂은 일을 많이 합니다. 피를 보는 일도 흔합니다. 수술할 때나 상처를 치료할 때는 엄청나게 많은 피를 봐야 하고, 환자의 핏줄을 찾아서 주사를 놓을 때는 바늘로 살을 찔러야 하니 이런 모든 것들을 극복하기 위해서는 대범한 성격이 필요합니다. 특히 주사를 놓을 때 소심한 마음에 망설이다 보면 주삿바늘이 제대로 들어가지 않거나 엉뚱한 데에 꽂혀서 환자에게 고통을 안겨 줍니다. 또한 환자의 상태를 하나하나 체크하고 작은 징후도 놓치지 않기 위해서는 꼼꼼한 태도를 지녀야 합니다.

4 강한 체력

간호사는 아픈 사람을 돌보는 일을 하기 때문에 육체적인 노동 강도가 강한 편입니다. 환자를 부축하거나 병실마다 돌아다니면서 환자들을 돌봐야 하므로 앉아 있을 시간이 거의 없습니다. 또한 종합병원의 간호사는 24시간 3교대로 근무해야 하므로 체력적인 소모가 큽니다. 특히 남들이 다 자는 시간에 일해야 하는 밤 근무는 정말 힘이 들지요. 따라서 기본적으로 체력이 강한 사람만이 간호사를 할 수 있습니다.

5 원만한 성격

간호사는 각양각색의 성격과 특징을 지닌 환자들을 대해야 하고, 의사들 또는 동료 간호사 등 수많은 사람들을 접하면서 생활합니다. 따라서 많은 사람들과의 관계를 잘 풀어나갈 수 있는 원만한 인격과 태도를 지녀야 하고 대인관계도 좋아야 합니다. 또한 간호사는 환자의 나이와 성별, 종교, 국적에 따라 차별하지 않는 태도를 지녀야 합니다.

6 순발력과 판단력

간호사는 환자가 심각한 상황에 처해 있을 때 발 빠르게 대처할 수 있는 위기 관리 능력이 있어야 합니다. 응급 상황이 발생했을 때 심폐소생술을 실시하거나 혈당 주사를 놓거나 수혈을 하는 등 적절한 처치를 해야 하는데, 이때 필요한 것이 순발력과 판단력입니다. 순발력과 판단력이 있으면 긴박하고 위급한 상황에서도 침착하게 대처할 수 있습니다.

7 끊임없는 노력

간호사들이 체온이나 혈압을 재거나 주사를 놓는 등의 단순 업무에서 벗어나 좀 더 전문적인 일을 하려면 실력을 키워야 합니다. 친절하고 환자에게 따뜻하게 대해 주는 간호사도 중요하지만 무엇보다도 실력 있는 간호사가 되어야 환자들을 제대로 잘 돌볼 수 있을 뿐만 아니라 능력을 인정받아 사회적인 성공을 이루고 좋은 조건에서 일할 수 있습니다. 특히 자신이 관심 있고 자신 있는 분야를 깊이 공부하여 전문 간호사가 된다면 훨씬 나은 조건에서 일할 수 있습니다.

또한 최근 선진국에서는 간호 인력이 부족하여 그 나라의 간호사 자격증을 취득하면 그 나라 병원에 근무할 수 있습니다. 현재 우리나라 간호사들 중 많은 수가 더 나은 근무 조건과 자기 계발을 위해 미국이나 캐나다, 호주 등으로 진출하고 있습니다. 외국 간호사 자격증을 따려면 영어를 잘해야 하는데, 평소 영어 실력을 쌓아 둔다면 외국으로 진출할 수 있는 기회가 생길 때 이를 놓치지 않을 수 있습니다.

06 간호사의 장단점

1 장점

1) 높은 취업률

간호사는 전문직으로서 여학생들에게 매우 인기 있는 직업입니다. 따라서 대학의 간호학과 입시 경쟁률이 치열하여 입학하기는 힘들지만 졸업하면 90% 이상이 취업을 합니다. 요즘처럼 청년 실업이 사회적인 문제가 되고 있는 시점에 간호대학 입학은 취업의 보증수표라 할 수 있습니다.

2) 직업적 안정성과 높은 보수

과거에 비해 남녀가 동등하게 대접받는 남녀평등의 시대가 되었다고는 하지만 일부에서는 여성의 사회 진출에 여전히 차별이 존재하는 현실에서 간호사는 여성들에게 많은 기회를 안겨 주고 있습니다. 공정하게 경쟁할 수 있고, 보수도 비교적 높은 편입니다. 예전에는 간호사 하면 의사를 보조하는 일을 하며 주사나 놔주는 단순 직업인으로 생각했지만, 요즘에는 간호사의 위상이 많이 높아져 전문직으로서 인정받고 있고, 간호사들도 자긍심을 갖고 일하는 사람들이 많습니다.

3) 보람과 긍지

간호사는 힘들고 어려운 일도 많지만 거의 회복되기 힘들어 보이던 환자의 상태가 호전되거나 불의의 사고를 당해 입원한 환자들이 회복되어 진심으로 고마워하며 퇴원할 때 무척 보람을 느낍니다. 또 응급상황에서 빠르고 정확하게 환자의 상태를 파악하여 위기를 넘겼을 때 역시 무척 큰 희열을 느낍니다.

4) 간호사 외에도 할 수 있는 일이 많습니다

간호대학을 나와 간호사 자격증을 따면 간호사 말고도 할 수 있는 일이 많습니다. 공무원으로서 보건소에서 일할 수 있고, 학교의 보건 교사로 일할 수도 있습니다. 그 밖에 군인으로서 간호장교가 된다든지, 보험회사에 취업하여 보험 관련 일을 한다든지, 의료기 회사 등에서도 일할 수 있지요. 이처럼 간호사의 진출 분야가 점점 다양해지고 있고 수요도 많아서 간호사의 직업 전망은 매우 밝다고 할 수 있습니다.

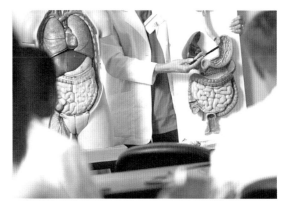

5) 미국 등 선진국의 병원에서 일할 수 있습니다

최근 미국, 캐나다, 오스트레일리아 등의 선진국에서는 간호사가 많이 부족한 실정입니다. 따라서 우리나라 간호사 중 영어를 잘하면 해당 나라의 간호사 자격증을 취득하여 그 나라의 병원에 취업할 수 있습니다. 요즘에는 미국으로 진출하는 간호사가 많다고 합니다. 자녀가 있는 간호사가 미국 병원에 취업하면 아이들을 그곳 학교에 보내면서 일을 할 수 있기 때문에 돈을 벌면서 아이들에게 다양한 경험을 시켜줄 수 있으므로 일석이조의 효과를 볼 수 있습니다.

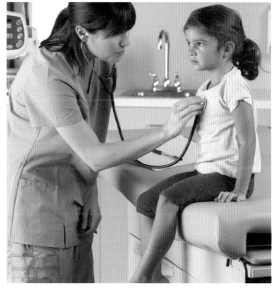

2 단점

1) 일이 힘듭니다

간호사는 아픈 환자를 부축하거나 병실마다 돌아다니면서 환자들을 돌봐야 하기 때문에 육체적인 노동 강도가 센 편입니다. 또한 3교대로 근무하는 것도 힘이 들지요. 무엇보다도 환자들 중에 간호사에게 무엇이든 다 해달라고 요구하는 사람이 있는가 하면, 자신의 고통을 최우선으로 해소해 달라며 떼를 쓰는 사람도 있습니다. 아픈 사람들을 상대하기 때문에 참아야 할 일도 많습니다. 이렇듯 환자의 불만을 해결해 주어야 하고, 지저분한 일도 많아서 간호사를 3D 업종이라 부르기도 합니다.

Tip

3D
Dirty(더럽고)
Difficult(힘들고)
Dangerous(위험한)

2) 불규칙한 근무 시간

3교대를 해야 하는 종합병원의 간호사들은 사람들이 모두 자는 야간에도 근무해야 하므로 신체리듬과 생활리듬이 깨지기 쉽고, 불규칙한 근무 시간으로 인해 건강을 해치기도 합니다. 또한 저녁이나 휴일에 일하는 경우도 있어서 사람들과 약속을 잡기도 어렵습니다. 거기다 병원 환경을 관리하다 보면 청소나 의료 쓰레기를 치우는 등 지저분한 일을 할 때도 많습니다.

3) 감염의 위험에 노출되어 있습니다

간호사는 항상 아픈 사람을 접하고, 환자들이 머무는 병원에서 일하기 때문에 늘 병원균에 노출되어 있다고 할 수 있습니다. 아무리 병원을 청결하게 관리한다 해도 언제든지 병원균에 감염될 우려가 있으므로 스스로 위생수칙을 잘 지키고 감염되지 않도록 조심해야 합니다.

4) 환자와 의사 사이에서 스트레스가 많습니다

우리나라 사람들 중에는 아직까지 간호사의 업무가 단순히 의사를 보조하는 데 그친다고 생각하는 경우가 많습니다. 그래서 간호사의 독자적인 간호 활동에 대해 환자나 보호자가 편견을 갖고 인정하려 들지 않을 때도 있습니다. 또한 의사에겐 한없이 굽신거리면서도 간호사에게는 함부로 대하는 환자들도 있지요. 이런 환자들을 대하다 보면 스트레스가 쌓이고, 무기력감에 빠지기도 합니다.

또한 의료 현장에서 함께 일하는 의사들이 분명 동료 의료인임에도 불구하고 아랫사람처럼 대하는 경우도 있습니다. 아직 신출내기 의사인 인턴의 지시를 받아야 하는 간호사의 위치가 맘에 들지 않을 때도 있습니다.

07 간호사가 되기 위한 과정

1 중·고등학교 시절

대학의 간호학과에 입학하려면 경쟁률이 매우 치열하기 때문에 평소 학교 공부를 열심히 해야 하며, 수능 성적도 좋아야 합니다. 그 중에서도 과학 공부를 열심히 해야 합니다. 간호 관련 업무가 과학 과목, 특히 생물이나 화학과 깊은 관련이 있기 때문입니다. 그리고 영어를 잘하면 간호 전문인으로 성장하는 데 도움이 됩니다. 미국 등 영어를 사용하는 나라의 간호사로 활동할 수 있기 때문입니다.

기회가 되면 자신의 적성이 간호사와 잘 맞는지 직업적성검사를 받아보는 것도 좋습니다. 다른 사람을 돌보고 배려하는 일에 맞는지, 피나 상처를 보아도 당황하지 않는지 등을 파악해야 합니다. 간혹 간호학과에 입학한 다음 적성에 맞지 않아 고민하거나 방황하는 사람들이 있습니다. 적성검사는 지역 복지관이나 상담기관 등에서 받아볼 수 있습니다.

2 대학교 시절

간호사가 되려면 4년제 대학 간호학과나 3년제 간호전문대학의 간호학과에 입학해야 합니다. 전국 116개 대학 및 전문대학에 간호 관련 학과가 있습니다. 3년제 전문대학에서 간호학을 공부한 후에 간호사 학사학위 특별과정으로 편입하거나 학점인정제를 이용하면 4년제 대학의 간호학과를 졸업한 것과 동등한 학사학위를 취득할 수 있습니다.

대학에서는 해부학, 생리학, 약학 등 의학 과목과 간호학에 대한 이론 교육과 실습을 합니다. 그리고 졸업하기 전에 국가에서 실시하는 간호사면허시험을 봐서 합격하면 간호사 자격증이 나옵니다. 간호대학을 나온 학생이라면 대부분 간호사면허시험에 합격하기 때문에 시험에 떨어질지도 모른다는 걱정은 하지 않아도 됩니다.

3 취업 및 사회 활동

간호사 면허를 취득한 후에는 대부분 간호사로서 일을 하게 됩니다. 국·공립병원, 사립병원, 결핵요양소, 정신병원 등과 같은 전문 병원에 취업하거나 보건소, 기업체, 학교, 사업장 등에서 일할 수도 있습니다. 그 외에도 복지관, 산후조리원, 요양시설, 의료 관련 기업, 연구소 등에서도 활동할 수 있습니다.

보건소에 근무하려면 간호직 공무원임용시험에 합격해야 합니다. 따라서 보건소에 근무하는 간호사는 공무원에 속합니다. 또 대학 시절 간호학 관련 공부도 하면서 교직 이수 과정을 마친 후에 교원임용시험에 합격하면 학교에서 보건 교사로 일할 수 있습니다. 그리고 간호사 면허를 취득한 후 1년간 조산 실습 과정을 마치고 조산사 국가면허시험에 합격하면 조산사(임산부와 신생아를 돌보는 사람)가 될 수 있습니다.

4 수간호사를 꿈꾸며

종합병원에서 오랫동안 성실하게 일하면서 능력을 발휘하면 수간호사로 승진할 수 있습니다. 수간호사는 종합병원에서 병동이나 응급실 등에 속해 있는 간호사들의 대장으로 일반 간호사들을 관리하고 감독하는 일을 합니다. 환자에 대한 간호가 잘 이루어질 수 있도록 간호사들을 교육하고 업무를 평가합니다. 간호사로 오랫동안 경력을 쌓아야 수간호사가 될 수 있습니다. 그리고 수간호사를 거쳐 간호과장과 같은 한 병원의 간호 수장이 될 수도 있습니다.

5 간호조무사 제도

반드시 대학의 간호학과를 나와 간호사 자격증을 취득해야만 환자들을 간호할 수 있는 건 아닙니다. 간호학과를 나오지 않아도, 간호사 자격증이 없어도 간호 일을 할 수 있습니다. 바로 간호조무사가 되는 길입니다.

고등학교를 졸업한 사람이라면 누구나 국가에서 실시하는 간호조무사 자격시험을 칠 수 있습니다. 간호조무사 교육기관에서 이론을 배우고 의료기관 및 보건소에서 1년 이상 일을 한 후 간호조무사 국가고시를 보아 합격하면 간호조무사로서 자격을 얻을 수 있습니다.

간호조무사는 의사나 간호사의 지시에 따라 간단한 간호 업무를 수행합니다. 환자가 내원하면 안내해 주고, 각종 의료검사 및 투약 업무를 보조합니다. 환자의 상태를 꼼꼼히 살피며 환자의 운동이나 활동을 돕고, 환자의 접수 및 수납 업무, 각종 문서를 관리·보관하는 등의 원무 업무를 돕습니다. 병원에서 사용하는 약품이나 붕대 등의 의약품을 소독하여 보관·관리하며, 의료 기구 및 물품을 소독·살균하는 업무도 수행합니다. 또한 환자의 검사물이나 진료 결과를 의사 또는 간호사에게 전달하며, 환자의 입·퇴원 수속과 수발 등의 진료 보조 업무를 수행합니다. 그 밖에 양로원이나 장애인 보호시설에서 일하기도 하고, 도움이 필요한 노인들을 찾아가 돌보기도 합니다.

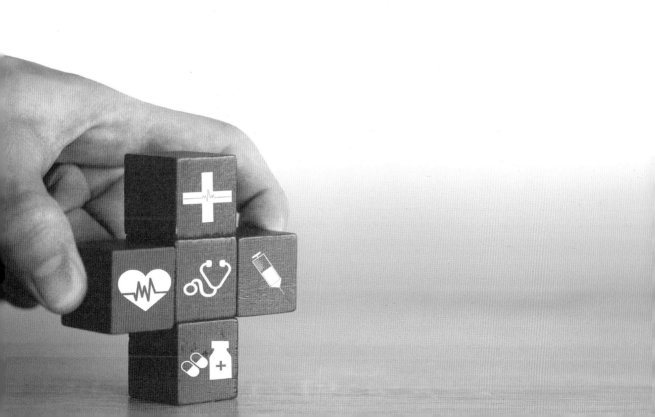

간호사의 마인드맵

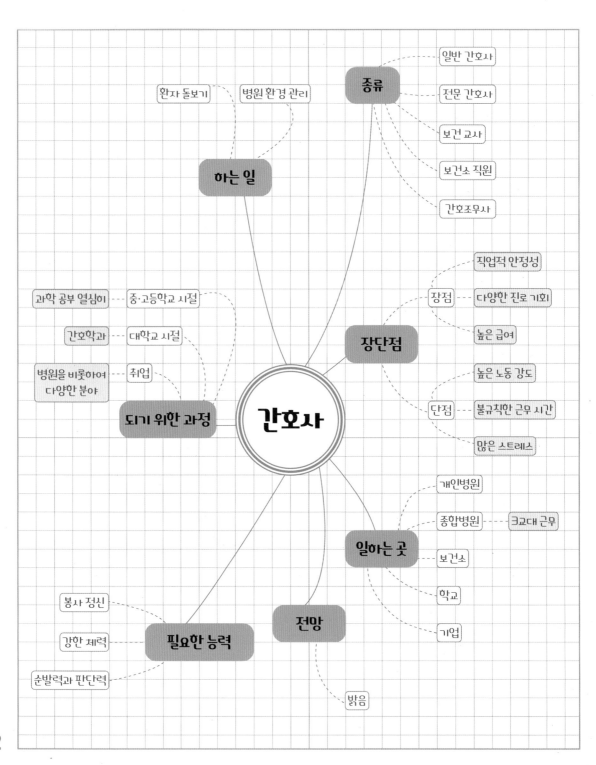

종류
- 일반 간호사
- 전문 간호사
- 보건 교사
- 보건소 직원
- 간호조무사

하는 일
- 환자 돌보기
- 병원 환경 관리

장단점
- 장점
  - 직업적 안정성
  - 다양한 진로 기회
  - 높은 급여
- 단점
  - 높은 노동 강도
  - 불규칙한 근무 시간
  - 많은 스트레스

되기 위한 과정
- 중·고등학교 시절 — 과학 공부 열심히
- 대학교 시절 — 간호학과
- 취업 — 병원을 비롯하여 다양한 분야

간호사

일하는 곳
- 개인병원
- 종합병원 — 3교대 근무
- 보건소
- 학교
- 기업

필요한 능력
- 봉사 정신
- 강한 체력
- 순발력과 판단력

전망
- 밝음

09 간호사와 관련하여 도움받을 곳

1 직업 정보를 얻을 수 있는 기관

● 서울대학교병원 의학박물관(http://www.medicalmuseum.org) 의료기기 1,000여 점과 한국 근대의학사료 8,000여 권을 소장한 의학 전문 박물관으로, 한국 근대의학의 발달과 의료기기의 변천사, 서울대학교병원의 변천사를 살펴볼 수 있습니다.

근대의학 도입기 이후의 각종 의료 기기, 병원사와 관련된 문화 자료, 사진, 영상자료 등과 소암 기창덕이 기증한 한국 의학 관련 사료들이 전시되어 있습니다. 주요 사업으로 수집품의 이력과 활용 방법, 관련 개인사 및 기관사 등을 기록하고 학술 표본을 수집하며, 대학교와 병원의 학술적 연구 성과를 대외적으로 공개하는 일에 힘쓰고 있습니다.

시설은 전시실 4실과 소암의문화사료실 2실, 수장고로 구성되어 있습니다. 박물관이 자리 잡은 시계탑 건물은 1908년에 세워진 대한의원 본관 건물로서 사적 제248호로 지정되어 있습니다.

● 고용노동부 워크넷(https://www.work.go.kr) 한국고용정보원에서 운영하는 사이트로 무료로 직업 심리 검사를 이용할 수 있습니다. 직업 정보 검색, 직업 · 진로 자료실, 학과 정보 검색 등의 정보를 제공하며 직업 · 학과 동영상, 이색 직업, 테마별 직업 여행, 직업인 인터뷰 자료를 볼 수 있습니다. 온라인 진로 상담 서비스도 제공합니다.

● 진로정보망 커리어넷(https://www.career.go.kr) 한국직업능력개발원이 운영하는 사이트로 초등학생부터 성인, 교사에 이르기까지 대상별로 진로 및 직업 정보를 제공하며 온라인 상담도 할 수 있습니다. 심리 검사를 무료로 이용할 수 있으며, 학생들이 만든 UCC 자료도 무료로 제공하고 있습니다.

2 직업 체험 프로그램

●교육부 어린이 홈페이지(http://kids.moe.go.kr) 아이들이 궁금해할 만한 다양한 직업에 대해 가나다순으로 알기 쉽게 설명되어 있습니다. 직업에 대한 기본 정보를 알고 나서 교육부에서 주관하는

창의적 체험 활동에 참여하면 효과가 더욱 클 것입니다.

●간호사 직업체험 프로그램 각 대학교의 간호학과나 사설 간호학원에서 비정기적이긴 하지만 간호사 체험 프로그램을 운영하고 있습니다. 간호사가 되기를 꿈꾸는 학생이라면 인터넷에서 이런 정보를 검색하여 기회가 되면 꼭 참여해 보세요.

이들 프로그램에서 운영하는 기본적인 체험은 주사 체험, 생체 징후 체험, 신생아 간호 체험 영역으로 나누어집니다. 주사는 정맥주사, 근육주사 등을 놓는 방법을 익히고, 생체 징후 체험은 혈압, 맥박, 체온 등 사람이 생존하기 위한 기본적인 요소를 체크하는 방법을 익히는 것입니다. 그리고 신생아 간호는 신생아에게 우유를 주는 방법, 목욕 시키는 방법 등을 자세히 알려 줍니다.

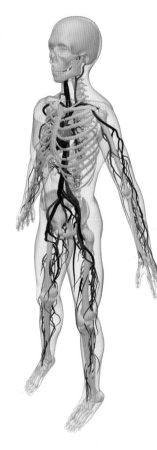

●인체의 신비 전시회 독일의 군터 폰 하겐스라는 사람이 사람의 몸과 장기를 반영구적으로 보관할 수 있는 방법을 개발하여 200여 점의 인체 표본을 만들어 전 세계를 돌아다니며 '인체의 신비'라는 제목으로 전시회를 하고 있습니다.

최초의 전시는 1996~1998년 일본에서 열렸으며, 독일, 벨기에, 오스트리아 등 유럽 각국에서 전시회가 열렸고, 우리나라에서는 2002~2003년, 2011~2012년, 그리고 2014년에 열렸습니다. 충격적인 사진이 많은데 특히 폐암으로 사망한 환자의 돌처럼 망가진 폐는 담배를 피우면 안 된다는 경각심을 불러일으킵니다.

이 전시는 윤리적인 문제와 도덕적인 논란을 일으키고 있기는 하지만 평소 확인하기 힘든 우리 몸 내부의 모습과 실제 단면도를 구석구석

볼 수 있다는 점에서 의학적인 공부가 될 수 있습니다. 간호사를 꿈꾸는 청소년은 우리 몸을 공부하는 데 도움이 되기 때문에 기회가 된다면 한 번쯤 관람하는 것이 좋습니다.

3 의료 봉사 단체

몇몇 뜻 있는 의사와 간호사들은 가난해서 병원에 오기 어려운 이웃 또는 섬이나 시골 오지에 살아서 의료 혜택을 받지 못하는 사람들을 위해 휴가 때나 휴일에도 쉬지 않고 자신의 시간과 노력을 기부하고 있습니다.

우리나라에서 활동하고 있는 의료 봉사 단체에 무엇이 있는지 알아보고, 이런 단체를 기억해 두었다가 나중에 간호사가 되면 가입하여 무료 봉사 활동을 한다면 인생을 더욱 뜻 있고 보람 있게 보낼 수 있을 것입니다.

● 인도주의실천의사협의회(http://www.humanmed.org)
노숙자 진료, 도서 지역 진료, 북한 어린이의 의약품 지원, 외국인 노동자 사업 등을 벌이고 있습니다.

● 열린의사회(http://www.opendrs.or.kr) 해외 무료 진료 활동과 함께 장애인 시설, 양로원, 보육원, 외국인 근로시설 등에 무료 진료를 나갑니다. 소외 계층은 무료로 수술해 주고 수술 기금 마련을 위한 콘서트, 바자회 등을 개최하고 있습니다.

● 비전케어(http://www.vcs2020.org) 저소득층, 노숙인, 외국인 노동자 등을 대상으로 안과 검진과 수술 등을 하고 있습니다.

● 한국의료봉사회(http://www.medisk.dr.kr) 저소득층 노인을 대상으로 의치를 무료로 해 드리기 위한 사업을 벌이고 있습니다.

10 유명한 간호사

1 나이팅게일(1820~1910)

영국의 간호사로 오늘날 우리가 알고 있는 간호의 개념을 세웠습니다.

영국의 부유한 집안에서 태어난 나이팅게일은 16세 때 자신이 특별한 사명을 띠고 태어났다는 신의 목소리를 듣고는 독일에 있는 여성사회봉사원에 들어가 일했으며, 그 후 프랑스 파리에서 간호 관련 공부를 하고, 33세에 영국 런던의 한 여성 병원의 원장이 되었습니다.

1854년 크림 반도를 둘러싸고 영국과 러시아 사이에 전쟁이 발발하자 간호사 38명과 함께 전쟁터로 가서 다친 병사들을 돌보았습니다. 나이팅게일은 터키의 더럽고 설비도 보잘 것 없는 스쿠타리 병원의 낡은 막사에서 많은 부상병들을 보살피며 간호 계획을 작성하고 영국 군대에 간호 지원을 요청했습니다. 당시 영국군은 전사자 5,000여 명에 병사자가 15,000여 명일 정도로 치료 환경이 열악했는데, 나이팅게일은 철저한 위생 관리, 엄격한 규율 확립 등으로 스쿠타리 병원의 환자 사망률을 42%에서 7%로 낮췄습니다.

나이팅게일은 스쿠타리 병원에서 거둔 성공을 인정받아 크림 반도에 있는 모든 군 병원을 관리하게 되었으며, 전쟁이 끝날 때까지 많은 생명을 구했습니다. 또한 전 세계적으로 병원 운영과 간호에 대한 개혁을 불러일으켰습니다.

전쟁이 끝나고 영국으로 돌아와서는 런던의 성토마스 병원에 간호학교를 설립하여 여성 의료진을 교육하는 데 힘써 근대 간호학의 창시자로 불리게 되었습니다. 그녀는 과학적으로 환자를 간호하는 데 세계적으로 인정을 받게 되었고, 미국은 독립전쟁 때 병원을 세워 나이팅게일에게 조언을 요청했다고 합니다. 나이팅게일은 많은 영예를 안았고, 여성으로는 최초로 영국의 메리트 훈장을 받았습니다.

나이팅게일의 생일인 5월 12일은 매년 '세계 간호사의 날'로 기념되고 있으며, 나이팅게일은 1975년부터 1994년까지 영국의 10파운드 지폐 뒷면에 등장하기도 했습니다.

흔히 간호사를 '백의의 천사'라고 부릅니다. 이 말은 나이팅게일이 전쟁터에서 헌신적으로 환자들을 간호한 것에서 유래되었습니다. 나이팅게일은 당시 간호사들이 입던 흰색 가운을 입고 남들이 다 잠든 밤에도 등불을 들고 병사들의 천막을 돌아다니며 아픈 사람을 돌봐 주곤 했습니다. 그녀의 참된 봉사 정신에 감동한 사람들은 '등불을 든 천사' 혹은 '백의의 천사'라는 별명을 붙여 주었습니다. 이후 '백의의 천사'라는 말이 오늘날까지 간호사의 별칭처럼 사용되고 있습니다.

2 전산초(1921~1999)

전산초는 1921년 평양에서 소설가 전영택과 독립운동가의 후손인 어머니 사이에서 태어났습니다. 어릴 때 이름은 '메풀'이었는데, 아버지가 지어준 순우리말 이름입니다. '메'는 산을 뜻하는 순우리말이므로 산과 풀이라는 아름다운 뜻을 지니고 있습니다. 그러나 이 이름은 일제강점기 때 우리말 사용이 허용되지 않아 한자어인 '산초'로 바꾸었으며, 메풀은 나중에 호로 쓰이게 되었습니다.

진산초는 나라를 위해 할 일을 찾다 간호사의 길을 걷게 되었습니다. 6·25 전쟁 때는 피난민을 내 몸과 같이 돌보고, 4·19 혁명 때는 피 흘리면서 죽어가는 학생들과 시민들을 위해 팔을 걷어붙였습니다. 그러다가 전문 직업인으로서의 위치를 찾기 위해 마흔네 살에 네 아이를 두고 미국 유학길에 올랐습니다.

미국 유학을 마치고 돌아와서 인간 중심의 전인 간호 이론을 정립했습니다. '전인 간호'란 환자의 신체적 질병뿐만 아니라 정신적·심리적·사회적·영적인 모든 면을 돌보아 주는 간호를 뜻합니다. 똑같은 병을 앓는 환자라도 사람마다 처한 환경과 내면세계가 다르므로 그런  것들을 모두 반영하여 개별적인 간호 목표와 간호 행위를 해야 한다는 것이 그녀의 생각이었습니다. 그녀의 전인 간호의 가치는 당시 많은 간호사들에게 귀감이 되었습니다.

187

1973년에 연세대 간호대 학장으로 취임하면서 간호학 교과과정 개선사업에 열정을 쏟아 부었습니다. 전산초는 특히 질병 중심의 의학에서 벗어나 인간 중심의 간호를 주장하였습니다. 그리하여 간호학과의 교과 과정을 질병의 종류에 따라 분류했던 기존 방식에서 벗어나 생애주기를 기준으로 분류하였습니다. 즉 신생아를 간호하는 방법이 다르고 노인을 간호하는 방법이 달라야 한다는 주장이었지요. 그녀의 노력은 1982년 교과 과정이 전면 개편되면서 기존 내·외과 간호학, 소아과 간호학, 산부인과 간호학으로 분류됐던 교육 과정이 영유아 간호학, 아동 간호학, 청소년 간호학, 성인 간호학, 노인 간호학으로 분류되어 마침내 결실을 맺게 되었습니다.

이렇게 전산초는 '간호는 인간을 만드는 학문'이라는 철학을 구현하며, 의사의 단순 보조자였던 간호사의 위상을 인간의 생명을 다루는 전문 의료인으로 자리매김할 수 있게 했습니다. 그리고 그 공로를 인정받아 국민훈장과 나이팅게일 기장을 수상했습니다.

11 이 직업을 가진 사람에게 듣는다

간호사 강진영

단 하나의 실수도 환자의 생명에 영향을 미칠 수 있다!
중환자 병동에서부터 일반 병실까지 가장 가까운 곳에서 환자를 돌본
간호사 강진영이 말하는 전쟁터 같은 간호사의 일상과 그녀의 새로운 꿈 이야기

Q1 간호사를 선택하게 된 계기를 말씀해 주세요.

원래는 다른 꿈이 있었는데, 성적에 맞춰서 간호학과에 입학하게 되었습니다. 하지만 전혀 뜬금없는 선택은 아니었습니다. 어느 정도 호기심도 있었고, 일단 선택한 후 제가 병원에서 일한다고 상상하면 기대도 되고 설레기도 했습니다. 대학 입학 후에는 적성에도 맞고 공부도 재미있었습니다. 돌이켜보면 원래 꿈보다는 간호사가 더 적성에 맞았던 것 같습니다. 간호사를 선택한 것은 옳았다고 생각합니다.

Q2 간호대는 일반 대학과 수업이 많이 다른가요? 전공 과목과 교양 과목의 비율이 어떻게 되나요?

간호학과는 간호고등학교라고 불릴 만큼 수업 양이 많습니다. 교양의 90퍼센트는 1학년 때 모두 끝나는 편이고, 2학년 때부터는 본격적인 전공과목 공부에 들어갑니다. 3, 4학년 때는 실습 위주로 수업이 진행되는데, 실제 간호사 근무 시간에 맞춰 병원으로 출퇴근하여 실습과 학습을 병행합니다. 실습은 졸업 후 본인이 근무할 수 있는 상황을 미리 파악할 수 있고, 본인과 맞는 분야를 탐색하는 과정이기 때문에 평소 경험하고 싶었던 분야를 적극적으로 실습하는 자세를 가져야 합니다. 실제로 실습 후에 병원에서 일하는 것이 본인과 맞지 않다고 생각하여 병원 입사를 포기하고 다른 진로를 준비하는 사람들도 있습니다.

Q3 간호사의 주요 업무를 말씀해 주세요.

간호사는 의사보다 더 가까이에서 환자를 보살피는 사람입니다. 간호사의 가장 기본적인 업무는 의사의 처방을 수행하는 일이지만, 입원부터 퇴원까지 환자의 모든 일을 총괄해야 합니다. 그렇기 때문에 간호사는 만능이어야 합니다.

또 의사의 처방 수행이 간호사의 주요 업무이지만, 기계처럼 의사가 시키는 일만 해서는 안 됩니다. 처방에 대한 판단도 반드시 할 줄 알아야 합니다. 의사가 잘못된 처치를 했을 때 간호사도 동시에 책임을 져야 한다는 법적 판결도 있습니다. 그 외에 환자 불만도 들어줘야

하고, 환자 상태에 맞게 식사가 나오는지 확인해야 하고, 검사 및 수술 전후 교육과 의료물품 관리 등 업무가 다양합니다.

Q4 학생 때 배우는 이론과 실습은 실제 간호사의 업무와 많이 다른가요?

학교에서 배우는 이론과 학생 간호사로서 옆에서 지켜보는 경험만으로는 충분한 실습이 되지 않습니다. 실제 간호사의 업무는 환자의 생명과 직결되어 있으므로 학생 간호사가 할 수 있는 일은 상당히 제한적입니다.

저도 실습 시절에는 '간호사는 왜 항상 친절하지 못할까?' '왜 3년 넘게 버티기가 힘들까?' 하는 의문이 있었습니다. 간호사의 실제 업무를 전혀 이해하지 못한 것이었지요. 직접 경험해 보니 간호사의 업무는 전문성과 더불어 여러 가지 복합적인 업무를 수행하는 직업이었습니다.

Q5 사람들이 간호사에 대해 오해하는 부분에는 어떤 것이 있을까요?

흔히 '백의의 천사'라며 간호사를 미화하는 말이 있는데, 기본적으로 간호사의 업무를 잘 수행하면서 모든 환자들에게 친절히 대하기는 거의 불가능합니다. 실제로 본업도 잘하면서 친절하고 착한 간호사들은 타고난 소수입니다. 현실은 간호사 본업만도 잘 감당하기가 힘듭니다.

병원마다 다르긴 하지만 저는 최대 18명의 환자를 담당한 적이 있습니다. 그런 경우 정해진 업무를 감당하기도 벅찹니다. 거기다 한 시

간마다 환자 한 명씩만 문제를 호소해도 저 혼자 해결해야 할 문제는 열여덟 가지로 늘어납니다. 근무시간에 물 한 모금 마시기는커녕 화장실 갈 시간도 없이 문제를 해결하기 위해 이리 뛰고 저리 뛰어야 합니다. 그럼에도 환자나 보호자들의 항의가 계속 들어오기 때문에 업무 스트레스가 큽니다.

요즘은 의료도 서비스 시대라고 해서 환자도 고객이고, 간호사에게 서비스 마인드는 필수라고 합니다. 혹시라도 업무도 잘하면서 서비스 마인드까지 갖춘 간호사를 만난다면 당연하다는 생각보다는 칭찬 한 마디라도 부탁드리고 싶습니다. 타고난 소수의 간호사 외엔 정말 최선을 다해 노력하고 있는 게 분명하거든요.

Q6 간호사는 여자들이 많은데 장점과 단점은 뭘까요?

여자들끼리 모여 있으니 아무래도 여자들만 공감할 수 있는 이야기들을 자연스럽게 나누고 조언을 주고받을 수 있어서 좋습니다. 단점은 육체적으로 힘쓸 일이 많은데 남자가 없으니 체력적으로 힘들다는 점입니다. 이러한 단점 외엔 특별히 단점은 없다고 생각합니다.

흔히 여자들끼리만 모여 있으니 서로 신경전과 질투도 있고, 작은 일도 쉽게 부풀려져 소문이 날 것 같다는 둥의 오해를 하는데 꼭 그런 건 아닙니다. 이런 일들은 남녀를 구분하지 않고 사람이 많이 모이는 곳이면 생기는 일들입니다.

Q7 간호사로서 가장 힘들 때는 언제인가요?

사람마다 힘든 부분이 다르겠지만 저는 육체적인 부분이 가장 힘들었습니다. 초보 간호사 시절에는 특히 밤 근무가 가장 힘들었습니다. '도대체 언제까지 내가 버텨낼 수 있을까?'라는 생각도 자주 했습니다.

많은 분들이 현실을 반영하지 못한 일부 의학 드라마의 영향으로 간호사의 업무에 대해 오해하는 경우가 있습니다. 간호사들이 병실에 들어오지 않을 때는 스테이션에서 수다를 떨거나, 밤 근무 때는 환자가 자는 시간에 간호사도 잘 거라고 생각하는 사람들이 있는데, 절대로 그렇지 않습니다. 오히려 밤 근무 때 힘쓸 일이 더 많습니다. 낮 시간보다 더 많은 수의 환자를 혼자 돌봐야 하기 때문에 앉아 있을 시간도 없을 정도로 바쁩니다.

저는 간호사 본연의 업무는 정말 좋고 적성에도 맞습니다. 그렇지만 정상적인 회사원처럼 점심시간도 따로 있어서 식사 후 동료들과 커피 한 잔을 마시는 여유를 갖거나 다른 사람들처럼 밤에 잠을 자는 평범한 삶이 부러울 때가 있습니다. 세상에 힘이 안 드는 직업이 없다는 것도 잘 알고, 간호사가 모든 직업 중에 제일 힘들다고 말하는 것도 아닙니다. 다만 저 개인적으로 육체적인 부분과 밤 근무가 힘들었다고 말씀드리고 싶습니다.

Q8 간호사로서 보람을 느낄 때는 언제인가요?

아무래도 환자들 덕분에 보람을 많이 느낍니다. 특별히 해드린 것도 없는데 고맙다고 수고했다고 말씀해 주시거나 회복해서 퇴원하는 환자들을 보면 보람이 큽니다.

그 중에서도 중증 환자들이 회복해 가는 모습을 지켜보는 것은 정말 뿌듯한 경험입니다. 예전에 재활의학과 병동에 근무하면서 전신마비 환자를 담당한 적이 있습니다. 처음엔 조금도 움직이지 못했는데, 시간이 지나면서 눈도 맞추고 손발도 조금씩 움직이고, 나중에는 직접 휠체어를 타고 움직였습니다. 환자가 조금씩 회복하는 모습을 보면서 제가 특별히 무엇을 할 수 있는 것은 아니지만, 곁에서 용기를 주고 함께하는 것만으로도 감동적이었고 보람을 느껴서 간호사가 되기를 참 잘했다고 생각했습니다.

Q9 간호사로서 자신을 업그레이드하기 위해서 하는 일이 있나요?

간호사는 소속한 과에 따라서 갖춰야 할 소양이 달라집니다. 해당 과의 의료지식은 기본이고 해당 과의 특성에 따라 갖춰야 할 일이 생기기도 합니다. 저는 현재 검진센터에서 근무하며 고객을 상대하고 있습니다. 이를 위해서 집에서 웃는 연습도 하고, 말투도 부드럽게 하기 위해 노력하고 있습니다.

Q10 어떤 성격의 사람이 간호사에 적합하다고 생각하세요?

첫째는 꼼꼼하고 성실한 사람입니다. 간호사 업무를 1~100번으로 번호를 매긴다면 그 중 하나도 빠뜨리거나 실수해서는 안 됩니다. 작은 실수라도 자칫하면 의료사고로 이어져서 환자의 생명을 위협할 수 있습니다. '그냥 넘어가도 괜찮겠지.' '누군가 확인했겠지.'와 같은 태도는 환자와 동료들에게 큰 피해를 주게 됩니다. 꼼꼼한 성격의 사람이 처음엔 느릴 수 있지만, 결국에는 훌륭한 간호사가 될 수 있을 거라 생각합니다.

둘째는 인간관계가 원만하고 다양한 사람을 만나는 데 큰 스트레스를 받지 않는 사람입니다. 간호사는 다양한 직업군의 사람들과 접촉하는 직업입니다. 또 의사와 다른 분야의 간호사, 약사, 간병인, 영양사, 통역사, 원무과 직원 등과도 매일같이 협력하여 일해야 합니다. 그렇기 때문에 의사소통 능력이 중요하고 여러 사람과 인간관계를 원만하게 유지할 수 있는 수더분한 성격의 소유자가 좋습니다.

Q11 간호사로서 우리나라 의료 시스템의 장단점은 무엇이라고 생각하세요?

단점은 간호사 대비 환자 수가 너무 많아서 의료의 질이 떨어질 수 있는 것입니다. 간호사가 쉬는 날을 'off'라고 하는데 원하는 날에는 거의 쉴 수 없습니다. 한 병동에 최소한의 간호사를 배치하기 때문에 본인이 쉬려면 누군가는 대신 일을 해야 합니다.

선진국은 우리나라에 비해 간호사 수가 많아서 본인이 원하는 날에 쉴 수 있는 경우가 많다고 합니다. 간호사뿐만 아니라 의료서비스 개선을 위해서도 간호사의 수가 더 많아지기를 바랍니다.

Q12 간호사를 꿈꾸는 학생들이 청소년 시절에 준비해야 할 것이 있나요?

학교 수업을 성실하게 따라가는 것은 기본이고, 교대근무를 버텨낼 수 있는 강철 체력이 필요합니다. 그래서 간호사를 꿈꾸는 학생들은 미리미리 건강관리도 잘했으면 좋겠습니다. 공부를 아무리 잘했어도 체력이 안 되면 간호사 업무를 감당할 수 없습니다.

두 번째로 외국어 실력이 필요합니다. 앞으로는 외국인 환자들이 점점 많아질 것입니다. 또 미국 등 다른 나라에 진출하여 간호사로 일할 수 있는 기회도 많습니다. 이에 대비해 외국어 공부를 미리 해놓으면 많은 도움이 될 것입니다.

마지막으로 봉사활동을 하면서 환자를 대하는 것을 미리 연습해 보는 것도 좋습니다.

Q13 간호사로서 앞으로의 계획을 말씀해 주세요.

저는 2014년 3월에 결혼한 새댁입니다. 미혼일 때는 교대근무도 하고 중환자 병동에서도 근무하고, 간호사로서 나름 최전방에서 근무했지만 이제는 다른 곳에서 일할 계획입니다. 앞으로 아이도 낳아서 키워야 하고, 가정생활과 직장생활을 병행할 수 있는 곳에서 일하고 싶습니다.

다행히 간호사의 진출 분야는 매우 다양합니다. 꼭 병원이 아니더라도 제 상황에 맞는 간호사 일을 찾아보고 있습니다. 병원보다는 육아휴직도 받을 수 있고 안정적으로 일할 수 있는 공기업에서의 근무를 고려 중입니다.

Q14 간호사를 꿈꾸는 학생들에게 조언 한마디 해주세요.

'백의의 천사'라는 이미지를 그리면서 간호사를 꿈꿔서는 곤란합니다. 간호사는 그 누구보다 환자를 가까이에서 돌보면서 그들의 생명에 직결된 업무를 하는 사람이라서, 본인의 적성과 가치관이 간호사라는 직업과 맞는지 잘 살펴보아야 합니다. 간호사에도 다양한 분야가 있기 때문에 대학의 간호학과로 진학한 후에 자격증과 그에 맞는 사회 경험을 준비하면 원하는 분야로 진출할 수 있습니다. 꿈이 있는 분들은 두려워하지 말고 도전하길 바랍니다.

항공기 객실 승무원
사회형

S

Educator

Police

Social Worker

Nurse

STEWARDESS

STEWARDESS

· 항공기 객실 승무원(사회형)

여행을 떠나기 위해 비행기에 오르면 환한 미소를 띠고 반갑게 맞이해 주는 얼굴이 있습니다. 바로 항공기 객실 승무원입니다. 비행기에 탑승하는 승객들의 여행 목적은 모두 다릅니다. 매일같이 해외 출장을 다니느라 한 달에도 몇 번씩 비행기를 이용하는 승객이 있는가 하면, 큰맘 먹고 생애 처음 해외 여행을 떠나는 승객도 있습니다. 이처럼 다양한 목적으로 비행기에 오르는 승객들을 위해 승무원은 승객 각자에 알맞은 맞춤형 서비스를 제공하기 위해 노력합니다.

01 항공기 객실 승무원 이야기

1 항공기 객실 승무원이란?

항공기 객실 승무원은 비행기를 탄 승객들이 편안하고 쾌적하게 지낼 수 있도록 돕는 일을 합니다. 탑승한 승객들에게 자리를 안내해 주고, 비행 중의 주의사항을 설명하며, 음료나 식사 등의 서비스를 제공합니다. 승객이 목적지까지 안전하고 편안하게 여행할 수 있도록 모든 것을 도와주지요. 또한 운항 중에 비상사태가 발생하면 승객을 안심시키고, 신속하고 안전하게 탈출시키는 것도 승무원의 중요한 임무입니다. 이를 위해서 항공기 객실 승무원은 정기적으로 비상사태에 대처하기 위한 안전 훈련을 받습니다.

2 항공기 객실 승무원이 하는 일

비행기에 오른 승객들을 지정된 좌석으로 안내하고, 짐 가방을 좌석 위 선반에 넣어 주고, 탑승 명단을 확인합니다. 명단에 있는 인원이 모두 탑승했는지 확인하고, 미처 탑승하지 못한 승객을 파악합니다.

탑승객 파악이 끝나면 승객들에게 만약에 일어날 수 있는 비상사태를 대비하여 안전 교육을 실시합니다. 안전벨트 착용 방법, 구명조끼의 위치 및 착용 방법, 산소마스크 사용법, 비상 탈출구의 위치 및 탈출 요령 등을 손동작과 도구를 이용하여 시범을 보이며 설명하지요.

STEWARDESS

Tip

항공기 객실 승무원은 전문 용어로 여자는 '스튜어디스(stewardess)', 남자는 '스튜어드(steward)'라고 합니다. 외국에서는 통틀어 '플라이트 어텐던트(flight attendant)'라고도 합니다.

Tip

비행기에 오른 승객들을 편안히 모시기 위해 항공기 객실 승무원들은 비행과 관련한 다양한 정보를 미리 살펴봅니다. 목적지, 비행시간, 항로 및 기타 유의사항들을 기장을 통해 전달받습니다. 몸이 불편한 승객, 혼자 탑승하는 노약자 등 사전에 미리 알아 두어야 하는 특이 사항에 대해 체크합니다.

안전 교육이 끝나면 승객들이 안전벨트를 제대로 착용했는지 한 사람씩 확인합니다. 확인이 끝나면 승무원들은 자신의 자리에 앉아 안전벨트를 착용하고 항공기의 이륙을 기다립니다. 이륙할 때와 착륙할 때는 승무원도 안전을 위해 자리에 앉아 안전벨트를 매야 합니다.

비행기가 이륙하고 안정적인 기류에 진입하면 혹시 몸이 불편하거나 도움을 필요로 하는 승객이 없는지 살핍니다. 10시간 이상 걸리는 장거리 비행의 경우 승객들은 잠을 청하지만, 항공기 승무원들은 승객들이 잠든 동안에도 교대로 깨어 있으면서 비행 중 혹시 발생할지 모를 돌발 상황에 대비합니다.

3 항공기 객실 승무원이 되려면

항공기 객실 승무원은 많은 사람들을 응대하는 서비스업인 만큼 무엇보다도 성격이 중요합니다. 원만하고 친절한 성격에 봉사 정신도 가지고 있어야 합니다. 따라서 남에 대한 배려심과 스트레스 감내 능력, 자기통제 능력, 사회성 등을 가진 사람들에게 유리합니다.

각 항공사에서 승무원을 채용할 때는 보통 전문대 졸업 이상의 학력을 요구하지만 전공에는 제한을 두지 않습니다. 그렇지만 항공비서과나 항공운항과 등 관련 학과를 졸업하면 유리합니다. 관련 학과에서는 항공 운송 실무, 객실 서비스 실무, 항공 영어 회화 등 실제 업무에 활용 가능한 전문지식을 배울 수 있습니다. 그 밖에 직업전문학교 등 사설기관에서도 항공사 취업에 필요한 교육을 받을 수 있습니다.

승무원들은 비행 스케줄에 따라 일하기 때문에 업무 시간이 불규칙하고, 국제선의 경우 시차 적응도 필요합니다. 오랜 비행시간 동안 서서 일해야 하고, 승객을 대신해 짐을 옮겨 주는 등 기내 서비스를 제공하는 과정에서 체력 소모가 많습니다. 이 때문에 각 항공사마다 승무원을 채용할 때 키, 암리치(발뒤꿈치를 들고 한쪽 팔을 머리 위로 최대한 뻗어 나오는 최대 전신 길이), 시력 등 신체 조건에 제한을 두거나 체력 테스트(악력·유연성·근력 측정, 수영 테스트)를 실시하고 있습니다. 또한 외국인 승객을 응대할 때가 많은 만큼 거의 모든 항공사가 채용 시 일정 점수 이상의 공인 영어 성적을 요구하며, 영어 면접을 보는 곳도 많습니다.

그 밖에 각 나라의 다양한 문화에 관심을 갖고 관련 상식을 쌓으면 향후 업무를 수행하는 데 많은 도움이 됩니다.

4 직업 전망

생활수준 향상과 주 5일 근무제 등의 영향으로 해외여행이 보편화되었고, 항공 서비스 산업의 발전으로 저가 항공사가 많이 생겨났습니다. 최근 한류 열풍으로 동아시아 관광객이 급증하면서 앞으로 항공기 객실 승무원의 일자리도 늘어날 전망입니다. 또 국제화 시대에 맞추어 각 항공사가 노선을 변화하고 편수를 증편하고 있으므로 그 인기는 지속될 것으로 보입니다. 또한 전 세계적으로 한국 관광객이 늘면서 해외 항공사에서 한국인 승무원을 채용하는 사례도 늘고 있습니다.

항공기 객실 승무원은 높은 급여에 다양한 복지 혜택이 있고, 사회적 평판도 좋은 편이라서 젊은 여성들이 많이 지원하고 있어 경쟁률이 치열합니다. 아울러 결혼과 함께 일을 그만두던 과거와 달리 요즘에는 계속 일하는 추세여서 갈수록 취업 경쟁이 치열해지고 있습니다. 따라서 취업을 위해서는 많은 준비가 필요합니다.

02 비행기와 관련된 직업들

비행기와 관련된 일을 하는 사람들은 여자 객실 승무원인 스튜어디스 외에도 셀 수 없이 많습니다. 비행기를 운전하는 조종사(파일럿), 조종사가 공항에서 안전하게 이륙과 착륙을 할 수 있도록 도와주는 항공 교통 관제사, 비행기에 이상이 없는지 점검하고, 이상이 있으면 수리를 하는 항공기 정비사, 착륙한 비행기가 정해진 장소까지 무사히 운전할 수 있도록 유도하는 항공기 유도사 등이 있습니다.

또한 비행기를 타려면 공항에서 여러 가지 과정을 거쳐야 하는데, 이와 관련해 일을 하는 사람들도 무척 많습니다. 외국으로 나가거나 우리나라에 들어오는 사람들을 심사하는 출입국 심사관, 여행객의 짐을 검사하는 세관원, 동·식물이나 음식을 검사하는 검역원, 공항이나 비행기의 안전을 책임지는 보안요원 등이 있습니다.

그 밖에도 항공 예약을 받거나 티케팅을 하는 사람, 안내하는 사람 등등 공항에서 일하는 사람들은 참으로 많습니다.

1 비행기 안에서 일하는 사람들

1) 항공기 조종사

항공기 조종사는 비행기에 승객을 태우고 한 공항에서 다른 공항으로 비행기를 운전하는 사람으로 파일럿이라고도 합니다.

소형 항공기를 제외한 대부분의 항공기는 안전을 위해 기장과 부기장이 한 팀이 되어 서로 협조하며 비행기를 운전합니다. 비행기의 운항 및 안전을 책임지는 조종사를 기장이라 하고, 기장을 보조하다가 기장에게 돌발 상황이 생기면 기장을 대신하는 조종사를 부기장이라고 합니다. 또 8시간 이상 비행할 경우에는 안전을 위해 두 팀 이상의 조종사가 탑승하여 교대로 조종합니다.

그런데 부장과 부기장은 비행하기 6시간 전부터 같은 메뉴의 식사를 할 수 없습니다. 그리고 비행기 안에서도 같은 시간에 같은 메뉴를 먹을 수 없습니다. 식중독이나 배탈 등 혹시 모를 안전사고를 예방하기

> **Tip**
>
> 항공기 조종사가 되려면 대학에서 기계공학과, 기계과, 제어계측공학과, 제어계측과, 항공우주공학과, 항공운항과 등을 졸업하면 도움이 됩니다. 또 군대에서 조종사 경력을 쌓거나 대학의 항공운항과를 졸업하고 비행 교육원에서 교육을 받기도 합니다. 이외에도 항공사의 조종 훈련생으로 선발되어 교육을 받을 수도 있습니다. 관련 자격증에는 사업용 조종사 자격증, 운송용 조종사 자격증, 자가용 조종사 자격증 등이 있습니다.

위해 동시에 같은 음식을 먹지 않는 것입니다.

비행기가 이륙하기 전에 기장과 부기장은 비행기와 비행 경로의 특징을 살펴보고 비행을 준비합니다. 일기예보를 챙겨서 보고, 얼마나 많은 승객이 탔는지 알아 둡니다. 그리고 비행 중에 승객을 보살필 승무원과 인사를 하지요.

교통 관제사의 안내를 받아 이륙하여 비행이 시작되면 상황에 맞게 고도를 바꿔 안전한 경로로 이동합니다. 목적지가 가까워지면 도착 공항의 활주로 상황과 날씨 등을 살피고 관제탑의 지시에 따라 승객들에게 착륙 준비를 지시합니다. 그리고 착륙 후에는 엔진과 계기를 끄고 운항 일지를 씀으로써 운항을 마무리합니다.

항공기 조종사는 하늘을 나는 직업이기 때문에 기상이변 같은 갑작스러운 상황 변화에 대한 정확한 판단력과 대처 능력이 요구되며, 지리·물리·통신에 대한 기본 지식이 필요합니다.

2) 남자 객실 승무원(스튜어드)

보통 항공기 승무원은 여자 승무원이 많지만 요즘은 남자 승무원도 생겨나고 있습니다. 남자 승무원을 스튜어드라고 부르는데, 승객의 편안한 여행을 위한 서비스 업무는 여자 승무원과 같지만 기내 보안 업무가 추가됩니다. 기내에서 막무가내로 행동하거나 행패를 부리는 승객을 상대하기엔 여자 승무원보다 남자 승무원이 유리하기 때문입니다.

특히 9·11테러 이후에는 보안 업무를 위해 스튜어드가 의무적으로 탑승해야 하는 나라도 있는 만큼 그 역할이 중요해졌습니다. 보안 업무의 성격상 스튜어드의 키는 172cm 이상이어야 하고, 건장한 신체 조건을 갖춰야 합니다.

2 공항에서 일하는 사람들

1) 항공 교통 관제사

공항의 높은 관제탑 위에서 비행기들이 공항에서 안전하게 이륙하고 착륙할 수 있도록 도와주는 일을 합니다. 출발하는 비행기에는 이륙 허가를, 도착하는 비행기에는 착륙 허가를 내줍니다. 공항 안에서 비행기들끼리 서로 부딪치지 않게 하고, 비행기가 다른 장애물과 충돌하지 않도록 안내합니다. 그리고 비행기의 이착륙 순서와 시기, 방법을 정하여 적절한 활주로로 비행기를 안내합니다. 이러한 안내를 통해 질서 있고 신속하게 공항의 교통이 유지되도록 합니다.

또한 레이더를 통해 비행하고 있는 비행기의 위치와 고도를 점검하며, 비행 중인 조종사와 교신을 해서 착륙할 공항의 풍향이나 풍속, 기상 상태를 조종사에게 알려 줍니다. 비행기에 비상사태가 생기거나 날씨가 안 좋아 착륙이 어려우면 운항 관리사와 상의해 다른 공항으로 안내하는 등의 조치를 취합니다. 만약 비행기가 추락하거나 불시착했을 때에는 수색과 구조 업무를 도와주기도 합니다.

항공 교통 관제사는 높은 관제탑에서 일하기 때문에 공항 활주로와 하늘을 잘 볼 수 있습니다. 비행기를 안내할 때는 주위에 다른 비행기가 없는지 확인하기 위해 레이더 스크린을 봐야 합니다. 심한 비바람이 불어 비행기가 예정된 경로로 가지 못할 때에는 안전한 경로를 알려줍니다. 이것을 '항공로 관제'라고 합니다.

2) 항공기 정비사

비행기에 문제가 없는지 살피고, 문제가 있으면 고쳐서 비행기가 안전하게 운항될 수 있도록 합니다. 격납고(비행기를 보관하고 정비하는 곳)에서 주기적으로 비행기를 점검하며, 운항 중에 손상이 되지는 않았는지 기계가 정상적으로 작동하는지도 점검합니다.

비행기는 한번 사고가 나면 치명적이기 때문에 정비 업무가 매우 중요합니다. 그래서 항공기 정비사는 비행기의 초강력 엔진에서부터 작은 나사못에 이르기까지 수만 개의 부품 중 어느 하나라도 어긋나지 않도록 비행기를 꼼꼼하게 살펴야 합니다.

따라서 항공기 정비사는 동력 장치, 착륙 장치, 조종 장치 등을 조립

Tip

항공 교통 관제사가 되기 위해서는 대학에서 교통공학과, 기계공학과, 기계과, 정보통신공학과, 정보통신과, 컴퓨터공학과, 항공우주공학과 등을 졸업하면 유리합니다. 건설교통부 지정 전문교육기관 등에서 항공 교통 관제사가 되기 위한 교육과 훈련을 받을 수 있습니다. 관련 자격증으로는 교통안전공단에서 실시하는 항공 교통 관제사 자격증이 있습니다.

Tip

항공기 정비사가 되기 위해서는 대학에서 기계공학과, 기계과, 전기과, 전기제어공학과, 제어계측공학과, 제어계측과, 항공정비과 등을 졸업하면 유리합니다. 아니면 군대의 항공 정비 부대에서 실무를 익히거나, 민간 항공사에서 운영하는 사내 정비 직업훈련원이나 직업훈련 기관에서 기술을 배울 수 있습니다. 관련 자격증으로는 항공 공장 정비사 자격증이 있습니다.

하고 정비할 줄 알아야 하며, 100만 개 이상의 부품과 시스템으로 연결되어 있는 비행기의 구조에 대해 아주 잘 알고 있어야 합니다. 항공기가 대부분 유럽이나 미국에서 제작되기 때문에 항공기를 잘 알기 위해서는 영어 실력도 필요합니다.

항공기 정비사는 해외에 파견 나가 근무하는 경우도 많습니다. 비행기가 도착한 나라에서 중간 점검을 해야 하기 때문입니다.

3) 항공기 유도사

착륙한 비행기가 정해진 장소까지 무사히 이동할 수 있도록 인도하는 일을 합니다. 보통 4명이 팀을 이루어 비행기를 활주로(비행장에서 비행기가 뜨거나 내릴 때에 달리는 길)에서 유도로(비행기의 이동을 위해 비행장에 설치된 도로)를 거쳐 탑승교(비행기의 출입구와 공항 건물을 연결하는 통로)까지 이동시킵니다. 앞에서 이끄는 사람은 비행기 조종사와 눈을 맞추며 수신호로 의사소통을 합니다. 예기치 못한 상황이 생기면 즉시 정지 신호를 보내고, 아무런 이상이 없으면 정지해야 하는 위치에 정확하게 앞바퀴가 오도록 유도합니다.

특히 눈이 오거나 비가 오는 등 날씨가 좋지 않을 때에는 사고 가능성이 높으므로 더욱 신중하게 유도해야 합니다. 따라서 항공기 유도사는 눈이나 비 등 악천후가 있는 날에도 견딜 수 있어야 합니다.

4) 출입국 심사관

외국으로 나가는 사람들을 심사하는 출국 심사관과 우리나라로 들어오는 외국인들을 심사하는 입국 심사관으로 나뉩니다. 이들은 출입국사실증명 발급, 외국인등록사실증명 발급, 외국인부동산 등기용 등록번호 부여, 출입국사실조회 공문 처리 등을 합니다.

출입국 심사관이 되려면 국가에서 시행하는 공무원 시험에 합격해야 합니다. 국어, 영어, 한국사, 헌법, 행정법, 국제법, 형사소송법 등의 과목을 시험 봐서 통과해야 합니다.

5) 세관원

해외로 여행을 떠나는 사람들과 외국에서 국내로 들어오는 여행객의 짐을 검사합니다. 여행객이 다른 나라에 들어가는 데 필요한 서류인 여권, 비자, 출국 허가서 등을 모두 챙겼는지 확인하고, 세관에 신고해야 할 물건이나 법으로 금지된 물건은 없는지 짐을 확인합니다. 또한 화물을 수송하는 비행기에 실린 물건들도 검사합니다.

세관원은 국가에서 고용한 공무원입니다. 따라서 세관원이 되려면 공무원 시험에 합격해야 합니다. 늘 유니폼을 입고 일하며, 마약이나 폭발물을 찾도록 훈련 받은 탐지견을 데리고 일할 때도 있습니다.

6) 운항 관리사

항공기가 목적지까지 안전하게 운항할 수 있도록 비행 계획을 담당하는 사람입니다. 담당 항공기에 대하여 예약 승객 수 정보와 화물량, 운항할 때의 바람 예보와 목적지의 기상 예보를 확인하여 비행 일정을 계획합니다.

7) 보안검색 요원

항공기 탑승 승객들에 대한 휴대전화 검색, 가방 검색, 신체 검색, 항공기 기내 검색, 출국 서류 확인, 승객 안내 등의 일을 합니다.

8) 수속 담당자

각 항공사 소속인 수속 담당자는 자신의 항공사 비행기를 탈 승객을 위해 일합니다. 비행기 표를 확인하고 짐을 비행기에 실을 수 있도록 수속해 주지요. 승객이 비행기에 타기 전에 신분증과 여권을 검사하고 비행기 탑승권을 발급합니다.

9) 승무원 담당자

각 항공사에서 공항에 파견한 직원으로 원활한 기내 서비스를 제공할 수 있도록 지상에서 필요한 일들을 담당하고 있습니다. 주요 업무는 승무원의 일정을 조정하거나 한국에 체류하는 외국인 승무원을 위한 호텔을 체크합니다. 그리고 공항에서 시내까지 필요한 교통로를 체크하고, 승무원들이 출입국할 때 필요한 서류를 확인하고, 문제가 발생했을 때 필요한 지원을 합니다.

10) 기타 직업

그 밖에도 여행객을 위한 정보 안내 · 보안 · 공항 청소 등 공항에서 일어나는 모든 일을 책임지는 공항 책임자, 동 · 식물이나 음식을 검사하는 검역원, 탐지견을 훈련시켜 공항 안에서 통제 · 감시 · 보안 · 구조 활동을 하는 탐지견 운영 요원, 공항 창고에서 비행기에 싣고 내리는 화물을 관리하는 창고 책임자 등이 있습니다.

03 역사, 책, 영화 속에서 만나는 항공기 객실 승무원

1 초기의 항공기 객실 승무원은 간호사

초기의 항공기 객실 승무원은 간호사였습니다. 당시에는 여객기의 성능이 낮아 운항할 때 흔들림이 많았고, 멀미를 하는 승객들이 많았습니다. 그래서 간호사들이 탑승하여 멀미하는 손님들을 간호했다고 합니다. 그래서인지 초기 승무원의 유니폼은 간호사들처럼 하얀 가운에 흰색 모자를 쓰는 형태였습니다.

오늘날 승무원들의 유니폼은 항공사에 따라 다양한 형태를 띠고 있습니다. 그렇더라도 대체적으로 군복이나 교복처럼 다소 딱딱한 느낌을 줍니다. 이런 옷차림은 단정하게 보이기 위함도 있지만 제1, 2차 세계 대전을 겪으면서 승무원의 유니폼이 제복 느낌으로 바뀌었고, 그 이후 계속 유지되어 왔습니다.

그런데 최근 등장한 저가 항공사의 승무원 유니폼은 편하고 활동성이 좋은 티셔츠로 대신하는 경우가 많습니다.

2 우리나라의 공항

우리나라에는 공항이 몇 개 있을까요? 모두 15개나 됩니다. 인천, 김포, 김해, 제주, 대구, 광주, 청주, 양양, 울산, 여수, 사천, 포항, 군산, 원주, 무안에 공항이 있습니다. 이 중 국제공항은 인천, 김포, 김해, 제주, 대구, 청주, 양양, 무안 총 8개입니다.

그리고 특별한 공항이 한 개 더 있습니다. 경기도 성남에 위치한 서울공항(공군성남기지)입니다. 서울공항은 공군의 군용기와 대통령 전용기, 외국 귀빈이 주로 이용하는 특별한 공항입니다. 지금부터 우리나라 공항의 발달사를 살펴보기로 합니다.

> **Tip**
>
> 항공기 객실 승무원들은 몸을 많이 움직이며 일을 하기 때문에 치마를 입고 구두를 신는 것보다는 티셔츠와 청바지에 운동화를 신는 것이 훨씬 편할 것입니다.

1) 최초의 비행장, 여의도 육군 간이 비행장

우리나라 최초의 공항은 일제강점기인 1916년 서울 여의도에 세워졌습니다. 제대로 된 공항이 아닌, 육군이 사용하는 간이 비행장이었지요. 이 비행장에서 1922년 우리나라 최초의 비행사 안창남이 직접 조립한 비행기로 시범 비행을 하기도 했습니다. 그러다가 1924년에 정식 비행장이 되어 민간 항공기와 군 항공기가 공동으로 이용하였고, 광복 후 1948년부터는 민간 비행장으로 운영되었습니다. 그러다가 1958년 공항의 기능을 김포국제공항으로 이전하면서 군대 전용 비행장으로 사용되다가 1971년에 폐쇄되었습니다.

2) 김포공항

서울시 강서구 과해동에 있는 공항입니다. 1942년 준공되어 1957년까지 군용 비행장으로 사용되었습니다. 1958년 1월 국제공항으로 지정되어 시설과 기능을 확대하였고, 1971년 여의도 공항이 폐쇄되면서 그 기능이 더욱 커졌습니다. 그 후 2000년 3월까지 우리나라를 대표하는 국제공항으로서 28개국 71개 도시에 항로가 개설되어 비행기들이 이착륙하였습니다.

2001년 3월 인천국제공항의 개항으로 국제선 운항은 모두 인천공항으로 이관되었다가 다시 서울↔도쿄(김포↔하네다) 노선, 서울↔상하이(김포↔홍차오) 노선의 국제선을 추가로 운항하고 있습니다.

3) 인천국제공항

우리나라를 대표하는 국제공항으로 2001년에 문을 열었으며, 연간 17만 회의 항공기 운항을 통해 2,700만 명의 여객과 170만 톤의 화물을 수송하고 있습니다. 최근 5년간 세계 공항 평가에서 최우수를 받을 정도로 전 세계적으로 유명한 공항입니다.

인천국제공항은 지금도 확충 공사를 계속하고
있으며, 공사가 마무리되는 2020년 이후에는 활
주로 5개, 여객 수 1억 명, 화물 1,000만 톤, 운항
횟수 74만 회(연)로 늘어날 것으로 기대됩니다.

인천국제공항은 너무 넓어서 자칫하면 길을 잃
어버릴 수 있습니다. 이럴 때는 안내 데스크를 찾
아 도움을 받아야 합니다. 안내 데스크에서는 이
런 민원도 처리하고, 운항 정보, 출입국 관련 정보
등도 안내해 줍니다. 또한 몸이 아플 때도 안내 데스크에 의뢰하면 공
항에 있는 의료 시설을 이용할 수 있습니다.

인천국제공항 의료 센터 안에는 항공 응급 의료와 일반 의료 등의 진
료를 하고, 24시간 당직 의사, 간호사, 응급 구조사, 병리사, 방사선사,
물리치료사, 공항 내 행정직 등 각 분야의 다양한 전문가들이 만일의
사태에 대비하고 있습니다.

3 관련 책

1) 〈스튜어디스 비밀노트〉 정진희 외 지음. 씨네21북스. 2009

이 책은 비행 경력 평균 10년의 스튜어디스들이 자신들이 경
험한 일과 여행, 그리고 새로운 만남 등의 이야기를 담고 있습
니다. 비행과 여행에 관한 이야기, 승무원의 생활과 일상, 그들
의 직업에 대한 이야기를 솔직하게 토로하고 있습니다.

비행에 관한 내용으로는 난기류에 대처하는 자세, 기내식과
관련한 이야기 등이 실려 있고, 여행과 관련해서는 지구촌 곳곳
을 돌아본 이들의 경험담과 추천 여행지를 소개하고 있습니다.
항공기 승무원식 이미지 메이킹과 비행이 없을 때는 어떻게 시
간을 보내는지 등 자신들의 생활을 소개하고, 수많은 승객 중에 가슴
뭉클하거나 안타까운 사연을 가진 승객들의 이야기를 들려주고 있습니
다. 자신들의 직업에 대한 열정과 동료애, 일하면서 겪는 어려움 등을
토로하고, 마지막으로 이 일에 대한 자부심과 보람, 그리고 사랑하는
가족들의 이야기를 담고 있습니다.

이 책은 항공기 객실 승무원과 관련된 모든 이야기를 담고 있어서 스

튜어디스를 꿈꾸는 청소년뿐만 아니라 스튜어디스 취업을 준비하는 취업 준비생에게도 큰 도움이 될 것입니다.

2) 〈여자로 태어나 대기업에서 별따기〉 이택금 지음. 김영사. 2005

　　이 책은 스튜어디스 출신으로는 국내 최초로 대기업 임원이 된 아시아나 이택금 상무가 33년간의 현장 경험을 바탕으로 후배들에게 들려주는 유익한 이야기를 담고 있습니다.

　　주요 내용은 일 잘하는 사람의 자기관리, 위기관리, 조직관리 전략으로서 저자가 현장에서 몸소 체험하고 배운 것을 바탕으로 이제 막 직장생활을 하거나 사회 곳곳에서 일하고 있는 후배들에게 귀감이 될 만한 39가지 성공 노하우를 일화 형식으로 소개하고 있습니다. 특히 후배 스튜어디스들이 서비스 현장에서 적용할 만한 경험담들이 많이 담겨 있어서 항공기 승무원이 되는 데 실제적인 도움을 받을 수 있는 책입니다.

3) 〈나는 승무원이다!〉 박미화 지음. 밝은누리. 2019

　　이 책의 저자는 항공기 승무원, 기내 통역사, 호텔과 무역회사 근무 등 다양한 분야에서 일한 경험을 살려, 승무원을 꿈꾸는 취업 준비생을 대상으로 컨설턴트로서 활동하였습니다. 이후 승무원 양성 학원은 물론 부천대학교, 광주보건대학교, 한국항공전문학교 등에서의 강의 경험과 승무원 채용 면접관으로서 얻은 경험을 항공사 취업을 준비하는 이들과 나누는 일을 8년째 계속해 오고 있습니다.

　　이 책은 항공서비스과가 개설된 전국 열다섯 개 대학을 선정하여, 학교 정보와 모집 인원, 학교별 면접 참고 사항 및 최근 3년간 경쟁률, 전년도 전형 결과를 한눈에 볼 수 있게 정리하여 제시하고 있습니다.

　　항공서비스과 면접 준비 시 반드시 필요한 답변을 만드는 요령과 해당 예시를 소개하여 학생들이 답변을 만들 때 겪는 어려움을 덜어 주고 있습니다. 또한 간단한 영어 답변, 대학교별 면접 기출 문제, 영어 지문 등을 함께 수록하여 입시를 준비하는 학생들에게 실제적으로 도움이 될 수 있도록 했습니다.

4 관련 영화 및 드라마

1) 〈해피 플라이트〉

2009년 일본에서 개봉된 영화로 여객기에서 일하는 객실 승무원과 항공기 조종사에 대한 얘기를 담고 있습니다.

기장 승진 최종 비행을 앞둔 부기장 '스즈키'는 까다롭기로 소문난 기장 '하라다'와 함께 호놀룰루 행 비행기에 오릅니다. 시도 때도 없는 기장의 테스트에 스즈키는 이륙 전부터 초긴장 상태입니다. 한편, 초보 승무원 '에츠코' 역시 마녀 팀장을 만나 혹독한 국제선 데뷔를 치르고 있습니다. 에츠코는 전쟁터를 방불케 하는 객실에서 실수를 연발하고 계속 혼이 납니다.

그런데 호놀룰루에 무사히 도착하면 모든 게 끝난다는 그들의 바람과 달리, 비행기에서는 기체 결함이 발견되고 도쿄로 긴급 회항하라는 명령이 떨어집니다. 과연 부기장 '스즈키'와 초보 승무원 '에츠코'는 무사히 공항으로 돌아올 수 있을까요?

이 영화는 비행 중에 비행기 안에서 조종사와 승무원들 사이에서 벌어지는 일들이 실감나게 묘사되어 있어 승무원을 지원하는 청소년들에게 현장감을 느끼게 해 줍니다. 또한 안전한 비행을 위해 조종사와 승무원들이 얼마나 많은 노력을 기울이고 있는지를 알게 해 주는 영화입니다.

2) 〈뷰 프럼 더 탑〉

2003년 미국에서 개봉된 영화로 '항공기 승무원이 되기 위한 가이드북'으로 불리고 있습니다.

화목하지 않은 가정, 평범한 일상, 떠나간 남자친구, 미래가 없는 삶…… 이 무료한 일상의 끝에서 그녀는 마침내 희망을 찾습니다. 저 하늘을 날 수 있다면 지긋지긋한 고향과 잊고 싶은 과거로부터 벗어날 수 있을 것이라고요. 그리하여 그녀는 승무원이 되었습니다. 비행기 한번 타본 적 없던 그녀의 첫 근무지는 짧은 미니스커트를 입고 머리를 한껏 부풀려야 하는 초라한 항공사였습니다. 그 초라함이 창피해질 무렵, 그녀는 국제선 일등석의 승무원이 되기 위해 메이저 비행사의 문을 두드립니다. 그러나 친구의 배신으로 국제선을 타지 못하게 되어 낙담하지만, 그녀를 무조건 믿어 주고 도와주는 선배 덕분에 드디어 국제선을 타게 됩니다. 그러나 이 과정에서 사랑하는 사람과 헤어지게 됩니다. 그리고 항공기 승무원으로 열심히 일하고 성공도 거두게 됩니다. 하지만 시간이 갈수록 옛 애인이 그리워지고, 결국 성공도 사랑하는 사람이 곁에 있어야 가능하다는 것을 깨닫게 됩니다.

이 영화는 보잘것없는 시골 소녀가 세련된 승무원으로 변모하는 과정, 예컨대 그녀가 교양을 쌓고 서비스 정신을 배워 시험에 통과하기까지의 전 과정이 잘 드러나 있어 영화의 작품성이나 재미를 떠나 승무원 지망생들이 본다면 실제적인 도움을 받을 수 있습니다.

3) 〈어텐션 플리즈〉

2006년 4월 일본에서 방영되었던 드라마로, 좌충우돌하는 초보 객실 승무원의 이야기를 다루고 있으며, 총 11부작으로 제작되었습니다.

주인공 미사키 요코는 록 밴드 생활을 하다가 갑자기 승무원 시험을 보게 됩니다. 그 이유는 항공사 정비사로 일하고 있는 좋아하는 남자로부터 승무원이 된 모습을 보고 싶다는 말을 듣고 승무원이 되기로 결심한 것입니다. 그런데 생각지도 않게 덜컥 합격하여 초보 승무원으로서의 생활을 시작하게 됩니다.

승무원이 된 요코는 처음에는 실수 연발에 갖가지 사고를 치지만, 담당 교관이 끈질기고 인내심 있는 태도로 이끌어 주어 점차 제대로 된 승무원의 모습으로 성장해 갑니다. 이로써 밴드 활동을 하며 자유롭게 살던 주인공은 정갈한 스타일의 스튜어디스로 변하는 데 성공합니다.

이 영화는 승무원이라는 직업이 얼마나 고되면서 보람차고 훌륭한 일인지 알게 해 주는 영화로, 항공기 승무원을 꿈꾸는 사람이라면 부담 없이 몰입하면서 볼 수 있습니다.

04 항공기 객실 승무원은 무슨 일을 할까?

1 항공기 객실 승무원의 일과

항공기 객실 승무원의 일상은 단거리 비행을 하느냐 장거리 비행을 하느냐에 따라 달라집니다. 국내 비행은 당일에 왕복이 가능하고, 일본이나 중국 등 가까운 나라도 당일에 다녀오기도 합니다. 그러나 유럽이나 미국 등 장거리 비행은 그곳에서 2~3일 머물다 옵니다. 이때는 회사에서 5성급 이상 호텔과 체류 비용을 제공해 줍니다.

그러나 기본적인 업무는 단거리 비행이나 장거리 비행 모두 같습니다. 승무원 탑승 인원은 제일 큰 항공기에는 18명이, 제일 작은 항공기에는 6명이 탑승합니다.

지금부터 장거리 비행을 하는 승무원의 생활을 살펴보기로 합니다.

1) 출근 전 준비

유니폼의 청결 상태와 복장이나 외모에서 규정에 어긋난 것은 없는지 꼼꼼히 살핍니다. 자신에게 어울리는 화장을 하고 단정하게 머리 손질을 합니다. 그런 다음 컴퓨터로 공지사항이나 업무 지시를 확인하고 공항으로 출발합니다.

2) 비행 회의

탑승 2시간 전에 비행 회의에 참석합니다. 승무원들의 시간 규정은 너무나도 엄격하여 단 1분이라도 회의에 늦는 일은 상상할 수도 없습니다. 그래서 승무원들은 회의 시간보다 30~40분 정도 일찍 사무실에 나와서 그날의 승객 수, 국적, 필요한 입국 서류, 변경된 서비스 공지사항 등을 숙지하고, 복장을 가다듬으며 탑승 준비를 합니다.

비행 회의에서는 비행시간, 항로, 날씨, 승객 수, 특별히 관리해야 할 승객 등 모든 사항을 확인합니다. 선배는 후배의 유니폼 상태, 머리 모양, 손톱, 앞치마 등의 청결 상태를 꼼꼼히 점검합니다.

3) 비행 준비

출발 1시간 전 비행기에 탑승하여 비상 장비를 살피고, 식사와 구급 용품 등 비행에 필요한 물건이 모두 실렸는지 확인합니다. 객실 내 비상물품, 의료품을 점검하고, 수하물 및 우편물 탑재 상황을 철저히 파악합니다. 승객들에게 제공할 신문이나 음료 등을 제자리에 옮겨 놓기도 하고, 좌석이 지저분하지 않은지도 살핍니다.

4) 승객 맞이

승무원의 책임자인 객실 사무장이 각 구역에 이상이 없는지 최종적으로 확인하고 탑승 지시를 내리면 승객의 탑승이 시작됩니다.

승무원들은 객실로 들어오는 승객들을 반갑게 맞이해 주고, 탑승객이 제시하는 탑승권을 확인하여 좌석을 안내해 줍니다. 그리고 안전하게 짐을 싣는 것을 도와주고, 탑승 명단을 확인합니다. 명단에 있는 인원이 모두 탑승했는지 확인하고, 미처 탑승하지 않은 승객을 파악합니다.

5) 승객들에게 안전 교육 실시

승객들이 모두 타면 출입문을 닫고 승객들을 대상으로 안전 교육을 실시합니다. 안전벨트 착용 방법, 구명조끼의 위치 및 착용 방법, 산소 마스크 사용법, 비상 탈출구의 위치 및 탈출 요령 등을 손동작과 도구를 이용하여 시범을 보이며 설명합니다.

안전 교육이 끝나면 승객들이 안전벨트를 착용했는지 모두 확인하고, 움직이는 물건이 없는지도 확인합니다. 이후 자신의 자리에 앉아 안전벨트를 착용하고 항공기의 이륙을 기다립니다. 비행기는 이륙할 때와 착륙할 때가 제일 위험하므로 이때는 승무원도 자리에 앉아 안전벨트를 맵니다.

6) 기내 서비스

비행기가 이륙하고 안정적인 기류에 진입하면 승객의 편의를 위해 제공되는 영화나 음악 감상을 위한 조작 방법에 대해 안내하고, 음료와 신문 및 잡지 등 승객들이 필요로 하는 물품들을 제공합니다. 이 외에 환자나 도움이 필요한 승객을 보살피는 데도 신경을 써야 합니다. 항공기 안에서 편안한 쇼핑을 할 수 있도록 기내에 구비된 면세품을 안내하고 판매하는 일도 승무원의 역할 중 하나입니다.

식사 시간이 되면 기내식을 서비스하는데, 전체 비행시간 중 이때가 가장 바쁩니다. 승무원들의 식사는 기내식 서비스가 끝난 다음 갤리(음식을 조리하는 곳)에서 이루어집니다.

장거리 비행을 할 때는 중간에 교대로 쉴 수 있습니다. 간이침대에 누워 잠깐 눈을 붙이기도 합니다.

7) 승객 배웅 및 정리

기장으로부터 목적지에 거의 도착했다는 소식을 전해 들으면 착륙 안내 방송을 하고, 이동 물품을 고정하며, 승객의 좌석벨트 착용 여부를 확인하는 등 착륙 전 기내 점검을 합니다. 그러고는 승객들에게 여행지 입국 수속에 필요한 서류와 세관 신고서 등을 나누어 주고, 작성 방법을 설명해 주기도 합니다.

비행기가 착륙하면 승객들이 모두 내릴 때까지 도움을 줍니다. 승객이 모두 내린 다음에는 항공기 안을 돌며 혹시 승객이 놓고 간 물건은 없는지 확인합니다.

운항 보고서를 작성하고 자신의 입국 서류를 작성한 후에 세관을 통과하면 공항 밖에 대기해 있는 버스를 타고 숙소로 이동하여 휴식을 취합니다.

2 철저한 안전 교육

항공기는 한 번에 많은 사람들이 이용하는데다 하늘을 나는 교통수단이기 때문에 사고가 발생하면 큰 사고로 이어질 가능성이 큽니다. 그래서 승무원은 탑승한 승객들에게 안전 교육을 실시합니다.

혹시라도 위급 상황이 발생하면 승무원은 평소의 상냥하고 부드러운 태도를 버리고 단호하고 강한 모습을 보여야 합니다. 위급 상황 시 승무원이 당황해서 우물쭈물하면 승객들이 불안해 하고, 승객을 안전하게 대피시키기 어렵기 때문입니다. 그래서 평소에 사용하던 고운 말 대신 '앉아!'와 같은 강한 명령어로 말하며, 일사불란하게 움직여 승객을

안전하게 대피시켜야 합니다.

이렇게 하려면 평소 훈련을 많이 해야 합니다. 항공기 내 안전 장비의 위치와 사용법을 배우고 익히며, 응급환자가 생겼을 경우를 대비해 응급호흡법, 심폐소생술 등 응급 처치 요령을 익힙니다.

3 플라잉 맘 서비스

항공기 승무원이 하는 일 중에는 보호자 없이 혼자 비행기를 타는 어린이들을 돌보아 주는 '플라잉 맘' 서비스가 있습니다. 이것은 비행기에서 승무원이 보호자를 대신하여 어린이 고객을 살펴주는 일입니다. 식사를 도울 뿐 아니라 비행기 안에서 지루하지 않게 시간을 보낼 수 있도록 보살펴 줍니다. 그리고 목적지에 도착하여 어린이를 안전하게 보호자에게 인계함으로써 자신의 업무를 마무리합니다.

05 항공기 객실 승무원이 되기 위해 필요한 능력

항공기 객실 승무원(스튜어디스)은 여학생들에게 가장 인기 있는 직업 중 하나입니다. 단정한 유니폼을 입고 환하게 미소 짓는 스튜어디스의 모습에 매료되어 많은 여학생들이 항공기 승무원이 되기를 꿈꾸고 있습니다.

그래서인지 얼굴이 예쁘고 키가 크면 항공기 객실 승무원이 될 수 있을 거라 생각하는 청소년들이 많습니다. 하지만 실제 승무원들의 이야기를 들어보면 가장 중요한 것은 봉사정신과 겸손함이라고 합니다. 그 밖에 외국어도 잘 해야 하고, 위기 상황에 대처하는 순발력과 강한 체력도 있어야 합니다.

지금부터 항공기 객실 승무원이 되려면 어떤 능력이 필요한지 알아보기로 합니다.

1 밝은 인상과 봉사 정신

승무원이 되려면 예쁜 외모보다는 밝게 웃는 표정과 친절한 태도가 더욱 중요합니다. 승무원은 승객을 대상으로 서비스를 제공하는 일을 하기 때문에 밝은 미소와 배려가 몸에 배어 있어야 합니다.

비행기 객실에서 일하다 보면 수많은 사람을 직접 상대하기 때문에 힘들고 어려운 일이 많습니다. 몸이 불편하거나 나이 드신 승객에게는 더욱 신경을 써야 하지요. 그들의 짐을 실어 주거나 안전벨트를 직접 매주고, 손님들의 자잘한 요구까지 들어주어야 합니다. 이렇게 늘 상대방을 배려하고 상대방이 무엇을 원하는지 먼저 파악하고, 건강 상태도 확인해야 승객을 쾌적하고 편안하게, 또 안전하게 목적지까지 모실 수 있습니다. 그에 따른 스트레스를 이겨내기 위해서는 투철한 사명감과 봉사 정신이 요구됩니다.

이를 잘 보여주는 사례로 2013년 여름, 미국 샌프란시스코 공항에서 발생한 아시아나 항공기 사고를 들 수 있습니다. 당시 전 세계 언론이 주목한 것은 승무원들의 놀라운 봉사 정신이었습니다. 아시아나 항공의 승무원들은 아비규환의 사고현장에서 자신 역시 다리를 다치고,

충격을 받은 와중에도 끝까지 승객들의 안전한 탈출을 위해 최선을 다했습니다. 다친 승객을 업고 사고 현장을 빠져나오는 승무원의 모습이 SNS를 타고 전 세계 네티즌들에게 퍼졌고, 그들의 투철한 직업 정신은 많은 사람에게 감동을 안겨 주었습니다.

2 원만한 성격과 프로 의식

비행기 승무원은 매번 손님을 새롭게 만나는 것은 물론 함께 비행하는 동료들도 바뀌게 됩니다. 탑승하는 승무원 인원은 제일 큰 항공기에서는 18명, 제일 작은 항공기에는 6명입니다. 여기에 기장과 부기장 등

비행을 할 때마다 새로운 동료들과 팀을 이루어 일하게 됩니다. 이렇게 팀 단위로 근무하기 때문에 협동정신이 있어야 하고 원만한 대인관계를 유지할 수 있어야 합니다.

또 손님 중에 간혹 무리한 요구를 하거나 예의 없이 굴기도 하는데, 이럴 때 너무 당황해 하거나 화를 내서는 안 됩니다. 승객이 기분 나쁜 말을 했다고 해서 금세 얼굴 표정이 바뀌거나 싫은 표정을 지으면 안 됩니다. 기분이 상하더라도 꾹 참고 차분하게 대응해야 합니다. 또한 자신의 몸이 힘들거나 어려운 일이 있어도 여행에 대한 벅찬 감정을 가지고 탑승한 승객 앞에서는 부정적인 모습을 내비칠 수 없습니다. 따라서 항상 건강관리를 잘 해야 하며, 마음의 여유를 가질 수 있는 프로의식을 길러야 합니다.

3 단정한 외모

항공기 객실 승무원은 승객들이 신뢰할 수 있도록 단정한 옷차림과 외모를 지녀야 합니다. 그래서 복장을 비롯한 외모에 대한 규정이 매우 엄격합니다. 머리는 모두 뒤로 묶어 올리는 쪽머리를 해야 하며, 얼굴 화장을 할 때에도 세세한 규정이 있습니다. 수습 기간 동안 한 올의 잔머리라도 보이면 이에 대한 경위서를 써야 하고, 양쪽 눈썹이 똑같이 그려지지 않아도 경위서를 써야 할 정도로 교육이 엄격하게 이루어지고 있습니다. 따라서 비행하기 전에 승무원들의 책임자인 객실사무장은 반드시 용모 점검을 합니다. 깔끔한 유니폼과 단정한 외모, 특히 기내식을 제공할 때 청결을 유지할 수 있도록 머리를 뒤로 묶는 것이 항공기 객실 승무원의 기본 자세입니다.

4 위기 대처 능력

수많은 사람이 타고 내리는 비행기이다 보니 간혹 승객 중에 환자가 발생할 수 있습니다. 승객이 갑자기 실신을 하거나 쓰러지면 승무원은 승객 중에서 의사나 간호사를 찾아 응급 처치를 하게 합니다. 그런데도 환자의 상태가 악화되면 기장에게 보고하여 가까운 공항에 착륙합니다. 아주 가끔 기내에서 사망 사고가 발생하기도 하는데, 이럴 때는 출발지로 돌아가거나, 목적지에 가까이 왔다면 목적지까지 가는 경우가 대부분입니다.

또한 극히 드문 일이긴 하지만 비행 중 사고가 나는 수도 있습니다. 이럴 때 승무원들은 승객들을 안전하게 대피시키고 탈출시켜야 합니다. 승무원들은 위기 상황을 정확히 파악한 다음 승객들을 안심시키고, 위기에서 벗어날 수 있는 대처 능력과 순발력을 발휘해야 합니다.

5 강인한 체력

비행기 안에서 항공기 승무원은 손님들의 요구사항을 해결해 주는 해결사가 되어야 합니다. 또한 무거운 짐을 선반에 올려주거나 음료나 음식이 가득 든 상자 등을 번쩍번쩍 들어야 하는 천하장사가 되어야 합니다. 거기다 불규칙한 비행시간에 몸이 적응하기 위해서는 강인한 체력이 필요합니다.

그래서 가능하면 식사를 규칙적으로 하고, 비행이 없을 때는 수영이나 요가 등 틈틈이 운동을 하여 건강한 체력을 유지해야 합니다.

6 외국어 실력

항공기 객실 승무원은 직업의 특성상 외국인들을 상대하는 일이 많습니다. 우리나라를 여행하기 위해 오고 가는 사람들을 맞이하고, 요구하는 서비스를 제공하고, 상황을 정확히 전달하기 위해서는 유창한 외국어 실력이 필수입니다. 또한 다양한 나라의 사람들에게 서비스를 제공하기 위해서는 각 나라의 문화도 잘 알아야 합니다.

요즘에는 국내 항공사의 경쟁이 너무 치열하여 외국 항공사에 취업하는 경우도 늘고 있으므로 영어는 기본이고, 중국어와 일본어도 기본적인 회화 정도를 알아두면 취업에 많은 도움이 됩니다.

Tip

2013년 미국 샌프란시스코 공항에서 발생한 아시아나 항공기 사고의 경우, 승무원들이 침착한 태도로 재빨리 승객들을 대피시키고, 마지막까지 기내에 남아 다친 승객들까지 전부 탈출시켰습니다. 그리하여 사고의 규모에 비해 희생자가 거의 없었지요. 승무원들이 위기 상황에서 현명하게 대처할 수 있었던 것은 평소 훈련을 많이 받은 덕분입니다.

06 항공기 객실 승무원의 장단점

1 장점

1) 세계를 여행하며 일할 수 있습니다

항공기 객실 승무원의 가장 좋은 점은 돈도 벌면서 세계 각국을 여행할 수 있다는 점입니다. 일본이나 중국 등 가까운 나라는 당일에 돌아오지만 유럽이나 미국, 아프리카 등 먼 거리를 비행할 경우에는 한국으로 바로 돌아오는 것이 아니라 해당 지역에서 2~3일간 휴식 시간을 가진 후 돌아옵니다. 따라서 그 시간 동안 여행을 할 수 있습니다. 체류 기간에 머무는 숙소로는 5성급 이상의 고급 호텔이 제공되고, 해외 체류비도 지급되기 때문에 개인 경비를 따로 들이지 않고 해외여행을 할 수 있습니다. 이렇게 세계 각 나라의 문화를 체험해 볼 수 있는 기회가 있다는 것이 가장 큰 장점입니다.

2) 연봉이 높고, 근무 조건이 좋습니다

항공기 객실 승무원은 다른 직종에 비해 연봉이 높은 편입니다. 거기다 여성 직원이 많은 관계로 근로 조건이 다른 회사에 비해 여성에게 유리합니다. 요즘에는 결혼 후에도 계속 근무하는 여성이 늘고 있습니다. 그리고 사회적인 인식도 매우 좋은 편입니다.

또한 세계 곳곳을 여행하면서 얻은 경험을 통해 넓은 시야를 얻게 됨으로써 퇴직 후에도 자신의 경험을 살려 매너 강사, 호텔이나 여행사 등 관련 서비스직으로의 이직이 가능합니다.

3) 보람을 느낄 수 있습니다

항공기 객실 승무원은 승객들에게 도움을 주는 직업이므로 힘들 때도 많지만 보람을 느끼는 경우도 많습니다. 승객 중에는 비행기에서 내리면서 '덕분에 즐겁게 잘 왔다.'며 고마움의 인사를 하거나 손을 잡아 주는 사람도 있습니다. 또 몸이 아픈 승객을 세심하게 돌봐 주어 나중에 고맙다는 편지를 받는 경우도 있습니다. 이럴 때는 직업인으로서 큰 보람을 느낄 수 있습니다.

2 단점

1) 몸과 마음이 고되고 힘듭니다

항공기 객실 승무원을 꿈꾸는 청소년들은 유니폼이 예쁘다든지, 많은 나라를 여행할 수 있다든지 하는 승무원으로서 누릴 수 있는 부분만 생각하는 경향이 있습니다.

하지만 승무원은 높은 하늘 위에서 승객들을 돌보고 서비스를 제공하기 위해 장시간 서서 일해야 합니다. 굽 있는 구두를 신고 장시간 서 있어야 하므로 다리가 붓고 아프지요. 또한 무거운 짐을 대신 올려 주거나 음식과 음료를 서비스하는 과정에서 힘쓰는 일이 많아서 체력 소모가 큽니다. 이렇게 오랫동안 서 있고, 무거운 짐을 들다 보면 허리디스크와 같은 직업병이 생길 수 있고, 불규칙한 식사시간에 따른 위장병, 해외 비행에서 오는 시차 적응에 따른 불면증 등이 생길 수도 있습니다.

또한 각양각색의 다양한 손님들 모두에게 친절하게 대해야 하므로 거기에서 오는 스트레스도 매우 큽니다. 자신의 몸이 힘들어도, 슬픈 일이 있어도 겉으로는 티를 내지 않고 항상 웃어야 하고, 설령 손님이 불쾌한 행동을 하더라도 참고 친절하게 대해 주려면 투철한 직업의식이 필요합니다.

2) 불규칙한 근무 시간

항공기 객실 승무원은 보통 한 달을 주기로 비행 스케줄이 잡힙니다. 근무 시간은 비행 일정에 따르기 때문에 불규칙하여 주말, 휴일, 공휴일이 따로 없습니다. 비행 시간은 회사에 따라 차이가 있지만 월 80시간 내외입니다.

다른 직업에 비해 근무 시간이 짧지만 일하는 공간이 비행기 안이라 쉽게 피로해지고, 해외 장거리 비행일 때는 시차에 따른 피로가 발생하기 쉽습니다. 밤낮이 뒤바뀌고 끼니를 제때 챙겨먹기도 어려우며, 매번 근무 시간이 달라지기 때문에

장기간의 계획을 세우기도 힘이 듭니다.

이렇듯 비행 시간과 스케줄에 따라서 출퇴근 시간이 매번 바뀌다 보니 불규칙한 근무 시간으로 인해 건강에 문제를 겪는 사람도 있습니다. 그러므로 항공기 승무원은 평소 체력과 건강 관리를 위해 끊임없이 노력해야 합니다.

3) 다른 사람들이 쉴 때 더 바쁩니다

다른 사람들이 휴가를 맞아 여행을 떠날 때 항공기 객실 승무원들은 오히려 더 바쁩니다. 그래서 승무원들은 휴가철이 아닌 비수기에 휴가를 가는 경우가 많습니다. 비수기에는 비행기 자리도 남고, 여행지도 붐비지 않아 싼 가격에 가족들과 편안한 여행을 다녀올 수 있다는 장점이 있습니다.

4) 정년이 짧습니다

항공기 객실 승무원은 근무 시간이 불규칙하고, 장거리 비행이 많아서 체력적인 소모가 많은 직업입니다. 그래서 40대 이후까지 계속 하기에는 체력적으로 부담이 많습니다. 또한 결혼을 한 뒤에는 육아를 병행하기도 힘든 직업입니다. 왜냐하면 자녀들을 키우면서 장거리 비행으로 며칠씩 집을 비우기란 쉽지 않기 때문이지요. 그래서 결혼한 여성들은 국내 비행이나 하루 일정으로 다녀올 수 있는 일본이나 중국 비행을 선호합니다.

또한 비행을 하지 않고 본사에 들어가 일을 하거나 공항에서 일정을 체크하는 등의 사무직으로 옮기는 경우도 있습니다. 아니면 승무원을 그만두고 호텔이나 여행사 등에서 일하기도 합니다.

07 항공기 객실 승무원이 되기 위한 과정

1 중·고등학교 시절

항공기 객실 승무원이 되어 많은 사람을 상대로 알맞은 서비스를 제공하려면 기본적으로 다른 사람의 입장을 이해하고 도와주려는 마인드가 있어야 합니다. 이런 마음을 키우기 위해서는 중·고등학교 시절부터 봉사활동에 참여하는 것이 좋습니다. 봉사활동은 남을 도와주는 항공기 승무원으로서의 기본 소양을 기르는 데 많은 도움이 될 것입니다.

또한 우리나라에서 항공기 승무원이 되려면 전문대 이상의 학력을 갖춰야 하기 때문에 공부도 열심히 해야 합니다. 그리고 다양한 독서를 하는 것이 좋습니다. 특히 세계의 문화와 역사를 이해할 수 있는 책을 읽으면 많은 도움이 될 것입니다.

2 대학교 시절

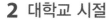

항공기 객실 승무원이 되려면 전문대나 4년제 대학에서 항공운항과나 항공비서과 등 관련 학과를 전공하면 유리합니다. 관련 학과에서는 항공업무론을 비롯해 객실업무개론, 항공운송실무, 객실서비스실무, 기내식음료개론, 항공서비스매너, 항공영어회화, 객실서비스영어, 토익 등 현직에서 활용할 수 있는 전문적인 지식을 배울 수 있습니다. 아니면 외국어 실력을 기르고 다른 나라 문화에 대한 지식을 쌓을 수 있는 외국어 관련 학과도 승무원이 되는 데 도움이 됩니다.

그리고 세계 여러 나라의 문화와 풍습을 이해할 수 있는 다양한 책을 읽고, 영어·중국어·일본어 등 외국어를 공부하고, 기회가 되면 해외 봉사나 난민 구호 봉사 등에 참여하면 도움이 될 것입니다.

또한 밝게 웃는 습관과 친절한 태도 등이 몸에 밸 수 있도록 패밀리 레스토랑 등의 서비스 직종에서 아르바이트를 해보는 것도 좋습니다.

항공기 승무원은 업무 시간이 불규칙하고 시차 적응이 필요한 직업이므로 늘 건강한 체력을 키우기 위한 노력도 게을리 해서는 안 됩니다.

3 항공사 취업

항공기 객실 승무원으로 취업하려면 관련 업체의 공개 채용을 통해 합격하는 것이 가장 일반적이며, 간혹 특채로 뽑는 경우도 있습니다. 시험은 서류 심사와 영어, 서비스 태도에 관한 면접이 있습니다. 대학에서 항공운항과나 항공비서과 등 관련 학과를 전공하면 유리하지만 관련 학과를 졸업하지 않아도 사설학원에서 교육을 받은 후 시험을 통과하면 승무원이 될 수 있습니다.

항공기 승무원이 되려면 특히 면접시험이 중요합니다. 면접에 의해 당락이 결정된다고 해도 과언이 아니지요. 면접에서는 단정한 외모와 외국어 실력, 체력 테스트, 위기 대처 능력 등을 봅니다. 각 나라의 다양한 문화에 관심을 갖고 관련 상식을 쌓으면 면접시험에 보다 유리하며, 비상사태를 대비하여 수영을 잘하면 좋습니다.

또한 신체 조건도 통과해야 하는데, 여자는 키 162cm 이상, 남자는 172cm 이상이 되어야 합니다. 또 교정 시력 1.0 이상, 토익 성적은 550점 이상이어야 합니다. 참고로 노스웨스트, 싱가포르 등 외국 항공사의 경우는 키가 160cm 이상이면 응시가 가능합니다. 우리나라의 항공사에서도 외국인 승무원을 뽑으며, 외국 항공사에서도 우리나라 사람을 승무원으로 뽑습니다.

4 항공기 객실 승무원으로서 생활

항공회사에 취업이 되면 3개월 동안 수습 기간을 거칩니다. 수습 기간 동안에는 교육을 통해 모든 것을 새롭게 배우고 익힐 수 있도록 회사에서 전폭적으로 지원합니다. 서비스 교육과 안전 훈련, 메이크업에 이르기까지 폭넓은 교육을 받게 됩니다.

서비스 교육을 통해 손님에 대한 예의 바른 태도를 몸에 익히고, 외국어와 국제 매너, 각국의 출입국 규정 등을 배웁니다. 그 밖에 외국의 호텔을 이용하는 방법, 팁 내는 방법 등 해외에 나가서 어떻게 행동하는지도 배웁니다. 안전 훈련에는 비상 탈출 훈련, 비상 착륙 훈련, 비상 착수 훈련, 화재 진압 훈련, 응급 처치, 심폐소생술, 구명 활동 등이 있습니다. 비상 착륙 훈련 중에는 비상 탈출 시 문에 달려 있는 슬라이드를 타고 내려오는 훈련도 있는데, 훈련 도중 가끔 경미한 사고가 발생하기도 합니다.

이렇게 3개월간의 수습 기간을 거쳐 정식 승무원이 된 다음에도 모든 승무원들은 1년에 한 번씩 정기적으로 안전 훈련을 받으며, 언제 일어날지 모를 사고에 대처하는 방법을 익힙니다.

승무원은 장시간 비행에서 오는 체력 소모가 매우 크고, 불규칙한 생활 패턴으로 건강상에 문제가 생기는 경우도 많은 만큼, 체력과 건강에 꾸준히 신경을 쓰고 관리해야 합니다.

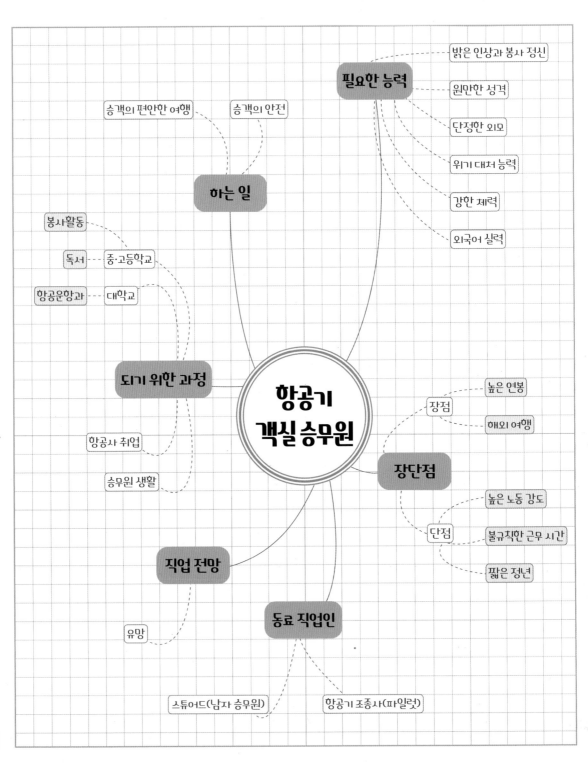

08 항공기 객실 승무원의 마인드맵

항공기 객실 승무원

필요한 능력
- 밝은 인상과 봉사 정신
- 원만한 성격
- 단정한 외모
- 위기 대처 능력
- 강한 체력
- 외국어 실력

하는 일
- 승객의 편안한 여행
- 승객의 안전

되기 위한 과정
- 봉사활동
- 독서 — 중·고등학교
- 항공운항과 — 대학교
- 항공사 취업
- 승무원 생활

장단점
- 장점
  - 높은 연봉
  - 해외 여행
- 단점
  - 높은 노동 강도
  - 불규칙한 근무 시간
  - 짧은 정년

직업 전망
- 유망

동료 직업인
- 스튜어드(남자 승무원)
- 항공기 조종사(파일럿)

09 항공기 객실 승무원과 관련하여 도움받을 곳

1 직업 정보를 얻을 수 있는 기관

● 항공기 객실 승무원 체험 교실 각 항
공사는 승무원 체험 교실을 운영하고
있습니다. 승무원의 일과를 모형 항공
기 안에서 직접 체험해 볼 수 있습니
다. 직접 체험을 통해 항공기 승무원의
일과와 하는 일을 접해 보는 것이 동기
부여에 큰 도움이 될 것입니다. 어린
학생부터 성인까지 참가할 수 있으며,
신청은 대한항공(http://kr.koreanair.

com)이나 아시아나항공(http://www.flyasiana.com) 등 항공사 홈페이지에
서 가능합니다.

● 고용노동부 워크넷(https://www.work.go.kr) 한국고용정보원에서
운영하는 사이트로 무료로 직업 심리 검사를 이용할 수 있습니다. 직업
정보 검색, 직업ㆍ진로 자료실, 학과 정보 검색 등의 정보를 제공하며
직업ㆍ학과 동영상, 이색 직업, 테마별 직업 여행, 직업인 인터뷰 자료
를 볼 수 있습니다. 또한 온라인 진로 상담 서비스도 제공합니다.

● 진로정보망 커리어넷(https://www.career.go.kr) 한국직업능력개발
원이 운영하는 사이트로 초등학생부터 성인, 교사에 이르기까지 대상
별로 진로 및 직업 정보를 제공하며 온라인 상담도 할 수 있습니다. 심
리 검사를 무료로 이용할 수 있으며, 학생들이 만든 UCC 자료도 무료
로 제공하고 있습니다.

2 직업 체험 프로그램

●교육부 어린이 홈페이지(http://kids.moe.go.kr) 아이들이 궁금해 할 만한 다양한 직업에 대해 가나다순으로 알기 쉽게 설명되어 있습니다. 직업에 대한 기본 정보를 알고 나서 교육부에서 주관하는 창의적 체험 활동에 참여하면 효과가 더욱 클 것입니다.

●코리아잡스쿨(http://www.kojobs.co.kr) 학생들이 직업 체험 프로그램에 참가하여 접하기 어려운 직업을 미리 탐색할 수 있고, 직업 세계에 대한 이해를 넓힐 수 있습니다. 또한 특정 직업에 대한 편견을 버리고 건전한 직업관을 형성할 수 있으며, 사회에 첫발을 내딛는 것에 대한 막연한 두려움에서 벗어나 자신감을 가질 수 있습니다.

현재 138개 특성화고, 마이스터고 컨설팅 및 평가, 27개 대학에 취업 캠프를 운영하고 있습니다.

●서울시립 청소년 직업 체험 센터(https://www.haja.net) 서울시 영등포구에 있습니다. 일명 '하자센터'라고 부르며 연세대학교가 서울시로부터 위임받아 운영하고 있습니다. 현재의 배움이 일을 통해 어떻게 구현되는가에 대해 고민하는 기회를 가짐으로써 청소년들이 미래 자신의 일자리에 대한 관심을 발견하게 합니다. 특히 청소년 대상의 일일직업체험 프로젝트는 단순한 진로체험이나 설계를 넘어 자신의 생애를 설계하는 과정으로 보고, 청소년 스스로 자립하여 살아갈 수 있는 진로 교육이 될 수 있게 하고 있습니다.

10 유명한 항공기 객실 승무원

1 이택금(1949~)

항공기 객실 승무원 출신으로는 국내 최초로 대기업 임원이 된 여성입니다.

충남 아산에서 태어나 한국외국어대학교를 졸업한 후에 해외여행이 자유롭지 못하던 시절, 외국을 자주 드나들 수 있다는 매력에 끌려 1972년 대한항공에 항공기 객실 승무원 으로 입사했습니다. 열심히 노력한 끝에 1979년 객실 승무원 의 책임자인 객실사무장이 되었고, 1985년에 여승무원 출신으로 는 최초로 과장직에 임명되었으며, 1989년에는 최초의 여성 수석사무 장이 되었습니다. 1992년 부장으로 승진한 데 이어 2001년에는 이사 발령을 받아 항공기 객실 승무원 출신 최초의 항공사 임원이 됨으로써, 업계에서 '여성 최초'라는 타이틀을 4개나 갖게 되었습니다. 2002년 상 무대우 수석사무장이 되었으며, 33년간 하늘을 날다가 2005년 12월 26일의 비행을 마지막으로 2005년 12월 31일 정년퇴임하였습니다.

그리고 33년 동안의 현장 경험을 바탕으로 〈여자로 태어나 대기업에 서 별따기〉라는 책을 썼습니다. 이택금은 이 책에서 '실수는 나를 가르 쳐 주려고 일부러 먼 길을 찾아온 스승이다.' '정치가도 기업 CEO도 알 아야 할 서비스의 십계명' '묵묵히 소처럼 일하되 여우처럼 머리를 굴 려라.' '우유부단한 상사보다는 독선적인 상사가 낫다.' '칭찬은 사소한 것이라도 그때그때 하고, 질책은 나중에 하라.' '회의를 독점하지 말라. 회의는 지시하기 위해서가 아니라 팀원들의 의견을 듣기 위해 있는 자 리다.' '부하 직원을 제대로 질책하지 못하는 상사는 직무를 유기하는 것이다.' '모든 아이디어란 불편하고 낯설기 마련이지만, 그 터널만 지 나면 새로운 경지가 펼쳐진다.' '보고는 간단명료하게 하라. 자신 있는 사람은 긴 말 하지 않는다.' 등 주옥같은 어록을 담고 있습니다. 이택금 의 말과 행동은 항공기 승무원을 꿈꾸는 사람들은 물론 직장 생활을 성 공적으로 보내고 싶은 사람들에게도 귀감이 되고 있습니다.

2 김유미

아랍에미리트의 국영 항공회사인 에미레이트 항공사에서 오랫동안 일한 후에 자신의 경험을 책으로 써내 많은 후배들의 귀감이 되고 있는 항공기 객실 승무원 출신의 CEO입니다.

김유미는 대학을 다닐 때 학보사 기자로 글을 쓰고, 야학에서 아이들을 가르치는 등 열정적인 학창시절을 보냈습니다. 그리고 세계를 꿈꾸며 유럽 곳곳을 여행하고 캐나다 어학연수를 비롯해, 배낭 하나 짊어지고 훌쩍 쿠바로 떠나는 등 많은 경험을 쌓았습니다. 그리고는 낯선 장소에서 만난 낯선 사람들과 그 환경에 매료된 끝에 여행을 맘껏 할 수 있는 승무원이 되기로 결심하고 에미레이트 항공사에 당당히 합격했습니다. 에미레이트 항공은 중동 지역에서 최대 매출, 항공기 대수 최대 보유, 최대 여객 수송량을 자랑하며, 우수한 기내 서비스로 세계에서 가장 빠른 성장세를 보이고 있는 항공사입니다.

김유미는 에미레이트 항공사에서 일하는 동안 총 2,520시간의 비행을 한 후에 회사를 그만두고, 지금은 항공기 객실 승무원을 꿈꾸는 학생들을 가르치며 그들의 꿈에 힘을 실어 주고 있습니다. 국내 및 국외 항공사는 물론, 외국기업 입사를 희망하는 많은 준비생들에게 열정, 포부와 더불어 단번에 합격할 비법을 전수하고 있습니다.

강의와 더불어 승무원과 관련한 책도 여러 권 썼는데, 지은 책으로는 〈승무원 합격 비밀노트1〉(외국항공사 편), 〈승무원 합격 비밀노트2〉(국내·외국항공사 편)가 있으며, 청소년을 대상으로 〈나는 승무원이다〉라는 책을 출간했습니다.

김유미가 여러 권의 책을 펴낼 수 있었던 데는 타고난 글 솜씨도 바탕이 되었지만 대학 시절 학보사 기자로 일했던 경험도 한몫하고 있습니다. 김유미는 항공기 승무원이 되고자 하는 후배들에게 평소 이렇게 말한다고 합니다.

"항공사 승무원 면접은 외모로 순위를 매기는 미인대회도, 영어 실력을 평가하는 경시대회도, 지식을 뽐내는 퀴즈대회도 아니다. 가장 중요한 것은 '커뮤니케이션 스킬'이다. 커뮤니케이션 스킬은 긍정적인 에너지, 솔직한 성격, 간결하고 확실한 어투가 있어야 가능하다."

3 샌프란시스코 비행기 사고의 영웅들

2013년 7월 6일 아시아나항공 소속 항공기가 인천국제공항을 출발하여 미국 샌프란시스코 국제공항에 착륙하는 도중 활주로 앞의 방파제 부분에 언더캐리지(랜딩 기어)가 부딪혀서 큰 사고가 일어났습니다. 당시 기내에는 291명의 승객과 12명의 승무원이 탑승하고 있었는데, 이 중 중국인 승객 3명이 사망했고, 나머지 승객은 모두 무사했습니다.

이 사고로 아시아나 여객기의 기체 후미 부분이 파손되었으며, 사고 발생 15분 뒤 동체 천장부 전기 전자 계통 회선에서 화재가 발생하여 기체가 불에 탔습니다.

그런데 사고 규모에 비해 인명 피해가 적었던 것은 기적이라고 할 수 있었습니다. 그리고 그 기적 뒤에는 아시아나 객실 승무원들의 헌신적인 노력이 있었습니다. 승무원들은 사고 직후 손님들을 안전하게 비행기에서 빠져 나오도록 하고, 실신한 승객들을 항공기 밖으로 대피시킨 뒤 맨 마지막으로 나왔습니다.

당시 샌프란시스코 소방국장은 5명의 승무원을 영웅이라며 찬사를 보냈습니다. 원래 12명의 승무원이 타고 있었지만, 기체 뒤편에 있던 7명은 착륙 중 충격으로 부상을 입은 상태였습니다. 5명의 승무원은 탑승객 300여 명을 탈출시키기 위해 초인적인 능력을 발휘했습니다. 비행기 폭발 위험 때문에 소방차도 가까이 오기를 주저했고 소방대원들도 접근하지 못했습니다. 그 와중에 승무원 김지연 씨는 다친 초등학생 한 명을 업고 500m를 뛰었습니다.

당시 승객으로 탑승했던 유진 앤서니 나씨는 미국 〈월스트리트저널〉과의 인터뷰에서 아시아나의 한 여자 승무원의 '영웅적인' 노력에 대해 입을 열었습니다.

"몸집도 작은 여승무원이 눈물을 흘린 채로 승객들을 등에 업고 사방으로 뛰어다니고 있었다. 그녀는 울고 있었지만 너무나 침착했다."

아시아나항공 객실 승무원들의 헌신적인 노력과 희생에 대해 미국뿐만 아니라 전 세계의 언론에서도 찬사를 아끼지 않았습니다. 이들의 모습은 사고가 발생했을 때 승무원의 책임과 의무가 무엇인지 잘 보여 주는 사례로 평가받고 있습니다.

항공기 객실 승무원 허미연

수많은 도전과 실패, 그리고 서른한 살에 이룬 그녀의 꿈.
포기를 모르는 무한긍정의 허미연 승무원이 말하는
머나먼 중동에서 승무원으로 살아가는 이야기

Q1 어릴 때는 어떤 학생이었나요?

저는 포기를 모르는 아이였습니다. 집착과 열정이 남달랐고, 한번 하고자 마음먹으면 끝까지 해내는 독종이자 무한긍정의 어린이였습니다. 초등학교 때까지는 노는 데 정신이 팔려서 공부를 썩 잘하지는 못했습니다. 성적이 상대평가도 아닌 절대평가이고, 성적표에 그저 수우미양가로 표시되었기 때문에 제가 반에서 몇 등인지도 모르고 관심도 없었지요.

그런데 중학교에서 본 첫 시험에서 38등이라는 숫자를 보고 충격을 받았습니다. 그때부터 수업시간은 물론 쉬는 시간에도 자리에 앉아서 공부만 했습니다. '의자왕'이라는 별명을 얻을 정도로 열심히 공부해서 성적이 점점 올랐는데, 아무리 노력해도 5등 안에 들기는 힘들었습니다. 5등 안의 친구들은 이미 초등학교 때부터 열심히 공부해서 중학교 과정을 선행했기 때문에 중학교 때 공부를 시작한 제가 따라잡기는 힘들었습니다. 하지만 성적이 더 오르지 않는다고 좌절하거나 분노하지는 않았습니다. 초등학교 때 공부를 안 한 제 잘못인데 누구를 원망할 수도 없잖아요. '지금 성적도 충분히 잘하는 거다.'라는 무한긍정의 태도로 제가 할 수 있는 만큼 노력했습니다.

Q2 승무원이 되기 전에 다른 일을 하셨는데, 승무원을 선택하게 된 이유가 궁금합니다.

어릴 때 어머니가 옷가게를 해서 학교가 끝나면 가게에 놀러 갔습니다. 처음 본 손님들과 이야기하는 것도 재미있고, 그때부터 서비스업에 관심이 생겼던 것 같아요.

학창시절에 〈호텔리어〉라는 드라마를 보면서 호텔리어가 되기로 결심하고, 호텔관광학과에 들어갔습니다. 하지만 호텔에서 인턴을 하면서 '드라마와 현실은 다르다.'는 것을 깨달았습니다. 학벌이나 그 밖의 이유로 차별이 심해 인턴만 마치고 미련 없이 그만뒀습니다.

그러나 서비스업에 대한 열정은 그대로였고 여행 다니는 것도 좋아해서, 승무원이라는 직업에 관심을 갖고 승무원 양성학원에 다녔습니다. 학원을 다니면서 대한항공과 아시아나항공은 그들만이 추구하는 승무원 이미지가 있고, 제 이미지는 국내 항공사가 원하는 이미지와는 많이 다르다는 걸 알게 되었습니다. 그때부터 외국 항공사로 관심을 돌리고 영어 실력을 쌓기 위해 공부를 했습니다.

그리고 영어학원에 취업하여 영어강사로 몇 년 동안 일하면서 아이들의 순수함과 해맑음에 매료되었고, 학부모들과 상담하면서 가정형편이 어려운 아이들의 속사정도 알게 되었습니다. 그때 교육 사업에도 관심을 갖고, 승무원이 되기 전까지 어려운 아이들을 찾아서 저렴한 가격으로 영어를 가르쳐야겠다는 결심을 했습니다. 영어를 잘하는 학생들은 사회에 나와서 무엇이든 할 수 있다고 생각해서 영어 학원을 차려서 도움을 주고 싶었습니다. 처음에는 0명으로 시작했지요. 빈 강의실에서 멍하니 학생들을 기다리기보다는, 전단지를 들고 거리로 나가서 홍보했습니다. 딱 1주일이 되었을 때부터 학생들이 등록하러 오기 시작했습니다. 그 후로는 단 한 번도 홍보를 하러 나간 적이 없습니다. 아이들이 많이 와서 홍보할 필요도 없었지요. 3개월 만에 70명의 학생이 등록했습니다.

학원을 차려 성공하겠다는 생각보다는 젊은 패기와 열정, 망하더라도 '젊어서 실패는 후에 재산이 된다.'는 무한긍정으로 시작한 사업이었습니다. 아이들 수준과 교육과정의 변화에 맞춰 수업 방식을 계속 바꿨습니다. 항상 서점에 나가서 새로운 책들을 살폈고, 끊임없이 다른 강사들의 강의를 들으며 어떤 식으로 아이들의 눈높이에 맞춰서 설명을 하는지 연구했습니다. 저는 서비스 마인드를 타고난 사람이어서 상담도 열심히 했습니다. 학부모들과 매일 통화하면서 의견을 나눴고, 제가 학원을 그만둘 때까지 우리 학원을 그만둔 학생은 단 한 명도 없었습니다.

231

그런데 학원을 경영한 지 2년 정도 되었을 때, '나의 진정한 꿈이 이것일까?' 하는 반문과 회의가 들기 시작했습니다. 어느 날, 공항 근처를 지나다가 하늘을 나는 비행기를 보고는 나도 모르게 눈물이 흘렀습니다. 내가 하고 싶은 일이 무엇인지 깨닫게 되는 순간이었습니다. 그때부터 다시 승무원 시험 준비에 돌입했습니다.

학원 일이 워낙 많았기 때문에 다른 준비생들처럼 승무원 준비에만 전념할 수는 없었습니다. 수없이 많은 최종 면접에서 떨어졌고, 무엇이 문제인지 제 스스로를 반성하는 시간들을 거쳐야 했지요. 말하는 스타일과 톤, 억양, 제스처 등 모든 것을 다 바꿨습니다. 그리고 학원사업과 승무원 준비를 병행하기는 힘들다는 것을 깨닫고, 동업하던 친구에게 학생들과 학원을 모두 넘기고 미련 없이 학원을 떠났습니다. 결국 승무원을 준비한 지 6개월 만에 합격 통보를 받게 되었습니다.

Q3 승무원이 되기 위해서 어떤 준비를, 얼마나 했는지 궁금합니다. 또 영어가 얼마나 중요한가요?

승무원이 되기 위한 기본은 영어 실력입니다. 하지만 영어만 잘해서는 경쟁력이 없습니다. 요즘은 영어 외에 일어, 중국어까지 3개 국어를 하는 친구들이 많기 때문입니다. 영어만 잘하는 제가 합격한 것은 운이 좋은 경우입니다.

승무원이 되기 위해서는 본인이 원하는 항공사의 이미지를 분석하는 것이 좋습니다. 각

항공사마다 원하는 인재상은 물론 화장법도 다릅니다. 그렇기 때문에 공채가 났을 때, 그 항공사의 이념과 CEO의 비전과 가치관, 승무원들의 이미지를 완전히 분석하고 거기에 자신을 맞추도록 노력해야 합니다. 또한 올림머리가 자신에게 어울리지 않는다면 단발로 변화를 주는 과감함도 필요합니다. 면접에서 떨어진 후에는 왜 떨어졌는지를 분석하고 다음에 똑같은 실수를 하지 않도록 노력해야 합니다.

제가 학원을 접고 승무원 준비에 집중했던 시간은 6개월 정도입니다. 그런데 수많은 스터디를 하면서 짧게는 1년 길게는 5년 넘게 준비하는 사람들도 만났습니다. 저는 호텔리어를 포기할 때, 이미 승무원이라는 직업에 관심을 갖고 있었기 때문에 한 단계씩 준비해 나갈 시간이 있었지요.

국내 항공사와 외국 항공사의 면접 스타일이 다르기 때문에 승무원 시험은 준비가 까다롭습니다. 외국 항공사의 1차 시험은 워크인 면접이 많습니다. 오전 9시부터 12시까지 면접관이 서류접수를 직접 받는데, 그 서류를 내기 위해 전국의 수천 명의 준비생들이 전날 모여서 미리 줄을 서서 기다립니다. 서류를 내면서 면접관에게 인사 한 번 할 수 있는 시간은 겨우 2분이에요. 하지만 그 2분을 위해서 20시간 넘게 기다리는 인내심이 필요하지요.

1차에 합격하면, 2차 면접에서는 대부분 영어로 시험을 봅니다. 영어로 그룹 토론을 하고 키와 몸무게도 측정합니다. 3차인 최종면접 때는 면접관들과 1:1로 질의응답을 하는데, 면접관들이 승무원 개인에 대해서 궁금한 것

들을 물어봅니다. 면접관은 인도인이나 말레이시아인일 수도 있고 영국인이나 호주인일 수도 있으므로 가능하면 많은 나라의 억양에 익숙해져야 합니다. 미국이나 캐나다식 억양에만 익숙해서는 1:1 면접에서 자기의 기량을 다 보여주기 힘듭니다. 면접관이 뭐라고 하는지 알아들어야 알맞은 대답을 할 수 있습니다. 그리고 수영 테스트를 하는 항공사도 있으므로 평소에 수영을 배워 두어야 합니다. 주변에 승무원 친구들이 있으면 친구들로부터 이미지나 면접을 준비하는 데 도움을 받을 수 있으므로 굳이 비싼 학원비를 내면서 승무원 학원을 다닐 필요는 없습니다. 하지만 승무원 준비학원의 학원생들에게만 특채 같은 면접 기회가 주어지는 경우가 있으므로 기회를 잡기 위해 학원에 다니는 것도 하나의 방법입니다. 승무원들 중에는 학원에 다닌 사람도 있고, 혼자 공부해서 합격한 사람도 있습니다. 학원에 다니느냐 마느냐의 선택은 본인의 몫입니다.

Q4 승무원 시험에 합격하면 첫 비행까지 얼마나 걸리고, 어떤 교육을 받게 되나요?

합격 통보를 받고 나서도 할 일이 많습니다. 먼저 메디컬 체크를 해서 회사에 보내야 합니다. 메디컬에서도 탈락할 수 있으므로 평소 건강관리를 잘해 두어야 합니다. 갑상선, 당뇨, 빈혈 등 피검사로 할 수 있는 검사는 물론 척추가 얼마나 휘었는지 상처가 있는지 등도 검사하므로 미리미리 건강관리에 신경 써야 합니다. 저도 빈혈 수치 때문에 떨어질 뻔하기도 했습니다. 메디컬도 통과되면 입사 날짜가 나오

고, 입사한 뒤에는 승무원이 되기 위한 교육들을 모두 이수해야 합니다. 2013년 아시아나항공사의 비행기가 미국 공항에서 사고가 났을 때 모든 승객을 90초 안에 탈출시킬 수 있었던 것은 승무원들의 철저한 안전교육 덕분입니다. 안전교육을 이수하는 데 약 2달 정도 걸리는데 교육을 받는 동안 날마다 시험이 있습니다. 다 영어로 보는 시험이라서 국적을 불문하고 영어 때문에 고생하는 친구들이 많습니다. 항공과 관련된 영어는 일반 영어보다 더 어렵기 때문에 평소에 영어 공부를 열심히 해두면 교육을 보다 쉽게 받을 수 있습니다.

한편, 각 회사가 보유하고 있는 비행기 기종은 모두 다릅니다. 제가 일하고 있는 카타르항공은 에어버스 319, 320, 321, 330, 340, 350, 380과 보잉 777, 787이 있습니다. 이 모든 비행기는 모양이 조금씩 다르고 비상 시 사용해야 할 장비의 위치도 다르므로 충분히 숙지하고 있어야 합니다. 비상착륙 연습 시 인공으로 만들어 놓은 세트장에서 탈출하는 교육을 받는데, 탈출 연습 때 울음을 터뜨리는 승무원도 있습니다. 비행기 사고가 날 확률이 적지만 사고가 나면 생존율이 희박하다는 것을 알기 때문에 비상착륙 연습을 한 후에는 모두들 진지한 자세가 됩니다.

Q5 승무원은 기내에서 주로 어떤 일을 하나요?

승무원은 백조와 비슷합니다. 물 위에서는 우아한 자태를 뽐내지만, 물 아래에서는 바쁘게 물길질을 하는 백조처럼 승무원도 승객들이

안 보이는 곳에서 많은 일을 합니다.

승무원들은 승객보다 먼저 비행기에 타서 승객들을 맞이할 준비를 합니다. 그날그날 승무원의 포지션에 따라 듀티(임무)도 달라집니다. 보통 승객들 식사를 책임지는 갤리(음식을 조리하는 곳) 크루, 주류 카트를 책임지는 크루, 서비스를 책임지는 크루로 나뉩니다. 하지만 공통적으로는 비행기 안에 있는 안전장비 점검과 각 승객들 자리에 구명조끼가 갖춰져 있는지, 위험한 물건이나 처음 보는 물건, 비행기에 있어서는 안 되는 물건들이 있는지 검사하는 safety & security check는 모든 승무원들의 공통 임무입니다.

Q6 장거리 비행 시 승무원도 잠을 자나요?

장거리 비행 시 승무원은 교대로 잠을 잡니다. 비행 시간이 9시간 이상이 되면 쉬는 시간인 rest가 주어집니다. 짧게는 2시간 많게는 5시간이 주어지는데, 대개 도착 국가와 비행 시간에 따라 달라집니다. 기종에 따라 승무원들이 쉴 공간이 있는 비행기도 있고, 없는 비행기도 있습니다.

Q7 비행기를 타면 나이가 많은 승무원은 눈에 띄지 않던데, 보통 몇 살까지 객실 승무원을 할 수 있나요? 또 연차가 많은 승무원들은 어떤 일을 하게 되나요?

외국 항공사는 나이를 많이 따지지는 않습니다. 특히 제가 일하는 중동 항공사 같은 경우 37살에 입사한 한국인 신입 승무원도 있었습니다. 구체적인 나이 제한이 없으므로 반백의 노년 사무장과 비행하는 경우도 있습니다.

연차가 많은 승무원들은 이코노미보다는 비즈니스나 퍼스트 클래스에서 일을 하게 됩니다. 그렇기 때문에 이코노미에서는 연차가 높은 승무원들을 보기 힘들 수 있습니다. 저도 지금은 프리미엄 클래스를 담당하는 승무원이라서 특별한 일이 없는 한 이코노미에는 가지 않습니다.

승무원의 승진을 살펴보면, F2(이코노미 크루) → F1(프리미엄 캐빈 크루) → CS(Cabin Senior: 이코노미를 책임지는 부사무장) → CSD(Cabin Services Director: 이코노미와 프리미엄을 총괄하는 사무장) 순서로 올라갑니다.

이코노미에서 비행을 하면서 4개월에 한 번씩 부사무장에게 평가를 받습니다. 부사무장은 교육 때 배웠던 것들을 위주로 30분 정도 질문을 하고, 비행하는 모습을 지켜봅니다. 갤리를 책임지는 포지션도 지켜보는데, 얼마나 깨끗하고 빠르게 승객들의 식사를 카트에 싣고, 필요한 술이나 음료를 카트 위에 적절하게 세팅하는지 등을 지켜봅니다.

이코노미에서 2년 정도 비행을 하면 F1, 즉 프리미엄 캐빈 크루가 되기 위한 평가 시험을 봅니다. 서비스와 세이프티 그리고 사장님 인터뷰 이렇게 세 단계를 거치는데, 통과하면 승진이 됩니다. 그런데 이코노미에서 승객들에게 칭찬 편지를 받거나 비행이 끝난 후 사무장들의 승무원 평가에서 좋은 코멘트를 받으면 승진이 조금 빨리 되기도 합니다.

F1, 즉 프리미엄 캐빈 크루가 된 후 3년, 많게는 5년 정도 비행하면 부사무장이 되는 승진

시험을 봅니다. 이때도 똑같이 서비스와 안전에 관련된 시험을 보고 통과하면 교육을 받습니다. 부사무장으로서 5년 정도 비행하면 사무장으로 승진하는데, 이때도 똑같이 서비스와 안전에 관련된 승진시험을 봅니다. 6개월마다 리커런트라고 서비스 트레이닝을 받고, 매년 세이프티에 관련된 안전 교육과 CPR, First Aid 훈련도 다시 받습니다. 이때도 항상 시험을 보고 시험 결과는 개인 파일에 보관됩니다. 회사에서는 승진시키기 전에 항상 개인 파일을 열어 보고 승진에 결격 사유가 없는지 확인하기 때문에 개인 파일은 스스로 잘 관리해야 합니다.

Q8 사람들이 흔히 하는 승무원에 대한 오해는 뭘까요?

우리나라 항공사의 승무원들이 워낙 예뻐서 모든 항공사의 승무원들이 다 예쁠 거라고 생각하는 사람들이 많습니다. 다른 나라로 비행 갔다가 공항에서 한국 항공사 승무원들과 마주치는 경우가 있는데, 카타르 항공에서 일하는 외국인 승무원들도 대한항공과 아시아나항공 승무원들을 보면 예쁘다고 감탄합니다. 저희 항공사 승무원들은 대한항공이나 아시아나 승무원들처럼 키가 크고 늘씬하지 않거든요. 화장도 안 하고 안경 쓰고 비행하는 외국인 승무원들도 많습니다. 유니폼에 때가 묻어 있어도 상관 안 하고 일하는 외국인 승무원이 있을 정도입니다. 그래서 카타르 항공에서도 한국인 승무원들의 화려함에 놀라는 경우가 많습니다.

Q9 외국 항공사에서 일하는데, 국내 항공사와 어떤 점이 다른가요?

제가 국내 항공사에서 근무한 적이 없어서 정확히는 모르겠습니다. 외국 항공사에서 일하다 국내 항공사로 옮긴 친구들은 우선 상하관계에 대해서 이야기를 많이 합니다. 외국 항공사는 사무장이나 부사무장은 물론 심지어 조종사에게도 이름을 부르면서 편하게 이야기를 나눕니다. 예를 들어 사무장이 실수를 하고 잘 모르면, 일반 승무원이 '너 틀렸어. 그거 아니야.'라고 지적할 수 있습니다. 그러면 사무장도 '어 그래?'라며 아무렇지 않게 받아들입니다.

하지만 국내 항공사는 사무장의 말이 곧 법이고, 선배들이 틀리게 말해도 그대로 따라야 하는 경우가 많아서 국내 항공사로 옮긴 친구들이 조금 힘들다고 말합니다. 그러나 고국에서 사랑하는 가족과 친구들 옆에서 일할 수 있기 때문에 큰 문제가 되지는 않는다고 합니다.

Q10 외국 승무원들과 함께 일하면서 힘들었거나 재미있었던 일이 있나요?

워낙 다양한 국적의 승무원들이 함께 생활하면서 서로의 다름을 인정해 주는 분위기라서 일을 하는 데는 힘들지 않습니다. 하지만 외국 승무원들과 한 집에서 생활하는 것은 문화적 차이 때문에 힘이 드는 것이 사실입니다. 면접 때 이미 문화 차이에 대한 질문을 많이 받기 때문에, 입사하기 전에 마음의 준비가 되어 있는 것이 조금은 도움이 되는 것 같습니다.

저는 현재 인도인, 아프리카인과 한 집에서 살고 있습니다. 방이 세 개인 집은 세 명이 살고, 두 개인 집은 두 명이 함께 삽니다. 한국인 승무원들끼리 살면 좋겠지만, 회사에서는 처음에 절대 같은 국적의 승무원들을 한 집에 배정해 주지 않습니다. 아마 문화의 차이를 미리 실감하고 비행을 준비하라는 의도가 있는 것 같습니다. 하지만 향수병이 너무 심해서 한국인끼리 살게 해달라고 부탁하면 다시 배정해 주니까 너무 걱정하지 않아도 됩니다.

저는 외국인 승무원들과 함께 생활하는 것에 대해 여러 나라의 문화와 언어를 배울 수 있어서 긍정적으로 생각합니다. 특히나 15시간이 넘는 장거리 비행 시에는 승객들에게 서비스를 한 후에는 할 일이 없습니다. 그러면 승무원들끼리 앉아서 서로의 문화에 대한 이야기를 많이 하는데, 개인적으로 아주 흥미롭습니다.

Q11 승무원에게 중요한 능력이나 자질은 뭐라고 생각하세요?

외국어 능력과 대인관계 능력이라고 생각합니다. 인간관계가 원만한 친구들이 외국에 와서도 오랫동안 잘 지내는 것 같습니다. 가족도 친구도 없는 낯선 곳에서 생활하기 위해서는 친구를 많이 만들어야 하는데, 회사에서 마음에 맞는 친구를 찾는 것은 정말 힘듭니다. 이때 사회성이 좋은 승무원은 친구들을 많이 만들어서 즐겁게 지낼 수 있습니다.

또한 어떤 일을 마음속에 담아 놓기보다는 잘 잊어버리는 성격이 좋습니다. 비행 때 상상할 수 없는 많은 일들이 생기는데, 그런 일들을 마음에 담아 놓으면 오래 버티기 힘듭니다. 저처럼 조금 무디고 잘 잊어버리고 무한긍정

의 성격을 가진 사람들은 이곳에서 사무장까지 하면서 즐겁게 일하는 경우가 많습니다.

Q12 승무원이라는 직업의 장단점을 뭐라고 생각하세요?

세계 여러 곳을 다닐 수 있다는 것이 가장 큰 장점이지요. 승무원 생활을 하면 일본에서 우동과 스시를 먹고, 다음 날 이탈리아에 가서 피자와 젤라또를 먹을 수 있고, 그 다음에는 나이아가라 폭포를 보며 푸딩을 먹는 일이 가능합니다.

단점은 외로움입니다. 이 좋은 것들을 저 혼자서만 즐길 수 있잖아요. 우리나라 사람들은 좋은 곳에 가서 좋은 것을 먹으면, 자연스럽게 부모님 생각을 하잖아요. 저도 세계 곳곳을 다니면서 즐기다가도, 정작 부모님은 누리지 못한다는 생각을 하면 미안하고 외로운 마음이 듭니다.

Q13 승무원으로서 자신을 업그레이드하기 위해 어떤 노력을 하고 있나요?

영어, 일어, 중국어 등 언어 공부를 쉬지 않고 하고 있습니다. 요즘에는 유럽과 미국 등 어디를 가도 일본인과 중국인 승객의 비율이 높습니다. 특히 중국인 승객들의 숫자가 많아서, 중국어 공부를 미리 해두지 않은 것이 후회가 될 정도입니다. 그리고 프리미엄 승무원이 되면 테이블 매너와 와인에 대해 배우게 됩니다. 평소에 미리 와인에 대해 공부해 둔다면 승객이 와인을 선택할 때 도움을 줄 수 있습니다.

Q14 승무원으로서 자부심을 느낄 때는 언제인가요?

승무원이 되기 위해 배우는 교육 중 하나가 CPR과 First Aid입니다. 이것은 응급상황 때 어떻게 대처하고 어디가 아플 때는 어떤 식으로 치료를 해야 하는지 배우는 것입니다. 실제로 비행 중에 응급환자가 생겼는데, 당황하지 않고 배운 대로 신속히 처리한 적이 있습니다. 이런 때는 승객의 생명을 살리는 데 도움을 준 것 같아서 자부심을 느끼게 됩니다.

또 승무원보다는 한국인으로서 자부심을 느낄 때도 많습니다. 특히 해외에 나가면 김연아나 삼성 등 한국 스포츠 스타나 회사들의 인지도가 높습니다. 요즘엔 한류 드라마나 K-pop도 유명합니다. 싸이의 강남스타일 이후로는 비행 때 한국인 승무원이라고 하면 다른 외국인 승무원들도 우호적으로 다가옵니다. 최근에는 '별에서 온 그대'의 배우 김수현이 인기가 많습니다. 거리에서 커피를 마시면서 한국말을 하면, 외국인들이 자기는 한국 배우, 한국 가수 누구누구의 팬이라고 하면서 같이 사진 찍을 수 있냐고 물어보는 경우도 있습니다. 이럴 때마다 한국인으로서 자부심을 느끼고, 저도 더욱 열심히 한국을 알려야겠다고 다짐하게 됩니다.

Q15 승무원을 하면서 가장 힘든 점은 무엇인가요?

승무원은 '감정노동자의 꽃'이라고 생각합니다. 비행기 티켓은 상당히 비싸기 때문에 승객들의 컴플레인은 상상을 초월할 정도로 다양합니다.

예를 들어 '기내 음식이 이상하다.' 또는 '나는 베지테리언이다. 글루텐프리 밀을 가져와라.' 등 기내식을 지적하는 승객부터 옆에 앉은 승객이 시끄럽다는 이유로 비즈니스 자리를 요구하는 황당한 승객도 있습니다. 다행히 우리 항공사는 승무원들에게 본인의 잘못이 아닌 것에 대해서는 사과하지 말라고 교육합니다. 무조건적인 사과는 상대방으로 하여금 대가를 바라게 하므로 그 상황에 대해서만 유감을 표하고 절대로 'Sorry'라고 말하지 말라고 교육합니다. 이러한 회사 정책 덕분에 그나마 승무원들이 서비스에 대한 스트레스를 덜 받습니다.

하지만 인천공항에 가면 상황이 달라집니다. 대한항공과 아시아나항공의 서비스가 너무나 뛰어나기 때문에 한국인 승객들의 요구 조건이 다른 나라 승객들보다 훨씬 높은 편입니다. 그럴 때는 '한국 승객분들 모두가 우리의 어머니와 아버지다.'라고 생각하며 기쁜 마음으로 서비스하고 있습니다.

Q16 본인이 생각하는 승무원의 매력은 뭘까요?

제가 생각하는 승무원의 가장 큰 매력은 계속 아름다워지는 직업이라는 데 있습니다. 승무원은 좋은 곳에 가서 좋은 것을 보고 좋은 것을 먹을 기회가 많기 때문에, 대부분 자기 관리를 잘합니다. 거의 모든 승무원들이 항상 요가 등의 운동을 하고, 스포츠를 즐기고, 몸에 좋은 음식을 잘 챙겨 먹습니다. 항상 바뀌는 시차와 계절 때문에 감기라도 걸리면 비행을 못하게 되므로 건강에도 신경을 많이 씁니다. 승무

237

원은 몸이 재산이기 때문에 건강하고 아름답게 관리해야 합니다.

Q17 앞으로 계획이나 비전을 말씀해 주세요.

저는 어느 곳에서든 한 번쯤은 리더가 돼야 한다고 생각합니다. 그래서 지금 일하는 곳에서 부사무장까지 승진하고 싶습니다. 리더의 입장에서 바라보는 세상은 또 다르고, 배울 수 있는 것들이 많을 것입니다. 리더가 되면 힘든 점도 많지만 아랫사람을 포용하는 법과 윗사람의 고충도 알게 되어 중간자의 입장에서 조율하는 법을 터득할 수도 있고, 지금보다 마인드 컨트롤도 잘하게 될 것 같습니다.

사무장이 되려면 10년 이상 근무해야 하는데, 제 나이가 이미 충분히 많아서 사무장까지는 어려울 것 같습니다. 그래서 부사무장이 되어 리더십 교육을 받고, 몇 개월 더 비행한 후에 한국으로 돌아가서 다시 교육 사업을 하고 싶습니다.

저는 꿈이 있는 아이들을 찾아서 그 꿈에 날개를 달아주고 싶습니다. 제가 보고 느끼고 배운 것들을 아이들과 공유하고 싶습니다. 그래서 그 아이들이 세계를 누비는 훌륭한 일꾼이 되는 데 도움을 주고 싶습니다.

Q18 승무원을 꿈꾸는 학생들에게 조언 한 마디 부탁드립니다.

모든 것을 다 잘할 필요는 없습니다. 승무원이 되기로 결심했으면, 선택하고 집중하면 됩니다. '너는 승무원이 되기에 나이가 많다. 뚱뚱하다. 키가 작다.' 등의 말은 신경 쓰지 말

고, 본인이 가고 싶은 항공사의 승무원이 되기 위해서 어떤 노력을 해야 하는지 방법을 찾아야 합니다. 주변에 그 항공사에 다니는 승무원이 있으면 도와 달라고 부탁하고, 승무원 카페에 가입해서 스터디를 해도 많은 도움이 됩니다. 영어가 부족하면 영어 공부를 열심히 하면 됩니다. 요즘엔 일어나 중국어 가능자를 원하는 항공사도 있으니 일어나 중국어를 공부해 두어도 좋습니다. 수영도 미리 배워두면 좋고, 다이어트는 필수입니다.

또 키 때문에도 너무 고민할 필요는 없습니다. 신장이 158cm인 승무원도 있습니다. 암 리치(arm reach: 비행기 오버헤드빈을 닫을 수 있도록, 팔이 얼마나 긴지 측정하는 테스트)만 닿으면 되고, 팔 길이는 스트레칭으로 조금은 늘릴 수 있습니다.

간절히 원하면 꿈은 이루어집니다. 100번 넘게 면접에서 떨어지고 101번째 붙은 친구도 있고, 가족조차도 나이가 많아서 안 될 거라고 생각했던 저도 서른한 살에 승무원이 되었습니다. 이것 아니면 안 된다는 생각으로 열심히 하면 언젠가는 꼭 이루어질 것입니다. 꿈이 있다면 포기하지 말고 열심히 노력하길 바랍니다.

사회형 출처

공통 출처

– 〈한 권으로 보는 그림 직업 백과〉: 유수정 · 조은주 글. 진선아이. 2009
– 〈직업 옆에 직업 옆에 직업〉: 파트리시아 올 지음. 미세기. 2009
– 〈21세기 웅진학습백과사전〉
– 고용노동부 워크넷(www.work.go.kr)
– 진로정보망 커리어넷(www.career.go.kr)

교육자

– 〈적성과 진로를 짚어 주는 직업 교과서 04. 초등 교사, 상담심리전문가〉: 와이즈멘토 글. 주니어김영사. 2013
– 〈적성과 진로를 짚어 주는 직업 교과서 13. 유치원 교사, 특수 교사〉: 와이즈멘토 글. 주니어김영사. 2013
– 〈선생님이 된 예나의 시간 여행〉: 권안 글. 주니어김영사. 2012

경찰

– 〈소방서와 경찰서〉: 이형선 글. 주니어김영사. 2019
– 〈미래 탐험 꿈 발전소 경찰서〉: 배경희 글. 국일아이. 2011
– 〈출동! 마을은 내가 지킨다〉: 임정은 글. 사계절. 2012
– 〈아이 러브 폴리스〉: 김중겸 저. 좋은이웃집. 2001

사회복지사

– 〈사회복지사가 말하는 사회복지사〉: 김세진 외 지음. 부키. 2013
– 〈만화로 보는 직업의 세계〉: 와이즈멘토 지음. 동아일보사. 2007
– 〈하루를 살아도 나는 사회복지사다〉: 도래샘 지음. 인간과복지. 2010
– 〈사회복지사 · PR 매니저〉: 와이즈멘토 지음. 주니어김영사. 2013

간호사

– 〈간호사가 말하는 간호사〉: 권혜림 외 지음. 부키. 2004
– 〈간호사, 프로를 꿈꿔라〉: 도나 윌크 카르딜로 지음. 한언. 2005
– 〈나의 직업 간호사〉: 동천기획연구실 지음. 동천출판. 2013

항공기 객실 승무원

– 〈항공기 조종사 · 항공기 승무원〉: 와이즈멘토 지음. 주니어김영사. 2013
– 〈13살, 내 꿈을 잡아라−적성편〉: 한선정 글. 조선북스. 2009
– 〈만화로 보는 직업의 세계〉: 와이즈멘토 지음. 동아일보사. 2006

직업의 세계

10대를 위한

04 사회형 (S)

초판 1쇄 발행   2015년   5월 20일
 　6쇄 발행   2023년   7월 10일

저   자 | 스토리텔링연구소
발 행 인 | 신재석
발 행 처 | (주)삼양미디어
등록번호 | 제10-2285호
주   소 | 서울시 마포구 양화로 6길 9-28
전   화 | 02 335 3030
팩   스 | 02 335 2070
홈페이지 | www.samyangM.com

I S B N | 978-89-5897-301-0 (44370)
　　　　　978-89-5897-297-6 (6권 세트)